JN109808

テロリズムとは何か

―〈恐怖〉を読み解くリテラシー―

小林良樹

慶應義塾大学出版会

はしがき

この本は、一般の方々を含め多くの方々にテロリズムに関する多角的な理解を少しでも深めて頂くことを目的として書かれたものです。日本の場合、幸いなことにこれまでのところ、欧米諸国に比較してテロの被害は少ない方と言えます。とは言うものの、サミット、五輪等の重要かつ大規模なイベントが開催される場合、あるいは日本人が外国においてテロに巻き込まれたような場合には、テロに対する注目が高まることも少なくありません。こうしたことから、我が国においても一人でも多くの方がテロリズムに関するリテラシー（知見）を高めて頂ければと願う次第です。

本書の特徴の第一は、「テロリズム研究の全体像を俯瞰すること」です。２００１年のいわゆる９１１事件以降、欧米諸国を中心にテロリズムに関する学術研究は大きく進展し、これまでに多くの研究成果が発表、蓄積されています。しかし同時に、テロリズムに関するこれの学術研究は、政治学、法学、心理学等の多種多様な学問領域に及ぶことから、ややもするとその全体像は分かりにくいものになっています。こうしたことから、本書は、可能な限り多くの学問領域に目を配りつつ、テロリズムをめぐる様々な議論や論点の全体像を摑むことを目指しています。

特徴の第二は、「学術理論と実践を組み合わせて理解すること」です。第Ｉ部は言わば学術理論編として、主に欧米諸国においてこれまで発展してきたテロリズムに関する学術理論研究の主な成果を簡単に紹介しています。テロの定義、歴史、非対称性、手法、形態、更には発生要因や未然防止策等が論じられています。やや抽象的な内容ですので、難しく感じられる場合には先に第Ⅱ部を読んでから第Ⅰ部に戻って頂いても良いと思います。第Ⅱ部は言わば実践論として、最近の世界のテロ情勢、アルカイダやＩＳＩＳ等イスラム過激派テロ組織の動向、米国における極右関連テロの動向、そして日本のテロ情勢と未然防止策等が論じられています。その際、単純に詳細な事実を羅列するのではなく、可能な限り第Ⅰ部で紹介した学術理論の枠組みを踏まえて実際の状況を観察することを試みています。第Ⅲ部では、締め括りとして、テロに関する学術研究の直面する将来的な課題等について紹介しています。

本書は以上のような趣旨に基づいて執筆されています。正確性や緻密さよりも、全体像の把握のしやすさ、理解のしやすさ等にポイントが置かれています。事実誤認、説明不十分等の点があるとすればそれは専ら筆者自身の不勉強によるものです。更に深く詳細に学ぶことを希望される方は、各章の末尾に掲載した参考文献等を活用して頂けると幸いです。また、本書の中に示されている意見等は筆者の個人的な意見です。筆者の所属する（あるいは過去に所属した）組織の公式な見解とは異なる場合もあることを予めお断りしておきます。

２０２０年６月

小林良樹

目次

第III部 総括――テロに関する学術理論は将来をどのように見るのか？

第12章 テロ研究とテロ対策の将来

凡例

□法令

【日本の法令】

イラク人道復興支援特措法（イラクにおける人道復興支援活動及び安全確保支援活動の実施に関する特別措置法（平成15年8月1日法律第１３７号））

旧テロ対策特措法（平成十三年九月十一日のアメリカ合衆国において発生したテロリストによる攻撃等に対応して行われる国際連合憲章の目的達成のための諸外国の活動に対して我が国が実施する措置及び関連する国際連合決議等に基づく人道的措置に関する特別措置法（平成13年11月２日法律第１１３号））

警察庁組織令（昭和29年６月30日政令第１８０号）

サリン防止法（サリン等による人身被害の防止に関する法律（平成７年４月21日法律第78号））

銃刀法（銃砲刀剣類所持等取締法（昭和33年３月10日法律第６号））

青少年インターネット環境整備法（青少年が安全に安心してインターネットを利用できる環境の整備等に関する法律（平成20年６月18日法律第79号））

組織的犯罪処罰法（組織的な犯罪の処罰及び犯罪収益の規制等に関する法律（平成11年８月18日法律第１３６号））

団体規制法（無差別大量殺人行為を行った団体の規制に関する法律（平成11年12月７日法律第１４７号））

特定秘密保護法（特定秘密の保護に関する法律（平成25年12月13日法律第１０８号））

ドローン規制法（重要施設の周辺地域の上空における小型無人機等の飛行の禁止に関する法律（平成28年３月18日法律第９号））

犯罪被害者等給付金支給法（犯罪被害者等給付金の支給等による犯罪被害者等の支援に関する法律（昭和55年５月１日法律第36号））

ヘイトスピーチ解消法（本邦外出身者に対する不当な差別的言動の解消に向けた取組の推進に関する法律（平成28年６月３日法律第68号））

補給支援特措法（テロ対策海上阻止活動に対する補給支援活動の実施に関する特別措置法（平成20年１月16日法律第１号））

旅館業法施行規則（昭和23年７月24日厚生省令第28号）

【国際条約】

核テロリズム防止条約（核によるテロリズムの行為の防止に関する国際条約、International Convention for the Suppression of Acts of Nuclear Terrorism）（２００５年

４月に国連総会で採択）

国際組織犯罪防止条約（国際的な組織犯罪の防止に関する国際連合条約、United Nations Convention against Transnational Organized Crime）（２０００年11月に国連総会で採択）

ジェノサイド条約（集団殺害罪の防止及び処罰に関する条約、Genocide Convention）（１９４８年12月に国連総会で採択）

テロ資金供与防止条約（テロリズムに対する資金供与の防止に関する国際条約、International Convention for the Suppression of the Financing of Terrorism）（１９９９年12月に国連総会で採択）

日米安全保障条約（日本国とアメリカ合衆国との間の相互協力及び安全保障条約）（昭和35年条約第６号）

爆弾テロ防止条約（テロリストによる爆弾使用の防止に関する国際条約、International Convention for the Suppression of Terrorist Bombings）（１９９７年12月に国連総会で採択）

□ 事件名

発生年月日、発生国(都市)、主な背景思想(実行犯組織等)*

＊疑いのものも含む

（50音順）

【日本国外で発生した事案】

９１１事件（２００１年９月11日、米国（ニューヨーク州ニューヨーク、ワシントン特別区等）、イスラム過激主義（アルカイダ））

アトランタ公園爆破事件（米国（ジョージア州アトランタ）、１９９６年７月27日、極右主義）

アレクサンドル２世暗殺事件（１８８１年３月13日、ロシア（サンクトペテルブルク）、無政府主義（「人民の意思」））

伊藤博文暗殺事件（１９０９年（明治42年）10月26日、清（ハルビン）、反植民地主義）

イラクにおける邦人人質殺害事件（２００４年（平成16年）10月26日、イラク、イスラム過激主義（イラクのアルカイダ））

ウェイコ事件（１９９３年２月28日～４月19日、米国（テキサス州ウェイコ）、極右主義）

エルパソ銃乱射事件（２０１９年８月３日、米国（テキサス州エルパソ）、極右主義）

オクラホマシティ連邦政府ビル爆破事件（１９９５年４月19日、米国（オクラホマ州オクラホマシティ）、極右主義）

オランド銃撃事件（２０１６年６月12日、米国（フロリダ

州オランド）、イスラム過激主義（ＩＳＩＳ））

キング・デービッド・ホテル爆破事件（１９４６年7月22日、パレスチナ（イギリス委任統治領）（エルサレム）、反植民地主義（ユダヤ民族軍事機構））

クアラルンプール米大使館領事部・スウェーデン大使館占拠事件（１９７５年（昭和50年）8月4～5日、）マレーシア（クアラルンプール）、極左主義（日本赤軍））

クライストチャーチ・モスク銃乱射事件（２０１９年３月15日、ニュージーランド（クライストチャーチ）、極右主義）

在アルジェリア邦人に対するテロ事件（２０１３年（平成25年）1月16日～19日、アルジェリア（イナメナス）、イスラム過激主義）

在ケニア・在タンザニア両米国大使館同時爆破事件（１９９８年8月7日、ケニア、タンザニア、イスラム過激主義（アルカイダ））

在ペルー日本国大使公邸占拠事件（１９９６年12月17日～１９９７年4月22日、ペルー（リマ）、極左主義（トゥパク・アマル革命運動））

サンベルナンド銃撃事件（２０１５年12月2日、米国（カリフォルニア州サンベルナンド）、イスラム過激主義（ＩＳＩＳ））

ジャカルタ日本大使館等手製弾発射事件（１９８６年（昭和61年）5月14日、インドネシア（ジャカルタ）、極左主義（日本赤軍））

シャルリー・エブド社襲撃事件（２０１５年1月7日、フランス（パリ）、イスラム過激主義（ＡＱＡＰ（アルカイダ系）））

シリアにおける邦人殺害事件（２０１５年（平成27年）1～2月、シリア、イスラム過激主義（ＩＳＩＳ））

世界貿易センタービル爆破事件（１９９３年2月26日、米国（ニューヨーク州ニューヨーク）、イスラム過激主義（アルカイダ））

ダッカ日航機乗っ取り事件（１９７７年（昭和52年）9月28日～10月3日、バングラデシュ（ダッカ）、極左主義（日本赤軍））

テルアビブ空港乱射事件（１９７２年（昭和47年）5月30日、イスラエル（テルアビブ）、極左主義（日本赤軍））

デルタ航空機爆破テロ未遂事案（２００９年12月25日、米国、イスラム過激主義（ＡＱＡＰ（アルカイダ系）））

ドバイ日航機乗っ取り事件（１９７３年（昭和48年）7月20日、アラブ首長国連邦（ドバイ）、極左主義（日本赤軍、ＰＦＬＰ））

ナポリ米軍施設前車両爆破事件（１９８８年（昭和63年）4月14日、イタリア（ナポリ）、極左主義（日本赤軍））

ニース事件（２０１６年7月14日、フランス（ニース）、イスラム過激主義（ＩＳＩＳ））

ハーグ・フランス大使館占拠事件（１９７４年（昭和49年）9月13日、オランダ（ハーグ）、極左主義（日本赤軍））

バリ島事件（第一次）（２００２年10月12日、インドネシア（バリ島）、イスラム過激主義（ジェマ・イスラミア））

パリ同時多発攻撃事件（２０１５年11月13日、フランス（パリ）、イスラム過激主義（ＩＳＩＳ））

バングラデシュ・ダッカにおける襲撃事件（２０１６年（平

成28年）7月1～2日、バングラデシュ（ダッカ）、イスラム過激主義（ＩＳＩＳ））
ピッツバーグ銃乱射事件（２０１８年10月27日、米国（ペンシルベニア州ピッツバーグ）、極右主義）
フェルディナント・オーストリア皇太子暗殺事件（１９１４年6月28日、オーストリア・ハンガリー帝国（サラエボ）、無政府主義（黒手組））
ブライトンホテル爆破事件（１９８４年10月12日、イギリス（ブライトン）、民族主義（ＩＲＡ））
ブリュッセルにおける連続テロ事件（２０１６年3月22日、ベルギー（ブリュッセル）、イスラム過激主義（ＩＳＩＳ））
米駆逐艦コール爆破事件（２０００年10月12日、イエメン（アデン）、イスラム過激主義（アルカイダ））
ボストンマラソン爆破事件（２０１３年4月15日、米国（マサチューセッツ州ボストン）、イスラム過激主義）
マッキンリー米大統領暗殺事件（１９０１年9月6日、米国（ニューヨーク州バッファロー）、無政府主義）
マドリッド列車爆破事件（２００４年3月11日、スペイン（マドリッド）、イスラム過激主義（アルカイダ））
マラウイ占拠事案（２０１７年5月23日～10月23日、フィリピン（ミンダナオ島マラウイ）、イスラム過激主義（ＩＳＩＳ））
ミュンヘン・オリンピック事件（１９７２年9月5～6日、西ドイツ（ミュンヘン）、極左主義（黒い九月））
ムンバイ同時多発テロ事件（２００８年11月26～29日、インド（ムンバイ）、イスラム過激派）
ルビーリッジ事件（１９９２年8月21～31日、米国（アイダホ州ルビーリッジ）、極右主義）
ルクソール観光客襲撃事件（１９９７年11月17日、エジプト（ルクソール）、イスラム過激主義）
ローマ米・英大使館爆破事件（１９８７年（昭和62年）6月9日、イタリア（ローマ）、極左主義（日本赤軍））
ロンドン地下鉄等同時爆破テロ事件（２００５年7月7日、イギリス（ロンドン）、イスラム過激主義（アルカイダ））

【日本国内で発生した事案】

二・二六事件（１９３６年（昭和11年）2月26～29日、日本（東京府）、極右主義）
五・一五事件（１９３２年（昭和7年）5月15日、日本（東京府）、極右主義）
「悪魔の詩」邦訳者殺害事件（１９９１年（平成3年）7月11日、日本（茨城県つくば市）、イスラム過激主義）
浅沼稲次郎社会党委員長殺人事件（１９６０年（昭和35年）10月12日、日本（東京都）、極右主義）
朝日新聞東京本社拳銃発砲人質立てこもり事件（１９９４年（平成6年）4月1日、日本（東京都）、極右主義）
あさま山荘事件（１９７２年（昭和47年）2月19～28日、日本（長野県）、極左主義（連合赤軍））
金丸信自民党副総裁に対する拳銃発砲殺人未遂事件（１９９２年（平成4年）3月20日、日本（栃木県足利市）、極右主義）
紀尾井坂の変（大久保利通内務卿殺害事件）（１８７８年（明治11年）5月14日、日本（東京府）、不満士族）

岸信介首相傷害事件（1960年（昭和35年）7月14日、日本（東京都）、極右主義）

警視庁追分派出所クリスマスツリー爆弾事件（1971年（昭和46年）12月24日、日本（東京都）、極左主義）

警視庁警務部長宅爆破殺人事件（1971年（昭和46年）12月18日、日本（東京都）、極左主義）

警視庁新宿警察署清和寮爆破殺人事件（1990年（平成2年）11月1日、日本（東京都）、極左主義（革労協））

経団連会館襲撃事件（1977年（昭和52年）3月3日、日本（東京都）、極右主義）

血盟団事件（1932年（昭和7年）2月～3月、日本（東京府）、極右主義）

桜田門外の変（1860年（安政7年）3月3日、日本（江戸）、極右主義（尊王攘夷派））

自民党本部火炎車放火事件（1984（昭和59年）年9月19日、日本（東京都）、極左主義（中核派））

新東京国際空港管制塔乱入事件（1978年（昭和53年）3月26日、日本（千葉県成田市）、極左主義（第四インター日本支部等））

大逆事件（幸徳秋水事件）（1910年（明治43年）5月25日、日本、無政府主義）

大量リンチ殺害事件（1971年（昭和46年）12月から1972年（昭和47年）2月、日本（群馬県等）、極左主義（連合赤軍））

千代田区内同時爆弾事件（1988年（昭和63年）3月21日、日本（東京都）、イスラム過激主義）

地下鉄サリン事件（1995年（平成7年）3月20日、日本（東京都）、宗教カルト（オウム真理教））

濱口雄幸首相銃撃事件（1930年（昭和5年）11月14日、日本（東京府）、極右主義）

原敬首相暗殺事件（1921年（大正10年）11月4日、日本（東京府）、極右主義）

フィリピン航空機内爆発事件（1994年（平成6年）12月11日、日本（沖縄県上空）、イスラム過激主義）

松本サリン事件（1994年（平成6年）6月27～28日、日本（長野県松本市）、宗教カルト（オウム真理教））

三菱重工ビル爆破事件（1974年（昭和49年）8月30日、日本（東京都）、極左主義（東アジア反日武装戦線））

本島等長崎市長に対する拳銃発砲殺人未遂事件（1990年（平成2年）1月18日、日本（長崎県長崎市）、極右主義）

「よど号」ハイジャック事件（1970年（昭和45年）3月31日、日本、極左主義（共産主義者同盟赤軍派））

李王世子暗殺未遂事件（1920年（大正9年）4月、日本（東京府）、反植民地主義）

李奉昌大逆事件（桜田門事件）（1932年（昭和7年）1月8日、日本（東京府）、反植民地主義）

□ 組織名

英語名等、主な活動国、主な背景思想
（50音順）

【外国の組織】

アーリアン・ネイションズ（Aryan Nations、米国、極右主義）

アイルランド共和軍（Irish Republican Army (IRA)、イギリス、民族自決・分離独立主義）

赤い旅団（Red Brigades、イタリア、極左主義）

アトムワフン・デビジョン（Atomwaffen Division、米国、極右主義）

アブサヤフ・グループ（Abu Sayyaf Group (ASG)、フィリピン、イスラム過激主義）

アラビア半島のアルカイダ（al-Qa'ida in the Arabian Peninsula (AQAP)、イエメン、イスラム過激主義（アルカイダ系））

アルカイダ（al-Qa'ida (AQ)、アフガニスタン・パキスタン、イスラム過激主義）

アルシャバブ（al-Shabaab (AS)、ソマリア、イスラム過激主義（アルカイダ系））

アルジェリア民族解放戦線（National Liberation Front 又は Front de libération nationale (FLN)、アルジェリア、反植民地主義）

アル・タウヒード・ワル・ジハード（Jama'at al-Tawhid wal-Jihad、イラク、イスラム過激主義）

イスラム・マグレブ諸国のアルカイダ（Al-Qa'ida in the Islamic Maghreb (AQIM)、マリ等、イスラム過激主義（アルカイダ系））

イラクのアルカイダ聖戦機構（al-Qa'ida in Iraq (AQI) 又は Tanzim Qa'idat al-Jihad fi Bilad al-Rafidayn、イラク、イスラム過激主義（アルカイダ系））

イラクのイスラム国（The Islamic State in Iraq（ISI）、イラク、イスラム過激主義）

イラク・シリアのイスラム国（The Islamic State of Iraq and Syria (ISIS)、イラク・シリア、イスラム過激主義）

インド亜大陸のアルカイダ（al-Qa'ida in the Indian Subcontinent (AQIS)、アフガニスタン等、イスラム過激主義（アルカイダ系））

カタイブ・ヒズボラ（Kata'ib Hizballah (KH)、イラク、イスラム過激主義（イラン系））

クー・クラックス・クラン（Ku Klux Klan (K.K.K.)、米国、極右主義）

クルド労働者党（Kurdistan Workers Party 又は Partiya Karkeran Kurdistan (PKK)、トルコ等、民族自決・分離独立主義）

黒手組（Black Hand、オーストリア・ハンガリー帝国、無政府主義（セルビア民族主義））

コロンビア革命軍（Revolutionary Armed Forces of Colombia 又は Fuerzas Armadas Revolucionarias de Colombia (FARC)、コロンビア、極左主義）

ジャマーア・ヌスラ・アル・イスラーム・ワル・ムスリミー

ン（Jama'at Nusrat al-Islam wal-Muslimin (JNIM)、マリ等、イスラム過激主義（アルカイダ系））

ジェマ・イスラミア（Jemaah Islamiya (JI)、インドネシア、イスラム過激主義）

真のアイルランド共和軍（Real IRA (RIRA)、イギリス、民族自決・分離独立主義）

人民の意思（People's Will 又は Narodnaya Volya、ロシア、無政府主義）

センデロ・ルミノソ（Sendero Luminoso (SL)、ペルー、極左主義）

ソルベン・シチズンス（Sovereign Citizens、米国、極右主義）

タハリール・アル・シャーム機構（Hayat Tahrir al-Sham (HTS)、シリア、イスラム過激主義（アルカイダ系））

タミル・イーラム解放の虎（Liberation Tigers of Tamil Eelam (LTTE)、スリランカ、民族自決・分離独立主義）

タリバン（Taliban、アフガニスタン、イスラム過激主義）

地球解放戦線（Earth Liberation Front (ELF)、米国等、極左主義（環境保護））

ドイツ赤軍（Red Army Faction、西ドイツ、極左主義）

動物解放戦線（Animal Liberation Front (ALF)、米国等、極左主義（環境保護））

トゥパク・アマル革命運動（Tupac Amaru Revolutionary Movement 又は Movimiento Revolucionario Túpac Amaru (MRTA)、ペルー、極左主義）

ナショナル・アライアンス（National Alliance、米国、極右主義）

ヌスラ戦線（Al-Nusrah Front (ANF)、シリア、イスラム過激主義（アルカイダ系））

パキスタン・タリバン運動（Tehrik-e Taliban Pakistan (TTP)、パキスタン、イスラム過激主義（タリバン系））

バスク祖国と自由（Basque Fatherland and Liberty 又は Euzkadi Ta Askatasuna (ETA)、スペイン、民族自決・分離独立主義）

ハッカーニ・ネットワーク（Haqqani Network (HQN)、アフガニスタン、イスラム過激主義（タリバン系））

ハマス（Hamas、パレスチナ、イスラム過激主義）

パレスチナ・イスラミック・ジハード（Palestinian Islamic Jihad (PIJ)、パレスチナ自治区、イスラム過激主義（イラン系））

パレスチナ解放人民戦線（Popular Front for the Liberation of Palestine (PFLP)、パレスチナ自治区、極左主義）

ヒズボラ（Hizballah、レバノン、イスラム過激主義（イラン系））

ブラックパンサー党（Black panther party for Self-Defense、米国、極左主義）

ボコハラム（Boko Haram (BH)、ナイジェリア、イスラム過激主義）

ホワイト・アーリアン・レジスタンス（White Aryan Resistance、米国、極右主義）

マウテ・グループ（Maute Group、フィリピン、イスラム過激主義（ISIS系））

民主社会を求める学生（Students for Democratic Society (SDS)、米国、極左主義）

モロ民族解放戦線（Moro National Liberation Front (MNLF)、フィリピン、イスラム過激主義）
ラシュカレ・タイバ（Lashkar-e-Tayyiba (LeT)、パキスタン、イスラム過激主義）
ユダヤ民族軍事機構（Jewish Irgun 又は The National Military Organization in the Land of Israel、パレスチナ、反植民地主義）

【日本の組織、日本由来の組織】

オウム真理教
革マル派（日本革命的共産主義者同盟革命的マルクス主義派）
革労協（革命的労働者協会（解放派））
共産主義者同盟赤軍派
中核派（革命的共産主義者同盟全国委員会）
日本赤軍（Japanese Red Army）
「よど号」グループ
連合赤軍

第Ⅰ部　リテラシーを得る——テロに関する学術理論は何を語るのか？

□ 第1章 □

「テロリズム」とは何なのか

今日、「テロリズム（Terrorism）」（以下「テロ」と略します）という言葉は様々な場面で使用されています。例えば、「1995年3月に東京で発生した地下鉄サリン事件はオウム真理教によるテロだ」、「2001年9月に米国で発生した911事件はイスラム過激派のアルカイダによるテロだ」等の文脈でテロという言葉が使用されます。こうした極めて著名な事案以外にも、日々のニュース報道等において例えば「アフガニスタンでタリバンによるテロ発生　死者多数」等の記事を見かけることは少なくありません。また、日本国内で悲惨な大量殺人事件等が発生した際にはニュース報道等において「これはまさしくテロだ」等の指摘がなされる場合があります。他方で、同様の大量殺人事件等であっても、「テロだ」とはほとんど指摘されない場合もあります。こうした違いはなぜ生じるのでしょうか。なお、近年では例えば、飲食店等のアルバイト店員等が職場で「悪ふざけ」をしている様子の自撮り動画をネット上に公開する行為等が「バイトテロ」と称されることもありました。こうした行為も果たしてテロと言い得るのでしょうか。

本章では、テロの定義をめぐる学術的な議論とその背景を概観します。

1　テロの定義の様々な例

先に結論から述べると、学説上、テロの定義については様々な見解が存在しており、現時点では明確な決着は付いていないのが現状です。実務上では、日本、米国等主要な各国においては法令上の定義が存在します。ただし、各国の定義は必ずしも同一ではありません。さらに、例えば米国においては法令や機関ごとに異なった定義が使用されているなど[1]、一つの国の政府の中でも組織や時期によって異なった定義が存在する例は珍しくありません。[2]

(1) 日本、米国における主な法令上のテロの定義

日本では幾つかの法令においてテロの定義が示されています。最近の例では、ドローン規制法（２０１６年（平成28年）成立）第７条第１項や特定秘密保護法（２０１３年（平成25年）成立）第12条第２項において「政治上その他の主義主張に基づき、国家若しくは他人にこれを強要し、又は社会に不安若しくは恐怖を与える目的で人を殺傷し、又は重要な施設その他の物を破壊するための活動をいう」と定義されています。[3]

米国においても幾つかの法令においてテロの定義が示されています。代表的なものとして、合衆国法典第18編（刑法及び刑事訴訟法に概ね相当します）第２３３１条において「暴力的な犯罪行為又は人の生命に危害を及ぼすような犯罪行為を含む活動」であって「(i) 人々を畏怖することを意図するもの、(ii) 畏怖や強要によって政府の政策に影響を与えることを意図するもの、(iii) 大量破壊・暗殺・誘拐等によって政府の活動に影響を与えることを意図するもの」

と定義されています。[4] ただし、米国の場合、法令ごとに異なった「テロ」の定義が存在します。また、国務省、国防省、国土安全保障省（DHS）、連邦捜査局（FBI）等の各機関の公式な文書の中でも機関ごとに異なった定義が使用されています。さらに、同一組織の文書の中でも時期によって異なる定義が使用されている場合があります。[5]

(2) 学説上の主な定義

学説上の定義にも様々なものがありますが、ここでは、米国、欧州及び日本の研究者による代表的な定義を紹介します。

米国の研究者であるホフマン（Bruce Hoffman）は、テロを「**政治的な変革を目的とし、暴力又は暴力の威嚇を通じて、意図的に恐怖を作り出しこれを利用すること**」と定義しています。[6] また、オランダの研究者であるバッカー（Edwin Bakker）は、「**政治及び社会全体に影響を与えるべく、あるグループに対して暴力を使用することにより恐怖を拡散する手法ないしメカニズム**」と定義しています。[7] 日本の研究者による定義としては、片山善雄による「社会への何らかの訴えかけが意図された、物理的な被害よりも心理的衝撃を重視する暴力行為」があります。[8]

2 テロの基本的な要素――最低限のコンセンサス

(1) コンセンサス

このように、現時点では、テロに関する統一的な定義は学説上も実務上も存在しません。そうした中で、主要な学説及び主要国の法令上の定義の中でほぼ共通して含まれている要素としては以下が挙げられます。[9]

① 目的として何らかの「**政治的な動機**（political motive）」を持つこと。

② 目的達成の手段として、（直接の被害者等のみならず）より多くの聴衆に対する「**恐怖の拡散**（spreading fear）」を狙っていること。

③ そのために「**違法な暴力**（illegal violence）**あるいは暴力による威嚇**（threat of violence）」を利用すること。

すなわち、「政治的な動機、恐怖の拡散、暴力の使用・暴力による威嚇」が概ねコンセンサスが得られているテロの基本的な要素と言い得ます。

(2) テロと一般犯罪の違い

ここで言う「一般犯罪」とは「犯罪の中でテロには該当しないもの」を指します。そもそも、テロと犯罪は相互に完全に排他的な概念ではありません。前記のとおり、テロの基本的な要素の一つが「暴力の使用または暴力による威嚇」であるとの前提に立てば、テロは原則として違法な犯罪を構成することになります。逆に言えば、犯罪の中には「テロに該当するもの」と「テロに該当しないもの（一般犯罪）」があると言えます。

政治的な動機

こうした理解に基づき本章の冒頭で言及した例を振り返ってみると、様々な大量殺人事件等の中でテロと一般犯罪を区別する要素は「政治的な動機が有るか否か」である場合が少なくありません。すなわち、大量殺人事件であっても、政治的動機等に基づく犯行ではなく、攻撃対象である個人、組織等に対する個人的な怨恨等に基づく犯行である場合は、学術上のテロの定義には該当しないことになります（テロとヘイトクライムの関係については第9章コラム）。いわゆる「バイトテロ」と言われるような主に仲間内での「ウケ」を狙った悪ふざけ、いたずら等も一般的にはこうしたテロの基本的な要素を欠くものと考えられます（ただし、同様の行為であっても、こうした犯行を通じて、労働条件の改善を社会全体に訴える等の政治的意図を有する場合等にはテロに該当する可能性も有り得ます）。

政府要人の暗殺事案等も、当該犯行によって恐怖を拡散し、社会全体に政治的変革を起こすことを目的としている場合にはテロに該当する可能性が高くなります。他方で、そうした意図はなく専ら個人的な怨恨等に基づく場合はテロに該当しないと考えられます。[10]

いわゆる暴力団、マフィア等の犯罪組織も、暴力の利用や暴力による威嚇、恐怖の拡散等を行うことは少なくありません。しかし、こうした犯罪組織は一般的には経済的利益の獲得等を主な目的として活動しており、必ずしも政治的動機等を有していない点でテロ組織とは異なると考えられます。ただし、テロ組織も活動資金獲得等のために禁制品の密造・密売、身代金目的誘拐等の一般犯罪に関与する事例は少なくありません。例えば、アフガニスタンのタリバンやコロンビアのコロンビア革命軍（FARC）は違法薬物の密造・密輸等によって多額の資金を獲得しているとみられます（第4章1）[11]。このように、テロ組織と一般犯罪組織の活動には重複する部分もあり得ます。[12][13]

なお、実際のテロ事案において示される「政治的な動機」は幅広く千差万別なものとなっています。中には、環境保護、動物の権利保護、妊娠中絶反対のように比較的具体的な目標の場合もあります（第9章2）。他方、既存の政治体制の変革、政権の転覆等のようにより広範かつやや抽象的な目標である場合もあります。反植民地主義、新左翼主義、宗教、極右主義等に基づくテロにはそうした例も少なくありません（第2章）。こうした場合、当面の直接的な目的として、政権の弱体化に繋がるような事態の喚起、すなわち、**社会におけるパニックや分断の惹**

起、それらに伴う政府の権威失墜、その前提としての組織や実行犯自身の売名等が当面の目的であり、動機である場合も少なくありません。

恐怖の拡散

一般犯罪とテロは、（直接の被害者等のみならず）より多くの聴衆に対する「恐怖の拡散」を狙っているか否かの点においても異なる場合があるとみられます。これは、前記のとおり、実際のテロ事案の多くが、政府の権威失墜、社会におけるパニックや分断の惹起等を当面の目的あるいは動機としていることとも関連しています。恐怖の拡散は、こうした目的を達成するためには効率的かつ有効な手段だからです。

図表1-1は、米国のシンクタンクであるピュー研究所（Pew Research Center）が公開している「米国の政治上の優先課題」に関する世論調査の結果です。同社は１９９０年代から毎年1月、約20個の事項に関して「この事項は政権、議会の最優先課題と思うかどうか」との質問に基づく世論調査を行っています。[14]

同調査によると、「テロ対策（テロ攻撃からの国土の防衛）」を最優先課題と認識する回答は、２００２年以降ほぼ毎年全回答の70％を越えています。２０２０年1月の調査では74％となり、「経済力の強化」、「環境の保護」等を上回り、全18項目の中でトップの数値となっています。一方、「一般犯罪対策（犯罪の削減）」を優先課題と認識する回答は、２００２年以降は概

図表1-1　米国における「政策上の優先課題」に関する世論調査（2002-2020年）

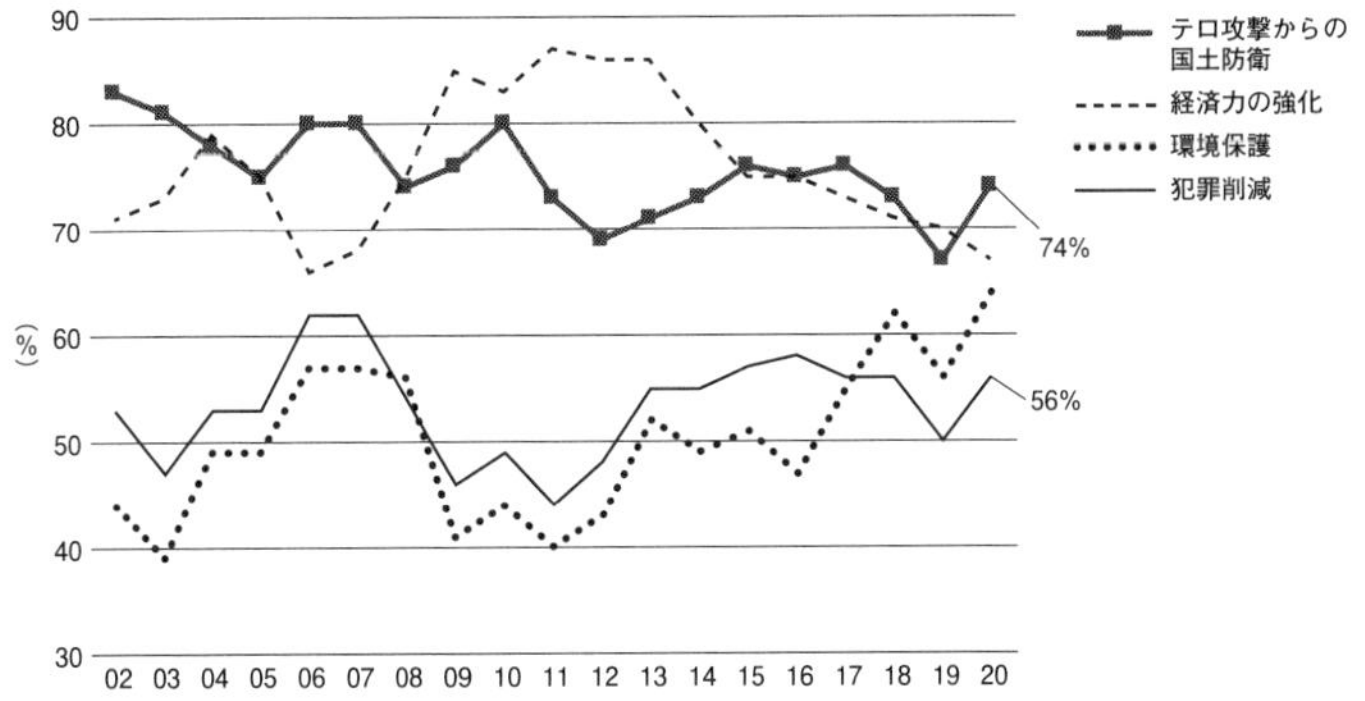

※数値は、「○○は米国の政府、議会にとって優先の課題と思うか」との問いに対し、最優先課題である旨を述べた回答者数の割合を示す。
（出典：Pew Research Center による世論調査の結果（2020年2月13日公表）を基に筆者作成。）

ね50%代で推移しており、テロ対策よりは低い数値となっています。2020年1月の調査では56%であり、全18項目中8番目でした。

　単純に物理的な被害（事案数、死者数等）を比較すると、当該期間中の米国におけるテロによる被害は一般犯罪による被害よりも低いものになっています（第7章4(2)）。それにもかかわらず、世論調査においては一貫して一般犯罪対策よりもテロ対策が重視されています。こうした状況の背景には、911事件を始めとする近年の様々なテロによって米国社会にもたらされた「恐怖の拡散」の効果があるとみられます。政府等の側からみると、こうした「恐怖の拡散」効果によって一般世論の関心が高い故に、（一般犯罪対策以上に）テロ対策を重視せざるを得ない状況になっているとも言えます。こうした状況は、「財政的コストの非対称性」の問題、すなわち、しばしば防御側（政府・治安機関等）によるテロの未然防止策が完璧を目指すが故に過剰に陥りやすいという問題にも関連しています（第3章2）。

3　定義の困難性と必要性

(1)　なぜ定義が困難なのか

ではそもそも、テロの統一的な定義を決めることはなぜ困難なのでしょうか。主な理由としては、以下のような点が考えられます。[15]

概念の多義性、態様の多様性

第1に、一般にテロと認識されている行為の態様が時代とともに変遷し、かつ多様であることが挙げられます。例えば、テロ（terrorism）の語源は、18世紀のフランス革命期のロベスピエール等ジャコバン派による「恐怖政治（regime de la terreur（reign of terror））」と言われます。すなわち、当時はこうした「政府による国内の反対派に対する弾圧」活動が一般にテロと認識されていた訳です。しかし、後述のとおり（本章4）、今日ではこうした政府の活動は学術上のテロの概念には含まれないとする見解が少なくありません。

さらに、その後のテロの歴史をみると、テロには極左テロ、極右テロ、宗教テロ等様々な様態のものがあります。それぞれの様態には共通する点もある一方で、目標、手法等において異なる点も少なくありません（第２章）。

概念の相対性、主観性

第２に、テロの概念の持つ相対性、主観性が挙げられます。「テロリストは立場を変えて見ると『自由の闘士』にもなる（One one's terrorist is another man's freedom fighter.）」と言われるように、ある個人や組織を「非難

ヤーセル・アラファト（左）とカダフィ（ムアンマル・アル＝カッザーフィー）（右）（1977年撮影）

チェ・ゲバラ（1960年5月撮影）

されるべきテロリスト（あるいはテロ組織）と認識するか否か」の判断は政治的立場等によって異なる場合が少なくありません。例えば、アラファト（Yasser Arafat）元パレスチナ解放機構（PLO）議長、キューバ革命等の闘士であるゲバラ（Che Guevara）等に対しては政治的立場、時期等により様々な異なった評価がなされています。[16] 同様に、レバノンを拠点とするイスラム系組織のヒズボラに関して、これをテロ組織に指定している国や国際機関もある一方で、そうした指定を特段行っていない国もあります。

実務的には、ある個人や組織が国際社会において広くテロリストやテロ組織と認識される場合には、政府や国際社会として当該個人や組織を非難し取り締まることの正統性が高まることとなります。さらに、国によっては、テロ捜査に対しては、一般犯罪の捜査に比較して強力な権限が治安機関等に与えられる場合もあります（第6章1(1)）。こうしたことから、ある具体的な事案がテロに該当するか否かをめぐり、国際機関、関係国の議会等において議論が紛糾する場合も少なくありません。[17]

定義の策定作業との関連

研究者、実務家等がテロの定義を検討する際には、実社会において一般的にテロと認識される様々な形態の行為を広く包含する抽象的な概念の構築を試みるのが一般的です。すなわち、定義を策定する作業とは、そうした各種の具体的事案の最大公約数的な要素の抽出を試みる作業とも言い得ます。しかし、前記のようなテロという言葉の概念の多義性、態様の多様性、相対性・主観性等にかんがみると、そうした作業は必ずしも容易なことではありません。こうした状況がテロの統一的な定義の検討を困難にしていると考えられます。

(2) なぜ定義が必要なのか

では、そもそもテロの定義付けを行うことはなぜ必要なのでしょうか。前記のような定義付けの困難性にかんがみ、敢えて定義付けを行うことの有用性に疑問を呈する議論もあります。[18] これに対し、バッカー等は、以下の理由にかんがみ、テロの定義付けを試みることの意義を主張しています。[19]

国際協力の推進

テロの持つ相対性・主観性が故に、ある具体的な事案をめぐって関係国等の間で「当該事案はテロに該当するか否か」の評価にズレが生じる場合は少なくありません。この結果、未然防止、事後捜査等のために必要な情報共有、被疑者の引渡し等の国際協力が阻害される場合もあります。テロの定義に関する共通認識の促進はこうした事態を抑制し、必要な国際協力の推進に資すると考えられます。

権力濫用の防止

前記のとおり、ある個人や組織が国際社会において広くテロリストやテロ組織と認識される場合には、当該個人や組織を非難し取り締まることの正統性が上昇することとなります。こうしたことから、例えば、ある国の政府が国内の反体制派組織等に対する弾圧を容易にするための手段として、十分な根拠を示さないままに当該組織等をテロ組織と認定し、国際社会等に対して喧伝する場合もあります。テロの定義に関する共通認識の促進は、こうした国家による権力濫用の防止に資すると考えられます（「国際協力の推進」と「権力濫用の推進」は言わば「コインの表裏」の関係にあると考えられます）。

学術研究の促進

テロの定義が不統一である結果、国際機関、各国政府、研究機関等の発表するテロの事案数等に関する各種の統計には従来から統一性が確保されていません。こうした状況は、テロに関する学術研究の客観性の確保、比較研究の推進等にとって大きな障害となっています（第7章コラム）。テロの定義に関する共通認識の促進はこうした障害を取り除くことに資すると考えられます。

4 論争のある点――「国家テロ」という概念を認めるか？

実際にコンセンサスを得るのが困難な論点の例として、「国家テロ」という概念を認めるか否か、逆に言えば、**テロを「非国家主体（Non-State Actor）による行為」に限定するか否か**、という問題があります。

「国家テロ（国家によるテロ）（State Terrorism）」とは、本章2で論じたようなテロに該当する行為を国家が直接的に行う場合を言います。対外的に実行される場合と、国内で実行される場合があります（「国内テロ」と「国際テロ」の区別については第9章1(1)、「国家テロ」と「国家支援テロ」の区別については本章コラム）。

対外的な国家テロ――

「対外的な国家テロ」とは、例えば、国家間の戦闘行為の中で多数の非戦闘員（一般市民等）が無差別に被害にあったような事例等に関して「国家テロである」等の指摘がなされる場合があります。また、ある国の政府が軍やインテリジェンス機関の特殊部隊等を他国に送り込み、施設破壊、暗殺等の非軍事活動（パラミリタリー活動）を実行するような事例に関しても「国家テロである」と指摘される場合があります。

国内における国家テロ――

「国内における国家テロ」とは、政府が自国内において、本章2で論じたような行為に直接携わる場合です。反政府勢力を弾圧する目的の場合、政策的に特定の人種、宗教グループ等を抹殺する目的の場合等があります。軍、治安機関等の政府機関が直接こうした活動に従事する場合も少なくありません。

代表的な例としては、1930年代のソ連においてスターリン政権の下で実行された「大粛清（Great Terror又はGreat Purge）」、1940年代のドイツにおいてナチス・ドイツ政権の下で実行された「ホロコースト（Holocaust）」、1970年代のカンボジアにおいてポル・ポト政権の下で実行された大虐殺、1980年のイラクにおいてサダム・フセイン政権の下で実行された「アンファル作戦（Anfal campaign）」等が挙げられます。[20] こうした活動は、規模、形態等によっては、現在の国際法（ジェノサイド条約）で禁止されている行為（ジェノサイド）に該当する場合もあります。

「国家テロ」という概念を認めるか？――

学説の中には、こうした国家による直接の行為を学術上のテロの概念に含めることに慎重な見解が少なくありません。理由としては、第1に、非国家主体による行為と国家による直接的な行為とでは規模、手法、背景動機等に大きな違いがある場合が多く、これらを同一視するのは妥当ではないとの見方があります。こうした立場の背景には、テロと「通常の国家間の戦争」を区別する要素の一つとして、「攻撃側と防御側の非対称性（asymmetry）」（特に、財政、人員、戦力等において防護側（政府・治安機関等）が攻撃側（テロ組織等）に比較して圧倒的に有利である状況）を重要視する考え方があります。「国家テロ」の状況においては、こうした「攻撃側と防御側の非対称性」の在り方が一般的なテロとは逆になっています（第3章）。

第2に、こうした国家による行為の原因・背景事情、対処方法等の分析に当たっては、テロ研究以外の分析枠組みに基づいて検討を加える方がより適切であるとも考えられます。例えば、国家による対外的な攻撃については「戦争犯罪（War Crime）」、「国家機関によるパラミリタリー活動の妥当性」等の問題として分析を行うことが可能です。[21] また、国家による国内における攻撃については「恐怖政治（Terror / Reign of Terror）」、「ジェノサイド」等の問題として分析を行うことが可能です。[22]

□本章のエッセンス

・学説上も実務上も、テロの定義については様々な見解が存在しており、現時点では明確な決着は付いていません。各国の法令をみても、それぞれが異なった定義を使用しています。
・ただし、概ねコンセンサスが得られているテロの基本的な要素としては「**政治的な動機、恐怖の拡散、暴力の使用・暴力による威嚇**」が挙げられます。
・統一的な定義付けを困難にしている要因としては、テロという言葉の概念の多義性、態様の多様性、相対性・主観性等が考えられます。他方、定義付けが望まれる理由としては、国際協力の推進、権力濫用の防止、学術研究の推進等に資することが考えられます。
・見解が分かれる論点の例として、「国家テロ」という概念を認めるか否か（テロを「非国家主体による行為」に限定するか否か）という点があります。

【さらに学びたい方のために】

全般的な教科書

以下の5冊は、主に欧米の大学等のテロに関する講義においてテキストとして使用されているものです。いずれも英語の書籍ですが、テロに関する学術研究を体系的に学ぶ上では有用なものです。初学者が取り組む順番としては、④→①②（又は③②）→⑤が標準的と考えられます（もちろん、各人の学習レベルや好みに応じて異なった取組方をして頂いて結構です）。

① Forest, James J. F. *The Terrorism Lectures: A Comprehensive Collection for the Student of Terrorism, Counterterrorism, and National Security (Third Edition)*. Nortia Press, Montgomery, 2019.
　米国の研究者であるフォレストの講義録を基にした専門的なテキスト。米国の視点中心ではありますが、欧米におけるテロ研究の標準的な内容がバランス良くカバーされています。2019年に改訂され、最近の情勢

も良くフォローされています。英文も比較的読みやすいものとなっています。著書のフォレストは、テロに関する主要な学術研究誌の一つである*Perspectives on Terrorism*の共同編集者も務めています（２０２０年４月現在）。

② Bakker, Edwin. *Terrorism and Counterterrorism Studies - Comparing Theory and Practice*. Leiden University Press, 2015.

オランダの研究者であるバッカーによる専門的なテキスト。①に比較すると歴史的な叙述等はやや少ないものの、学術研究上の主要な論点はしっかりと分かりやすくまとめられています。比較的読みやすい英文で書かれており、ボリュームも手頃です。主に欧州の視点から執筆されており、①と読み比べてみると興味深い点もあります。

③ Martin, Gus. *Essentials of Terrorism – Concepts and Controversies (Fifth Edition)*. SAGE, Thousand Oaks, 2018.

米国の研究者であるマーティンによる専門的なテキスト。①と同様に米国の視点を中心に、標準的な内容がバランス良くカバーされています。①に比較すると図表等が多く、ビジュアル的かつ機能的にまとめられています。逆にその分、説明等が多少「そっけない」感もあります。

④ Sandler, Todd. *Terrorism – What Everyone Needs to Know*. Oxford University Press, New York, 2018.

米国の研究者であるサンドラーによる初学者向けの入門テキスト。大学の講義用というよりは、一般向けの教養講座用のテキストに近いものです。ボリュームも少なく学術的な解説の詳細の多くは省略されていますが、重要な論点は概ねカバーされています。値段も手頃です。取り敢えずテロ研究の全体像を俯瞰したい場合には最適です。

⑤ Hoffman, Bruce. *Inside Terrorism (Third Edition)*. Columbia University Press, New York, 2017.

米国の研究者であるホフマンによる専門的なテキスト。①②③が主に大学学部レベルのテキストとすれば、こちらは大学院レベルのテキストと言い得ます。多くの大学・大学院等のコースで利用されている著名な「定番」テキストです。ただし、ややボリュームもやや多く「歯ごたえ」があります。他の基礎的なテキスト等による学習を経た上で取り組むことが望ましいと考えられます。

その他――個別の分野に関する日本語のもの

⑥ 片山善雄『テロリズムと現代の安全保障―テロ対策と民主主義』亜紀書房、2016年。

⑦ 越智啓太（編著）『テロリズムの心理学』誠信書房、2019年。

⑧ 保坂修司『ジハード主義―アルカイダからイスラーム国へ』岩波書店、2017年。

⑨ 大沢秀介・荒井誠・横大道聡（編著）『変容するテロリズムと法―各国における〈自由と安全〉法制の動向』弘文堂、2017年。

英文の書籍に比較して、日本語ではテロ研究に関する包括的かつ最新の情勢をカバーしている書籍はほとんど見当たりません。ただし、個別の分野に関しては優れた内容を含む専門的な書籍があります。⑥～⑨はそうしたものの一例です。いずれもやや高度な内容を含むので、一定の基礎的な学習を経た上で取り組むことが望ましいと考えられます。

⑥は主に国際政治学・安全保障論の視点から書かれており、そうした視点からのテロ対策等に関する分析が豊富です。本書の第1章、第6章及び第11章の一部の内容を主にカバーしています。

⑦は犯罪心理学、犯学社会学等の視点から書かれており、テロの原因等に関する分析が豊富です。本書の第5章の一部の内容をカバーしています。

⑧はイスラム教の歴史研究、中東地域研究等の視点から書かれており、アルカイダ及びISISの歴史、イデオロギー等を詳細かつ丁寧に解説しています。本章の第8章の内容をカバーしています。

⑨は、日本を始め主要国における近年のテロ対策関連の法制度に関し、主に「自由と安全のバランス」の観点からまとめたものです。本書の第6章及び第11章の一部の内容をカバーしています。

COLUMN

「テロリズム」と「過激主義」

テロリズムとの関連でよく使用される概念に「**過激主義**（Extremism）」があります。過激主義に関し、例えば米国の研究者であるマーティン（Gus Martin）は「政治見解等において急進的な性質」あるいは「政治的価値の急進的な表現」と定義しています。* 前記のとおり、テロの基本的な要素とは「政治的な動機、恐怖の拡散、暴力の使用・暴力による威嚇」と考えられます。これに対して、過激主義とは、具体的な暴力行為（あるいは暴力による威嚇）の実行には至っていない「過激な思想そのもの」と言えます。

思想の自由、表現の自由等が権利として保障されている国においては一般的に、単に「過激主義を支持すること」、「言葉、文章等によって過激主義を表現すること」等は必ずしも違法ではありません。しかし、過激主義に基づいて違法な暴力の使用や暴力による威嚇が具体的に実行されればテロとなり得ます。** 一般に過激主義は異論（他の思想、主義主張等）に対して不寛容であり、自己の主義主張を実現するべく具体的な暴力行為に繋がる場合も少なくないと考えられます。こうしたことから、「過激主義はテロの前提要素である」旨の指摘もあります。***

なお、過激主義の中でも、自己の主義主張を実現するために異論に対する暴力の行使を積極的に容認する（正当化する）傾向を有するものを特に「**暴力的過激主義**（Violent Extremism）」と言う場合もあります。****

* "Extremism is a quality that is radical in opinion, especially in political matter," "Extremism is a radical expression of political values" (Martin, Gus. *Essentials of Terrorism – Concepts and Controversies (Fifth Edition)*. SAGE, Thousand Oaks, 2019, pp. 3-5).

** ただし、国によっては、テロの実行行為と共にその「あおり、そそのかし」等の行為を処罰の対象としている場合もあります。こうした場合、テロの実行犯に影響を与えた過激主義の思想家等も実行犯等と共に罪に問われる場合があります。また、指定されたテロ組織に対する支援行為等が処罰の対象とされている場合、こうしたテロ組織の主義・主張等を出版物、ネット等を通じて宣伝する行為が処罰の対象とされる場合もあります。例えば、米国における「外国テロ組織（FTO）」指定の制度には、そうした効果があります（第6章1(1)及び第9章1(1)）。

*** Martin, *Essentials of Terrorism*, pp. 3-5.

**** 米国のFBIの文書等では、ホームグローン（第4章3(4)）の問題を記述する際に、「ホームグローン暴力的過激主義者（Homegrown Violent Extremists: HVEs）」という用語がしばしば使用されています（FBI公式HP https://www.fbi.gov/investigate/terrorism（2020年4月1日閲覧））。

COLUMN

「テロリズム」と「ゲリラ」「インサージェンシー」

テロリズムとの関連でよく使用される別の概念として「ゲリラ（Guerilla）」、「インサージェンシー（Insurgency）」があります。このうち、インサージェンシーについては、「反乱」と翻訳される場合もあります。

三者の関係に関してホフマンは、いずれも「非正規の活動」（政府機関ではない主体による活動）である点で類似性がある一方、ゲリラとインサージェンシーはテロに比較してより大規模、組織的かつ公開性の高い軍事活動であると指摘しています（インサージェンシーは、ゲリラよりも更に大規模かつ組織性が高いものと考えられます）。

ただし、これらの概念には相互に重複する部分もあると考えられます。例えば、テロを戦闘手段の一つであると捉えれば、ゲリラ活動やインサージェンシーを行う組織が戦闘手段の一つとしてテロを実行する場合もあり得ると考えられます。特に内戦状態に陥っている国や地域においてはそれぞれの区別は曖昧であり、例えば、ホフマンは、イラク及びシリアにおけるＩＳＩＳの活動は、テロ、ゲリラ、インサージェンシーのハイブリッドであると指摘しています。*

* Hoffman, Bruce. *Inside Terrorism (Third Edition)*. Columbia University Press, New York, 2017, pp. 36-38.

COLUMN

「国家テロ」と「国家支援テロ」

本章４で述べたとおり、「国家テロ（国家によるテロ）（State Terrorism）」をテロに含めるか否かについては学術的な議論があります。他方で、「国家支援テロ（国家に支援されたテロ）（State-Sponsored Terrorism）」については、「国家によるテロ」と区別してこれをテロの概念に含めることに学術上も実務上も概ねコンセンサスが得られています。

米国では、国務長官が関係法令*に基づき「テロ支援国家（State Sponsors of Terrorism）」を指定しています。２０２０年４月現在、シリア、スーダン、イラン、北朝鮮の４カ国が指定されています。テロ支援国家の指定を受けると、当該国に対する各種支援の提供、軍事関連物資等の輸出、金融取引等に様々な制限が加えられます。**

* Section 6 (j) of the Export Administration Act, Section 40 of the Arms Export Control Act, Section 620A of the Foreign Assistance Act.

** 米国国務省ＨＰ https://www.state.gov/state-sponsors-of-terrorism/（２０２０年４月１日閲覧）。

□第2章□

テロの歴史——新しいもの、古いもの？普遍のもの、変化するもの？

世界的に大きな注目を集めたテロは歴史上多々あります。最近では２００1年9月に米国で発生した９１１事件が代表的な例かもしれません。それでは、それ以前のテロは何か思い付くでしょうか。そもそもテロとは現代に特有の新しい現象なのでしょうか。あるいは、古くから有る現象なのでしょうか。もしも古くから有るものだとすれば、その特徴は時代に関係なく不変なのでしょうか、あるいは時代の経過とともに変化しているのでしょうか。さらに、これらの論点に関する何らかの学術理論的な説明は可能なのでしょうか。本章では、テロの歴史を簡単に振り返りつつ、そうした問題をめぐる学術的な議論とその背景を概観します。

1　近現代以前

テロという用語の起源は18世紀のフランス革命の時代と言われています。また、現在のテロの学術研究は、概ね19世紀以降を時代的な射程範囲としています。それでは、それ以前の時代にはテロは存在しなかったのでしょうか？

テロの基本的な要素は「政治的な動機、恐怖の拡散、暴力の使用・暴力による威嚇」と考えられます（第1章2⑴）。こうした基準に基づいて考えてみると、フランス革命期以前でも、実質的にテロの要件を備えていたと考えられる事案は少なくなかったと言えます。

古代のギリシャ・ローマ時代には既に、実質的にテロに該当する政治的暴力は珍しくなかったとみられます。暴君による圧政を排除するための暗殺も決して珍しいことではなく、古代ギリシャ時代には、アテネの君主であったヒッパルコスの暗殺（紀元前514年）等の例がありました。古代ローマ時代には、紀元前44年のカエサル（ジュリアス・シーザー）の暗殺の例が有名です。こうした事例は、その後の中世のヨーロッパ等でもしばしばみられました。

2　近現代（19世紀以降）――「4つの波（Four Waves）」

現代のテロ研究は、概ね19世紀以降を時代的な射程範囲としています。米国の研究者であるラポポート（David C. Rapoport）は、2004年に発表した論文において、19世紀以降のテロには概ね次の「4つの波」がある旨を指摘しました。

①「無政府主義者の波（Anarchist Wave）」：1880年代～1920年代
②「反植民地主義の波（Anticolonial Wave）」：1920年代～1960年代
③「新左翼の波（New Left Wave）」：1960年代～1990年代
④「宗教の波（Religious Wave）」：1980年代～現在

同時にラポポートは、全ての波（時代）に通底する要素として、（時代によって程度の違いはあるものの）ナショナリズムの存在を指摘しました。[2]

こうしたラポポートによる時代区分はあくまで大まかなものであり、個別具体の事例をみると、必ずしもこうした区分に該当しないテロ組織等も存在します。また、それぞれの波（時代）の時期の区別も必ずしも明確ではなく、前後の波（時代）の特徴が重複しているとみられる時期もあり得ます。

こうした粗さはあるものの、ラポポートによる時代区分は近現代のテロの動向を俯瞰するには一定の有用性があると考えられます。

以下では、こうしたラポポートの区分にしたがって「4つの波」の特徴を概観します。

3　第1の波――「無政府主義者の波」

(1)　概　要

「無政府主義者の波（Anarchist Wave）」は、概ね1880年代から1920年代（第一次世界大戦の終了時（1918年）前後）までの約40年間とされます。まず1880年代に帝政下のロシアで運動が広がり、こうした動向が西欧諸国や米国にまで波及したとみられます。[3]
背景として、第1に、当時のロシアには後のロシア革命に繋がるような深刻な社会不満がありました。第2に、こうした社会の不満を背景に、人々の過激化を促すような思想、すなわち無政府主義思想がバクーニン（Mikhail Alexandrovich Bakunin）、クロポトキン（Pjotr Aljeksjejevich Kropotkin）等のロシアの思想家によって広められました。第3に、各種の科学技術の発展、すなわち、電信、鉄道、新聞等の発達により、各種の情報・思想の伝番、人の移動等が以前よりも迅速、大量、広範囲に行われるようになりました。こうした状況は、テロ組織の結成や活動の能力の増進を支援したとみられます。[4]
こうした社会不満の存在、過激化を促す思想の存在、テロに関連する思想や攻撃手法の伝達手段の発展等の状況は、いずれもテロの発生を促す重要な要因とみられます（第5章2(1)及び(2)）。

ミハイル・バクーニン

(2) 手法、特徴

この時期の無政府主義テロの特徴は、国家元首等の著名な政治家を標的とした**「世間の注目を集める**（ハイプロファイルな）**暗殺」**と言われています。背景として、当時の活動家等は、世間の注目を集めるための宣伝活動（いわゆる「死による宣伝（propaganda of the dead）」）としてテロを捉える傾向があったとみられます。[5]

(3) 主な事例

・アレクサンドル2世暗殺事件（1881年3月）

ロシアのサンクトペテルブルクにおいて、ロシアの反体制過激派組織である**人民の意思**（People's Will：Narodnaya Volya）の関係者が、皇帝アレクサンドル2世を暗殺。

・マッキンリー米大統領暗殺事件（1901年9月）

米国のバッファローにおいて、無政府主義者がウイリアム・マッキンリー大統領を暗殺。

・フェルディナント・オーストリア皇太子暗殺事件（1914年6月）

ボスニア・ヘルツェゴヴィナのサラエボにおいて、セルビア民族主義過激組織である**黒手組**（Black Hand）の関係者が、オーストリア・ハンガリーのフランツ・フェルディナント皇太子を暗殺。

4 第2の波——「反植民地主義の波」

(1) 概　要

「反植民地主義の波（Anticolonial Wave）」は、概ね1920年代から1960年代までの約40年間とされます。多くの場合、植民地の独立等を目的として、宗主国あるいは宗主国の「代理」とみなされる現地の政府等に対する攻撃が試みられました。

背景として、第一次世界大戦及び第二次世界大戦を経て欧米諸国（宗主国）の海外植民地に対する支配力が弱まる一方、植民地側において**民族自決**（Self-determination）、**民族ナショナリズム**（Ethno-nationalism）、**分離独立主義**（Separatism）等の思想が高揚したことがあるとみられます。[6]

「反植民地主義の波」の時期に活動した主なテロ組織の例としては、**ユダヤ民族軍事機構**、**アルジェリア民族解放戦線**（FLN）等があります。ユダヤ民族軍事機構は1930年代から1940年代に、ユダヤ国家の樹立を目的とし、主に旧イギリス委任統治領パレスチナにおいてイギリス権益等を標的として多数のテロを実行しました。FLNは、アルジェリアのフランスからの独立戦争（1954年から1962年）の間、アルジェリア内外の各地においてフランス権益等を標的として多数のテロを実行しました。

(2) 手法、特徴

この時期の反植民地主義テロの特徴は、政府、治安機関等を標的とした**ゲリラ攻撃**です（ゲリラについては第1章コラム）。テロによって政府や治安機関の過剰・苛烈な反撃を誘い出すことにより、一般民衆からの支持を得ることが狙いであったともみられます。他方で、前の「無政府主義者の波」の時期に多くみられた著名な政治家等を標的とした「世間の注目を集める（ハイプロファイルな）暗殺」は減少しました。[7]

なお、この時期以降、テロの実行犯やテロ組織が自らを「**自由の闘士**（Freedom Fighter）」と位置付ける傾向、すなわち、「不条理な状況の下における自由の実現のためには暴力は正当化される」との意識がより顕著になっていったとみられます。[8]

(3) 主な事例

・キング・デービッド・ホテル爆破事件（1946年7月）

イギリス委任統治領パレスチナのエルサレムにおいて、**ユダヤ民族軍事機構**の関係者が、キング・デービッド・ホテルを爆破（約90人死亡）。同ホテルにはイギリスの委託統治政庁、現地の軍司令部等が置かれていた。

5 第3の波――「新左翼の波」

(1) 概　要

「新左翼の波（New Left Wave）」は、概ね１９６０年代から１９９０年代までの約30年間、主に西欧、中南米、中東等において活発にみられました。多くの場合、共産主義、社会主義等の左翼的な革命思想に基づき、既存の支配体制等に対する攻撃が試みられました。前の「反植民地主義の波」の時期において高揚した民族自決、ナショナリズム等の動向に左翼的な革命思想が加味された事例もみられました。

背景として、第二次世界大戦後の時期における米国とソ連の東西冷戦、社会主義・共産主義の躍進等があるとみられます。特に、ベトナム戦争（１９５５年から１９７５年）、キューバ革命（１９５３年から１９５９年）等における左翼勢力の活躍が社会主義・共産主義思想の国際的な伝搬に影響を与えたと考えられます。また、ソ連が世界各地の左翼勢力の活動を支援していたともみられます。[9] しかし、１９８９年11月のベルリンの壁崩壊、１９９１年12月のソ連の崩壊等を背景とした左翼思想の退潮にともない、概ね１９９０年代には「新左翼の波」は下火となりました。[10]

「新左翼の波」の時期に活動したテロ組織の例としては、パレスチナの**パレスチナ解放人民戦線**（ＰＦＬＰ）、コロンビアの**コロンビア革命軍**（ＦＡＲＣ）、ペルーの**センデロ・ルミノソ**、イタリアの**赤い旅団**、西ドイツの**ドイツ赤軍**、日本の**日本赤軍**等があります。このうち、赤い旅団、ドイツ赤軍、日本赤軍はいずれも、発展途上国の紛争地等ではなく西側先進国を起源とし、「第三世界の国々の大衆の前衛（vanguards for the Third World masses）」として、時にパレ

コルンビア革命軍（FARC）創設者マヌエル・マルランダ（2001年3月7日 撮影）（AFP=時事）

スチナ系のテロ組織等とも連携しつつ活動を行いました。

(2) 手法、特徴

この時期の新左翼テロの特徴としては、「無政府主義者の波」の時期と同様に、著名な政治家等を標的とした**「世間の注目を集める**（ハイプロファイルな）**暗殺」**の多発が挙げられます。また、航空機の乗っ取り（ハイジャック）や誘拐等も多発しました。これらの手法は、身代金獲得や服役・勾留中のテロリストの解放交渉等に利用されることもありました（例えば、日本赤軍による1975年8月のクアラルンプール米大使館領事部・スウェーデン大使館占拠事件、1977年9月のダッカ日航機乗っ取り事件）（第4章1(3)、第6章1(1)、第10章4(3)、第11章2(2)）。

加えて、この時期には、様々な面において**テロの国際化**が進展しました。第1に、東西冷戦を背景として、各地において米国権益が攻撃の標的とされることが多くなりました。特に中南米、中東等において、米国は、テロ組織の攻撃の対象である政府の「黒幕」とみなされることが少なくありませんでした。[11] 第2に、前の「反植民地主義の波」の時期におけるテロ組織はそれぞれが自身の目的（民族の独立の達成等）のために基本的には別個に活動する傾向が強かったのに対し、「新左翼の波」の時期においては、テロ組織間の国際連携が多くみられるようになりました。[12] 例えば、日本赤軍を始め西側先進国を起源とするテロ組織が中東のパレスチナ系の組織と連携する事例が多くみられました。第3に、テレビ等の映像**メディアの発達**により、テロの影響が国際的に拡散するレベルが上昇しました（第4章コラム）。[13]

なお、コロンビアのコロンビア革命軍（FARC）、ペルーのセンデロ・ルミノソ等は、当初は「新左翼の波」の特徴を有していました。しかし、時代の変遷とともに、左翼革命思想に基づくテロ組織というよりはむしろ、地域の違法薬物利権を独占する犯罪組織としての特徴を強めたとみられます。[14] 一方、近年の米国等における動物の権利擁護、環境保護等を目的とした暴力的な活動（**環境テロ**（Eco-Terrorism）とも呼ばれます）は、活動形態等としては新左翼の流れを組むものとの見方もあります。[15] 例えば、**動物解放戦線**（ALF）、**地球解放戦線**（ELF）等は、動物を生体実験に使用する研究施設、リゾート施設等に対する暴力的な攻撃を頻繁に実行しています（第9章2）。

(3) 主な事例

・ミュンヘン・オリンピック事件（1972年9月）
西ドイツで開催中のミュンヘン五輪に際し、パレスチナ系過激派組織である**黒い九月**が選手宿舎を急襲し、イスラエル選手等を人質・殺害するなどした（イスラエル選手団関係者及び警察官12人死亡）。

・クアラルンプール米大使館領事部・スウェーデン大使館占拠事件（1975年8月）
日本赤軍関係者が、マレーシアのクアラルンプールにおいて米国大使館等を占拠。日本政府は犯人の要求に応じ、超法規的措置として服役・勾留中の日本赤軍関係者等5人を釈放した。

・ダッカ日航機乗っ取り事件（1977年9月）
日本赤軍関係者が、インド・ボンベイ発の日本航空機をハイジャックし、バングラデシュのダッカ国際空港に着陸。日本政府は犯人の要求に応じ、超法規的措置として服役・勾留中の日本赤軍関係者等6人を釈放した。

・ブライトンホテル爆破事件（1984年10月）
イギリスのブライトンにおいて、**アイルランド共和軍**（**IRA**）関係者がサッチャー首相の暗殺を企ててホテルに対する爆弾テロを実行した（5人死亡）。

6 第4の波――「宗教の波」

(1) 概　要

「宗教の波（Religious Wave）」は、概ね１９８０年代から現在まで継続しているとみられます。多くの場合、「宗教国家」の樹立を目的とし、「世俗的な」（すなわち信仰心が低い）既存の支配体制、そうした「世俗政権」を支援しているとみられる欧米諸国、信仰を異にする「異教徒」や「背教者」等に対する攻撃が試みられています（第８章１）。

背景として、特に１９７９年に発生した２つの出来事の重要性が指摘されています。第１は、同年のイランにおけるイスラム革命の成功です。同革命では、イスラム勢力によって既存の親米・世俗的な政権が打倒され、イスラム宗教国家が樹立されました。こうした動向は、各地のイスラム勢力の動向に弾みを付けたものとみられます。第２は同年のソ連によるアフガニスタン侵攻の開始です。当該紛争をきっかけとして、ソ連に対抗するイスラム勢力を支援するべく、中東地域を始めとする各地からスンニ派系のイスラム過激派関係者が義勇兵としてアフガニスタンに集結しました。当該紛争は１９８９年のソ連の撤退により終結しましたが、同紛争を通じて実践経験を積んだイスラム過激派関係者がその後中東地域等に拡散しました。こうした動向は、各地におけるスンニ派系のイスラム過激派勢力の拡大の一因となったとみられます（第8章1）[16]。アルカイダの創始者であるオサマ・ビン・ラディン（Osama bin Laden）や現在のアルカイダの最高指導者であるザワヒリ（Ayman al-Zawahiri）もアフガニスタン紛争に参加していました（第8章1）。（ちなみに、アフガニスタン紛争当時、イスラム過激派勢力はソ連と対抗する米国から訓練、武器弾薬等の支援を受けていました。しかし、後にアルカイダを始めとするイスラム過激派にとって米国は主要な標的となります。）

「宗教の波」においては、アルカイダ、イラク・シリアのイスラム国（ISIS）等のスンニ派系のイスラム過激派関連の組織が最も主要な勢力です。すなわち、こうした勢力が最も多くのテロを実行し、最も多くの犠牲者を出しています（第7章）。背景となる思想として、いわゆるジハード主義（Jihadism）があると考えられます。ジハード主義に関し、例えば日本の研究者である保坂修司は、「武装闘争としてのジハードを行うことをイスラームのもっとも重要な義務の一つと考え、異教徒や不信仰者に対して軍事的な攻撃を実行していこうとする考え方」と定義しています（第8章1）[17]。

ただし、イスラム教のみならず、キリスト教、ユダヤ教等その他の宗教に関連する過激派勢力もあります。例えば、米国等における極右系の過激主義は保守的なキリスト教と密接に結び付いているとみられます（第9章3）[18]。

また、イスラム教を始めとする各宗教の中において、ジハード主義を始めテロに結び付きやすい過激主義思想は必ずしも多数派ではないことに留意する必要があります。

(2) 手法、特徴

この時期の宗教テロにおいては、前の「新左翼の波」の時期に引き続き、著名な政治家等を標的とした「世間の注目を集める（ハイプロファイルな）暗殺」、航空機の乗っ取り（ハイジャック）、誘拐等がみられています。前の時代との違いとしては、いわゆる**自爆テロ**の増加が指摘されています（第4章2(2)）。一般的に、自爆テロの増加の背景にはイスラム過激主義による思想的な影響がある旨が指摘されることが少なくありません。しかし実際には、イスラム教とはほぼ無縁のテロ組織（例えばスリランカの**タミル・イーラム解放の虎**（LTTE））によって自爆テロが多用されている例もあります。[19]

「宗教の波」の時期の中でも、テロ組織の形態、攻撃の手法等は変容しつつあります。例えば、アルカイダやISISの組織形態は、従来の比較的強固な中央集権的の組織から緩やかなネットワークに変容しつつあるとみられます（第8章2及び3）。また、攻撃の手法も、特に欧米諸国においては、911事件等においてみられた技術的に高度かつ組織的な攻撃（訓練された複数の戦闘員のグループが国外から送り込まれて実行される攻撃）から、いわゆるホームグローン（一般に、欧米諸国等で生まれ育ち、戦闘訓練等の経験が少ない者）の単独犯（ローンウルフ）あるいは少人数のグループによる比較的素人的な攻撃が多くなっています（第4章3、第7章4(2)、第8章2及び3）。背景として、第1に、欧米諸国における対策の強化・進展により、従来のような組織形態、攻撃手法等の維持が困難になっていることがあると考えられます。第２に、インターネットやＳＮＳ等のオンラインネットワーク空間の発達・普及の影響があるとみられます。こうした動向は、テロ組織の組織形態、攻撃手法のみならず、広報宣伝活動、リクルート活動、内部連絡方法等に対しても大きな変容をもたらしているとみられます（第４章コラム）。

(3) 主な事例

- 在ケニア・在タンザニア両米国大使館同時爆破事件（１９９８年８月）
ケニアのナイロビ及びタンザニアのダル・エス・サラームの米国大使館に対し、**アルカイダ**関係者が同時爆弾攻撃を実行（約２２０人死亡）。
- 米駆逐艦コール爆破事件（２０００年10月）
イエメンのアデン港に停泊中の米軍艦（USS Cole）に対し、**アルカイダ**関係者が爆弾攻撃を実行（17人死亡）。
- ９１１事件（２００１年９月）
米国の首都ワシントンＤＣ近郊の国防総省、ニューヨークの世界貿易センタービル等に対し、**アルカイダ**関係者が航空機を利用した攻撃を実行（３０００人以上死亡）。
- ロンドン地下鉄等同時爆破テロ事件（２００５年７月）
Ｇ７サミット開催期間中、イギリスのロンドンにおいて、**アルカイダ**関係者が地下鉄駅、バス等の公共交通機関に対する複数爆弾攻撃を実行（約50人死亡）。

7 結論

前記のとおり、ラポポートによる「4つの波」の区分はあくまで大まかなものであり、個別具体の事例をみると、必ずしもこうした区分に上手く該当しないテロ組織もあります。例えば、スペインのバスク祖国と自由（ETA）、スリランカのタミル・イーラム解放の虎（LTTE）、トルコのクルド労働者党（PKK）、イギリス（北アイルランド）のアイルランド共和軍（IRA）等のテロ組織は、主に民族自決、民族ナショナリズム、分離独立主義等に基づき、概ね1950年代から1990年代の時期、すなわち第2の波の時期から第3、第4の波の時期までを跨いで活動していました。IRAからの分派組織（真のアイルランド共和軍（真のIRA）等）やPKKは現在でも活動を継続しています。[20]

こうした粗さはあるものの、ラポポートによる時代区分は近現代のテロの動向を俯瞰するには一定の有用性があると考えられます。

第1に、「4つの波」の枠組みは、テロは2001年の911事件の以前から存在する現象である旨を改めて確認するものです。

第2に、「4つの波」の枠組みは、各時代のテロ情勢には、**連続性と変化の両方の特徴**がある旨を改めて浮き彫りにするものです。すなわち、米国の研究者であるフォレスト（James Forest）やオランダの研究者であるはバッカー（Edwin Bakker）は、こうした「4つの波」を前提としつつ、「社会における不満の蓄積と暴力を正当化する思想の結び付き」というテロ発生のメカニズムには各時代（波）に共通する一定のパターンがみられる一方、そうした思想と社会情勢、攻撃の手法等は時代（波）ごとに変化がみられる旨を指摘しています。[21] こうした視点は、テロの発生のメカニズムを検討する際にも重要となってきます（第5章、第6章）。

□本章のエッセンス

- テロという用語の起源は18世紀のフランス革命の時代といわれています。しかし、古代のギリシャ・ローマ時代には既に、実質的にテロに該当する政治的暴力は珍しくなかったとみられます。その意味で、テロは決して現代における新しい現象ではありません。
- 米国の研究者である**ラポポート**は、19世紀以降のテロには概ね次の**「4つの波」**がある旨を指摘しました。第1は「無政府主義者の波」（1880年代～1920年代）、第2は「反植民地主義の波」（1920年代～1960年代）、第3は「新左翼の波」（1960年代～

１９９０年代）、第４は「宗教の波」（１９８０年代～現在）です。

- ラポポートによるこうした時代区分は、粗さはあるものの、近現代のテロの動向を俯瞰するには一定の有用性があると考えられます。特に、ラポポートの枠組みは、各時代のテロ情勢には**連続性**と**変化**の両方の特徴がある旨を改めて浮き彫りにしました。

【さらに学びたい方のために】

- Rapoport, C. D. “Modern Terror: The Four Waves.” *Attacking Terrorism: Elements of a Grand Strategy*. Edited by Audrey K. Cronin, and James M. Ludes. Georgetown University Press, Washington D.C., 2004, pp. 46-73.

　本章で紹介した「４つの波」は第１章で紹介した参考書のいずれにおいても詳細に述べられています。もし余裕があれば、ラポポート自身のオリジナルの論文に当たることをお勧めします。

COLUMN

COLUMN 過去約100年間の世界の主要テロ事案

米国の研究者であるフォレストは、過去約100年間に世界で発生した約50件の重要なテロとして以下を指摘しています（あくまで米国の視点から選定されたものであることに注意する必要があります）。

	発生年月日	発生国	概要	実行犯等
1	1920年9月16日	米国	ニューヨーク市のウォール街における爆弾攻撃	無政府主義者
2	1946年7月22日	イスラエル	エルサレムにおけるホテルに対する爆弾攻撃	シオニズム過激派（Jewish Irgun）
3	1972年9月5日～9月6日	西ドイツ	ミュンヘン五輪におけるイスラエル選手団に対する攻撃	パレスチナ系過激派（黒い9月）
4	1975年12月29日	米国	ニューヨークのラガーディア空港における爆弾攻撃	
5	1978年8月19日	イラン	アバダンにおける映画館施設に対する焼き討ち攻撃	
6	1979年11月20日～12月5日	サウジ・アラビア	メッカのグランドモスクに対する攻撃・占拠	イスラム過激派（イフワーン）
7	1983年4月18日	レバノン	ベイルートにおける米国大使館に対する爆弾攻撃	イラン系イスラム過激派（ヒズボラ）
8	1983年10月23日	レバノン	ベイルートにおける米軍及びフランス軍施設に対する爆弾攻撃	イラン系イスラム過激派（ヒズボラ）
9	1984年8月29日～10月10日	米国	オレゴン州の食堂におけるサルモネラ菌を利用した無差別攻撃	カルト（ラジニーシ・カルト）
10	1985年6月14日～6月30日	イタリア	米国TWA847便（カイロ発サンディエゴ行）に対するハイジャック攻撃	イラン系イスラム過激派（ヒズボラ）
11	1985年6月23日	（大西洋上）	インド航空182便（トロント発ムンバイ行き）に対する爆破攻撃。	シーク教系過激派
12	1985年10月7日～10月10日	エジプト	イタリア客船（アキレ・ラウロ号）に対するハイジャック攻撃	パレスチナ系過激派（PLF）
13	1986年4月2日	ギリシャ	米国TWA840便（ロサンゼルス発カイロ行）に対する爆弾攻撃	パレスチナ系過激派（アフニダル・グループ）

14	1988年12月21日	イギリス	米国パンナム103便（ロンドン発デトロイト行）に対する爆弾攻撃	リビア
15	1993年2月26日	米国	ニューヨークにおける世界貿易センタービルに対する爆弾攻撃	イスラム過激派（アルカイダ系）
16	1993年3月12日	インド	ムンバイにおける連続爆弾攻撃	
17	1995年3月20日	日本	東京の地下鉄駅におけるサリンガスを利用した攻撃	カルト（オウム真理教）
18	1995年4月19日	米国	オクラホマシティーにおける連邦ビルに対する爆弾攻撃	極右系過激派
19	1996年7月27日	米国	アトランタ五輪開催中、五輪公園に対する爆弾攻撃	極右（キリスト教）系過激派
20	1998年8月7日	ケニア タンザニア	両国における米国大使館に対する同時爆弾攻撃	イスラム過激派（アルカイダ系）
21	2000年10月12日	イエメン	アデン港における米軍艦に対する爆弾攻撃	イスラム過激派（アルカイダ系）
22	2001年8月10日	アンゴラ	列車に対する攻撃	アンゴラ反政府組織（UNITA）
23	2001年9月11日	米国	国防総省、世界貿易センタービル等に対する攻撃	イスラム過激派（アルカイダ系）
24	2002年10月12日	インドネシア	バリにおけるナイトクラブに対する爆弾攻撃	イスラム過激派（アルカイダ系）
25	2003年11月15日～11月20日	トルコ	イスタンブールにおける複数の爆弾攻撃	イスラム過激派（アルカイダ系）
26	2004年2月27日	フィリピン	マニラにおけるフェリーボートに対する爆弾攻撃	イスラム過激派（アブサヤフ）
27	2004年3月11日	スペイン	マドリッドにおける列車に対する爆弾攻撃	イスラム過激派（アルカイダ系）
28	2004年8月24日	ロシア	モスクワ発の2機の国内線旅客機に対する連続爆弾攻撃	チェチェン系過激派
29	2004年9月1日～9月3日	ロシア	北オセアチア協和国ベスランにおいて学校を占拠	チェチェン系過激派
30	2005年7月7日	イギリス	ロンドンにおける公共交通機関に対する同時爆弾攻撃	イスラム過激派（アルカイダ）
31	2005年10月29日	インド	ニューデリーにおけるバザール等に対する連続爆弾攻撃	カシミール独立派（LeT）

32	2006年7月11日	インド	ムンバイにおける列車に対する爆弾攻撃	
33	2006年11月23日	イラク	サドルシティにおけるシーア派住民等に対する連続爆弾攻撃	イスラム過激派（アルカイダ系）
34	2007年3月6日	イラク	ヒッラにおけるシーア派教徒等に対する爆弾攻撃	
35	2007年8月14日	イラク	ヤジディ教徒のコミュニティに対する爆弾攻撃	イスラム過激派（アルカイダ系）
36	2007年10月18日	パキスタン	カラチにおける、ブッド元首相の車列等に対する爆弾攻撃	
37	2008年11月26日～11月29日	インド	ムンバイにおける複数爆弾攻撃	
38	2009年11月5日	米国	テキサス州フォート・フット陸軍における銃撃	イスラム過激派（アルカイダ系）
39	2010年3月29日	ロシア	モスクワにおける2個の地下鉄駅に対する爆弾攻撃	チェチェン系過激派（アルカイダ系）
40	2011年7月22日	ノルウェー	オスロにおける市庁舎に対する爆弾攻撃及び銃撃	極右（キリスト教）系過激派
41	2013年4月15日	米国	ボストンマラソンにおける爆弾攻撃	イスラム過激派
42	2014年5月5日～5月6日	ナイジェリア	ボルノ州における複数の村に対する無差別攻撃	イスラム過激派（ISIS系ボコハラム）
43	2015年10月31日	エジプト	ロシアの旅客機に対する爆弾攻撃	イスラム過激派（ISIS系）
44	2015年11月13日	フランス	パリにおける複数の銃撃及び爆弾攻撃	イスラム過激派（ISIS）
45	2015年12月2日	米国	カリフォルニア州サンベルナンドにおける銃撃	イスラム過激派（ISIS系）
46	2016年3月22日	ベルギー	ブリュッセルにおける空港及び地下鉄駅における爆弾攻撃	イスラム過激派（ISIS）
47	2016年6月12日	米国	フロリダ州オーランドにおける銃撃	イスラム過激派（ISIS系）
48	2016年7月3日	イラク	バグダッドにおける複数爆弾攻撃	イスラム過激派（ISIS）

（出典：Forest, James J. F. *The Terrorism Lectures: A Comprehensive Collection for the Student of Terrorism, Counterterrorism, and National Security (Third Edition)*. Nortia Press, Montgomery, 2019, p. 40 の Table 2.1 を基に筆者作成。）

□第3章□

テロの特徴（その1）——非対称性

本章と次章（第4章）では、テロに関連する主な特徴点について概観します。

一般に、テロの防御側である政府・治安機関等は、攻撃側であるテロ組織等に比較して、人員、財政、戦力等において圧倒的に優位な立場にあるとみられます。しかし、それにもかかわらず、実際には、大国の政府・治安機関等が、テロ組織等に翻弄されることは少なくありません。また、例えば米国を始めとする諸国は、911事件後にテロの発生を未然に防止するための様々な施策を積極的に実施しています。しかし、それにもかかわらず、アルカイダ、イラク・シリアのイスラム国（ISIS）等のテロ組織は完全に根絶されるには至っていません。その理由は何なのでしょうか。本章では、こうした問題の背景にある**非対称性**（Asymmetry）の問題について考察します。

なお、本章の中では、**テロ組織**（Terrorist Group）という語がしばしば登場します。テロ組織の定義に関して、例えば米国の研究者であるサンドラー（Todd Sandler）は、「テロ活動を通じて共通の政治的目的の達成を追求する個人から成る、非国家的な集団」としています。ただし、後述のとおり、実際のテロ行為はこうしたテロ組織によって行われるだけではありません。テロ組織とは関係を持たない個人（いわゆる**ローンウルフ**（Lone Wolf））によって行われる場合もあります（第4章3(4)）。本書では、「テロ組織等」と記載する際には、テロ組織及びこうしたローンウルフの両方を意味します。

1　総　論――テロに関する非対称性とは

本章の冒頭でも指摘したとおり、テロの防御側である政府・治安機関等は一般に、攻撃側であるテロ組織等に比較して、人員、財政、戦力等において圧倒的に優位な立場にあります。しかし、米国を始めとする諸国による様々な積極的な施策にもかかわらず、アルカイダ、ＩＳＩＳ等の完全な根絶には至っていません。逆に、２０１０年代に世界のテロの事案数や死者数は一時期著しく増加しました（第７章１）。深刻な被害をもたらす攻撃が成功する事案も依然として少なくありません。

こうした一般的な直感と相反するような状況を理解する手掛かりの一つとして、攻撃側であるテロ組織等と防御側である政府・治安機関等の間に存在する**非対称性**の問題がしばしば指摘されます。非対称性とは大まかに言えば「不釣り合い」や「格差」という意味です。すなわち、テロにおいては一般に、攻撃側と防御側の間に様々な格差が存在する場合が少なくありません。したがって、テロはしばしば**非対称性戦**（Asymmetric Warfare）、すなわち「不釣り合いな相手同士の戦い」とも指摘されます[2]。なお、「格差」とは一般的には「量的な相違」、すなわち組織規模（人員、財政、戦力）等の相違を指します。しかし、非対称性を論じる場合には更に「質的な相違」、すなわち、こうした量的な格差から生じる互いの行動様式の相違等も含めた意味と

図表 3-1 『ガリバー旅行記』（スウィフト、1735 年）挿絵

※ テロに関する「攻撃側の優位性」のイメージとして言及されることがあります。

なる場合が少なくありません。

では、テロの防御側である政府・治安機関等と攻撃側であるテロ組織等の間の非対称性とは具体的には何を指すのでしょうか。前記のとおり、一方で、双方の間の人員、財政、戦力等を単純に比較すると、一般的には防御側が圧倒的に優位な立場にあります（防御側の優位性）。しかし同時に、攻撃側であるテロ組織等が優位性を持ち得る要素も少なくありません（攻撃側の優位性）。後述のように、情報の非対称性、財政的コストの非対称性、政治的コストの非対称等がこれに当たります。テロにおいては一般的に、防衛側の優位性は量的なものであるのに対し、攻撃側の優位性はより質的なものとも言い得ます。

本章の冒頭の問に戻るならば、テロ組織等が、物量的な面での劣勢にもかかわらず、存続することが可能になっている背景には、こうした質的な優位性が関係していると考えられます（図表 3－1）。

したがって、テロに関する非対称性を検討する際には、人員、財政、戦力等の規模の格差に基づく防御側の優位性のみならず、こうした攻撃側の優位性にも目を向ける必要があります。換言すると、テロに関する非対称性の問題の核心は、**「防御側（政府・治安機関等）の量的な優位性」と「攻撃側（テロ組織等）の質的な優位性」の対比**であるとも言えます。

では、攻撃側であるテロ組織等が、量的な劣勢にもかかわらず、幾つかの点において質的な優位性を持ち得るのはなぜでしょうか。後述のとおり、一因として、攻撃側のテロ組織等は**非国家主体（non-state actor）**であるが故に、防御側である国家等が直面する法令遵守、情報公開、説明責任等の負担を免れていることがあります。さらに、近年のインターネット、SNS等の**オンラインネットワーク空間**の発達・普及がこうした動向に拍車を掛けているとみられます。

2　テロ組織等の有する優位性

以下では、攻撃側であるテロ組織等が持ち得る優位性の例として、情報の非対称性、財政的コストの非対称性、政治的コストの非対称性を概観します。

(1) 情報の非対称性

テロに関しては、攻撃側(テロ組織等)と防御側(政府、治安機関等)の双方が相手方に関する様々な情報を入手し、それらに基づきそれぞれの戦略、戦術を立案すると考えられます。しかし、こうした情報の入手可能性に関しては、一般に、攻撃側と防御側の間に一定の格差があるとみられます。[3]

民主的国家においては、テロ問題に関する政府、軍、治安機関等の基本戦略・戦術、予算、人員、幹部の人定事項及び活動等に関する情報は一定程度公開されている場合が少なくありません。こうした状況は、テロ組織等による攻撃計画の立案等を容易にしていると考えられます。例えば、2000年10月の米駆逐艦コール爆破事件(イエメンのアデン港で発生したアルカイダ関係者による米軍艦(USS Cole)に対する爆発物攻撃)に際して、同艦の行動予定の一部は事前に公表されていました。過去の様々な要人暗殺テロに関しても、当該要人の活動予定の一部は事前にある程度公表されていた場合が少なくありません。また、攻撃の標的がショッピングモールや各種イベント会場等のソフトターゲットである場合、こうした標的に関する情報(例えば、施設の内部構造、店舗のレイアウト等)の多くは一般に公開されています(ソフトターゲットに関しては第4章2(2))。

これに対して、テロ組織等に関するこうした情報は、広報宣伝等の目的で意図的・積極的に公表される場合を除いては、ほとんど公表されていません。したがって、治安機関等がこうした情報を入手するためには様々なインテリジェンス活動等を必要とします。[4] 例えば、米国によるアルカイダの創設者であるオサマ・ビン・ラディンの殺害（２０１１年５月）やＩＳＩＳの創設者であるバグダディの殺害（２０１９年10月）に際しては、中央情報局（ＣＩＡ）等による事前のインテリジェンス活動によって彼らの所在を確認する試みが行われました。ただし、テロ組織が比較的小規模である場合には、一般的に、防御側によるこうしたインテリジェンス活動はより困難になります。とりわけ、いわゆるローンウルフによる単独の犯行に関して事前に情報を入手することは極めて困難と考えられます（第４章３(4)、第７章４(2)、第８章２及び３）。

こうした情報の非対称性が生じる背景には、攻撃側のテロ組織等が非国家主体であり、防御側である国家等が直面するような法令遵守、情報公開、説明責任等の負担を免れていることがあると考えられます。したがって、民主的国家においては非民主的国家に比較してこうした情報の非対称性の度合いは更に高くなります。加えて、近年のオンラインネットワーク空間の発達・普及は、攻撃側（テロ組織等）による情報収集を容易にし、こうした非対称の状況に一層の拍車をかけているとみられます。

(2) 財政的コストの非対称性

テロに関する様々な財政的コスト（装備資器材、人員の確保等に要するコスト）は、一般に、攻撃側（テロ組織等）よりも防御側（政府、治安機関等）の方が高くなると考えられます。[5]

治安機関等の側においては、比較的高度な装備資器材（例えば、防犯カメラシステム、手荷物検査機、ボディスキャナー等）、警備担当の警察官・警備員等の手配が必要となります。これに対して、テロ組織等が攻撃に利用する武器は、防御用の装備資器材に比較すると簡易かつ廉価なもの（例えば、簡易な爆発物、銃器、刃物、車両等）である場合が少なくありません。攻撃に必要な人員数も、実行犯に後方支援要員等を加えたとしても、防御側の人員よりも少ないと考えられます。自爆テロの手法が利用される場合には、実行犯の脱出作業に要するコストも不要となります（第4章2(2)）。換言すると、テロとは攻撃側にとっては「ローコスト、ハイリターン」の手法であり、それが故に戦力面等において劣勢にある組織等にとっては魅力のある手法であるともいえます。[6]

加えて、前記のような情報の非対称性（格差）があることから、防御側は物理的にも時間的にも、実際に攻撃側が検討している攻撃の標的及びタイミングよりも広域かつ長期間にわたって防御措置を採ることが必要となります。これに対し、攻撃側のテロ組織等は自身で選定した特定の標的、タイミングに注力すれば良いことになります。すなわち、防御側としては、防御に万全を期そうとすれば、結果として「過剰防衛」となるレベルの措置を採らざるを得なくなる可能性があります。民主国家において、一般世論のテロ対策に関する政府への期待が高い場合には、こうした傾向は更に高くなります。実際、例えば米国における世論調査においては、911事件以降ほぼ一貫して、テロ対策は最優先政策課題の上位に位置しています（第1章2

(2))。

(3) 政治的コストの非対称性

テロに関する政治的コストも、一般に、攻撃側（テロ組織等）よりも防御側（政府、治安機関等）の方が高くなると考えられます。[7]

防御側の政府、治安機関等による様々な施策は、法令に基づき適正適法なものであることが求められます。そうでない場合には国民等から批判を浴び、政府等の政治的な正統性が低下する可能性があります。例えば、2001年の911事件の後、米国のCIAがテロの容疑者等に対して実施した特殊な取調べ手法（いわゆる「水責め（Waterboarding）」等）[8]や第三国への移送（rendition）、国家安全保障局（NSA）がテロ対策目的で実施していた通話情報収集等は、その実態が明らかになるにつれて、違法ではないかとの世論の批判を浴びました[9]（第6章1(1)）。

また、国境を越えた対策が必要となる場合には他国との協力・連携が必要となり、その際には各種の国際条約、国際法等を遵守することが求められます。そうでない場合には、国際社会における政治的な信用が低下する可能性があります。例えば、米国によるアルカイダの創設者であるオサマ・ビン・ラディンの殺害（2011年5月）に際して、米軍はパキスタン政府に対する事前通告無しに同国内において作戦を実施しました。これに対し、パキスタン政府は米国の活動を自国に対する主権侵害であるとして抗議しました。

このように、政府、治安機関等による防御活動には、政治的コストの観点から一定の制約があり、特に民主的国家においては非民主的国家に比較してこうした制約の度合いは高くなります。さらに、近年のオンラインネットワーク空間の発達・普及は、国民による政府に対する監視能力の向上を促し、こうした状況に一層の拍車をかけているとみられます。

これに対し、テロ組織等の側は、その活動に際して、国家や国際社会の定めた法令や規範の遵守等を考慮する必要はほとんどありません。例えば、後述のように、テロ組織の資金調達は薬物密輸等の違法な活動によって賄われている場合も少なくありません（第4章1）。また、テロ組織等は、必要に応じて恣意的に国境を越えて活動する場合も少なくありません。例えば、２０１０年代中盤の最盛期のＩＳＩＳは、イラクとシリアの国境を跨いで「カリフ国」を創設、運営していました（第8章3(1)、フィリピン南部の状況に関し、第7章コラム）。

こうした政治的コストの非対称性が生じる背景には、情報の非対称性の場合と同様に、攻撃側のテロ組織等が非国家主体であり、防御側である国家等が直面する法令遵守、情報公開、説明責任等の負担を免れていることがあると考えられます。[10]

３　他の論点との関係

非対称性の問題は、テロに関する他の学術上の重要な論点とも関連しています。

(1) テロの未然防止策との関係

攻撃側のテロ組織等は、テロの実行に当たっては、こうした自己の優位性（情報、財政的コスト、政治的コストの非対称性）を活用して防御側の脆弱性を突いてくる場合が少なくありません。したがって、防御側である政府・治安機関等の視点からテロの未然防止策を検討する際には、そうした非対称性のもたらす防御側の脆弱性を踏まえる必要があります（第6章二）。すなわち、有効なテロの未然防止策の検討に当たっては、テロに関する非対称性、とりわけ攻撃側であるテロ組織等の優位性に関する理解が不可欠と言えます。

テロ研究が一般の軍事研究等とは異なる学術研究領域として取り扱われている背景の一つに、こうしたテロに関する非対称性の問題があると言えます。すなわち、一般的な「国家対国家」の戦争においては、確かに双方の人員、財政、戦力等の物量面において相当の格差はあり得るものの、テロ組織等と国家の間の非対称性に匹敵するほどの格差がある場合は多くはないものと解されます。

(2) テロの定義をめぐる議論との関係

テロの定義をめぐる学術上の論点の一つに、「『国家テロ（国家によるテロ）』をテロの類型として認めるか否か」というものがあります（第1章4）。もしも「国家によるテロ」をテロの類型として認める場合、「防御側が人員、財政、戦力等の物量面において圧倒的に優位な立場にある」という意味での非対称性は「国家によるテロ」には該当しません。むしろ逆に、国家である攻撃側の方が物量面において優位な立場に立つことになります。すなわち、「国家によるテロ」に関しては、「防御側の量的な優位性と攻撃側の質的な優位性の対比」という「テロ研究における一般的な非対称性の議論の枠組み」（本章1）が当てはまらないことになります。

こうしたことから、テロ研究の意義の一つとして非対称性の視点を重視する立場は、「国家によるテロ」を学術上のテロの類型に含めることに消極的となります。こうした立場は、「国家によるテロ」なるものの原因・背景事情、対処方法等の分析に当たっては、テロ研究の枠組みを利用するよりも、国外における「戦争犯罪（War Crime）」、国内における「恐怖政治（Terror / Reign of Terror）」や「ジェノサイド」等の研究枠組みを利用する方が適切であると考えます（第1章4）[12]。

□本章のエッセンス

・テロの特徴の一つとして、攻撃側であるテロ組織等と防御側である政府・治安機関等の間に存在する**非対称性**（Asymmetry）の問題があります。

・一般に、人員、財政、戦力等に関しては防御側（政府・治安機関等）が優位な立場にあります（量的な優位性）。しかし、情報、財政的コスト、政治的コスト等に関しては攻撃側（テロ組織等）が優位性を持つ場合が少なくありません（質的な優位性）。

・テロ組織等が、こうした優位性を持ち得る一因として、攻撃側のテロ組織等は非国家主体（Non-State Actor）であるが故に、防御側である国家等が直面する法令遵守、情報公開、説明責任等の負担を免れていることがあります。さらに、オンラインネットワーク空間の発達・普及がこうした動向に拍車を掛けているとみられます。

・こうした非対称制の問題の理解、とりわけ攻撃側（テロ組織等）の持つ優位性に関する理解は、テロの未然防止策の検討に当たって非常に重要になります。また、非対称性の問題は、「テロの定義」をめぐる学術上の議論にも関係しています。

第4章

テロの特徴（その2）——資金、攻撃手法、形態等

本章では前章に引き続き、テロに関連する様々な特徴点について概観します。特に、テロ組織等の資金獲得、テロ攻撃手法、テロの形態等をめぐる学術的な議論とその背景を概観します。

1 テロ組織等の資金

(1) 資金の規模

テロ組織は、テロの実行はもとより組織の維持、運営のための資金を必要とします。では、主要なテロ組織はどの程度の資金力があるのでしょうか。テロ組織の主な資金源は透明性が低いものが大半です。したがって、各テロ組織の具体的な資金力に関しても不透明である場合がほとんどです。

あくまで参考に過ぎませんが、例えば、イラク・シリアのイスラム国（ISIS）の最盛期（2014年）の年間収入に関し、ロンドン大学キングズカレッジ過激化・政治暴力研究国際センター（ICSR）の報告書は、9・7億ドルから18・9億ドルの間であったと推定しています。また米国のフォーブス誌（Forbes）の記事（2018年1月24日付）、は様々な公開資料等の分析に基づき、主要なテロ組織の「年間収入ランキング」として、①ヒズボラ（11億ドル）、②タリバン（8億ドル）、③ハマス（7億ドル）、④アルカイダ（3億ドル）、⑤ISIS（2億ドル）

と指摘しています。[2]

(2) テロの未然防止策との関係

テロ組織等の資金を断つことは、テロの発生を防止する上で相当の効果があると考えられます。後述のとおり、主要なテロ組織の多くは海外からの資金に依存しているとみられます。したがって、国境を跨ぐ違法な資金の流れを監視・規制することは、テロ未然防止策の重要な一分野となっています。具体的には、マネーロンダリングに関する関係各国間の協力枠組みである**金融活動作業部会**（FATF：Financial Action Task Force on Money Laundering）が、国際的なテロ資金対策の仕組みとして活用されています（第6章1(1)）。

また、違法薬物の密造・密輸もテロ組織等の重要な資金源になっているとみられます。したがって、違法薬物対策、とりわけ違法薬物対策のための国際的な協力・連携は、テロ未然防止策として重要な意義を持つといえます。

(3) テロの資金源

テロ組織等の主な資金獲得の方法に関し、米国の研究者であるフォレスト（James Forest）は概ね以下の3つの形態がある旨を指摘しています。

海外同胞からの支援

第1は**海外同胞からの支援**です。反植民地主義、分離独立主義等を掲げるテロ組織が、国外に居住する同一の民族出身の支持者、支援団体等から金銭的な支援等を受領する場合などがあります。

例えば、スリランカのタミル・イーラム解放の虎（LTTE）に対する海外のタミル系コミュニティによる支援、アフガニスタンのタリバンに対する海外のパシュトゥーン系コミュニティによる支援、トルコのクルド労働者党（PKK）に対する海外のクルド系コミュニティによる支援、イギリスのアイルランド共和軍（IRA）及びその関連組織に対する海外のアイルランド系コミュニティによる支援、ソマリアのアルシャバブに対する海外のソマリ系コミュニティによる支援等があります。[3]

合法的な活動

第2は**合法的な活動**によって得られる資金です。例えば、テロ組織の関係者が国内外において慈善団体等を設立し、実際にはテロ組織の資金に利用されることを巧みに隠匿しつつ寄付・義援金等を合法的に集める場合などがあります。[4] また、例えばISISは、イラク及びシリア内に一定の支配地域を有していた時期（2014年から2018年頃）には、同地域内外において建設業、不動産業、ホテル業等の様々な合法ビジネスに投資して資金獲得活動を行っていた

焼却処分されるヘロイン448キロ、アヘン1135キロ、
ハッシッシ825キロなど6.5トン
（アフガニスタン首都カブール、2009年4月26日）（AFP=時事）

との指摘もあります。[5]

非合法的な活動

第3は非合法的な活動によって得られる資金です。[6] 違法な物品の密造・密売・密輸（薬物、武器、石油、骨とう品等）、支配地域における「税金」や「みかじめ料」（用心棒代）の徴収、身代金目的誘拐等の様々な形態があります。このうち最も主要なものは違法薬物の密造・密輸等とみられます。例えば、アフガニスタンのタリバンはアヘンの密造・密輸、コロンビアのコロンビア革命軍（FARC）はコカインの密造・密輸にそれぞれ深く関与しているとみられます。アフガニスタンはケシ（アヘンの原料）の生産量が世界一であり、タリバンがこうした薬物関連の違法ビジネスから得る収入は年間1億から4億ドルにのぼるとの推定もあります。[7]

この他、身代金目的の誘拐や航空機の乗っ取り（ハイジャック）は、主に1970年代に左翼系テロ組織（ドイツ赤軍、日本赤軍等）によって多用されました（1975年及び1977年の日本赤軍に対する身代金支払いの事例に関して、第2章5(3)、第6章1(1)、第10章4(3)、第11章2(2)。特に誘拐は、現在でも、中東、アフリカ、南アジア、東南アジア等の広い地域において様々なテロ組織によって利用されています（本章2(1)）。例えば、フィリピンのイスラム過激派組織であるアブサヤフ・グループによる近年の誘拐事案の多くにおいて、身代金が支払われているとみられます[8]（第7章コラム）。

2 テロの攻撃手法

(1) 概　観

図表4-1及び4-2は、GTD（Global Terrorism Database）[9]のデータに基づき、1970年代以降の主なテロ攻撃の手法のそれぞれの占有率（全事案数の中における割合）の推移を示したものです（GTDについては第7章）。

これによると、**爆発物利用攻撃**及び**武力襲撃**が常に多数を占めており、特に2000年代以降は、この両者で常に全体の70%以上を占めています。背景として、世界のテロの多くは中東、

図表 4-1　テロの攻撃手法：主な攻撃手法の占有率の推移（1971-2018 年）

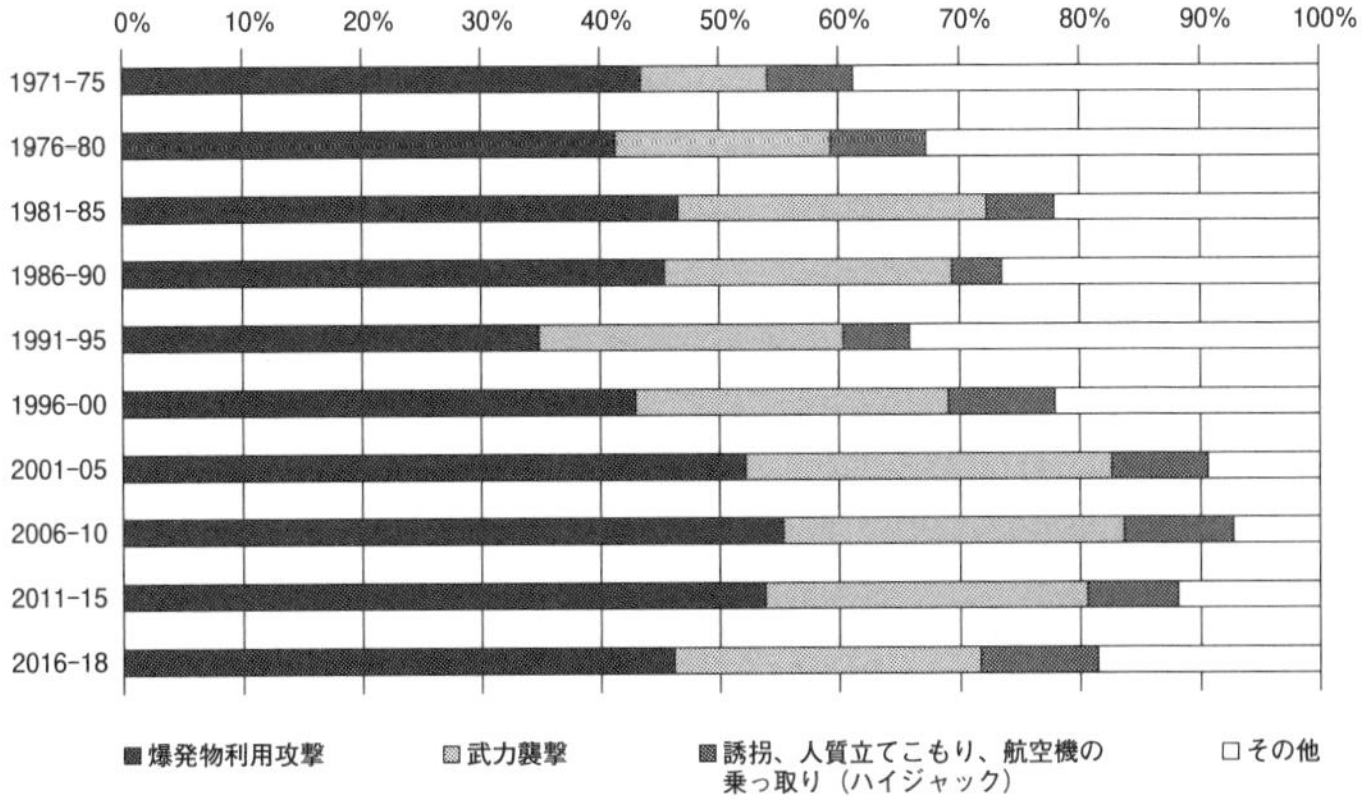

（出典：GTD のデータを基に筆者作成。）

図表 4-2　テロの攻撃手法：誘拐、人質立てこもり、航空機の乗っ取り（ハイジャック）の占有率の推移（1971-2018 年）

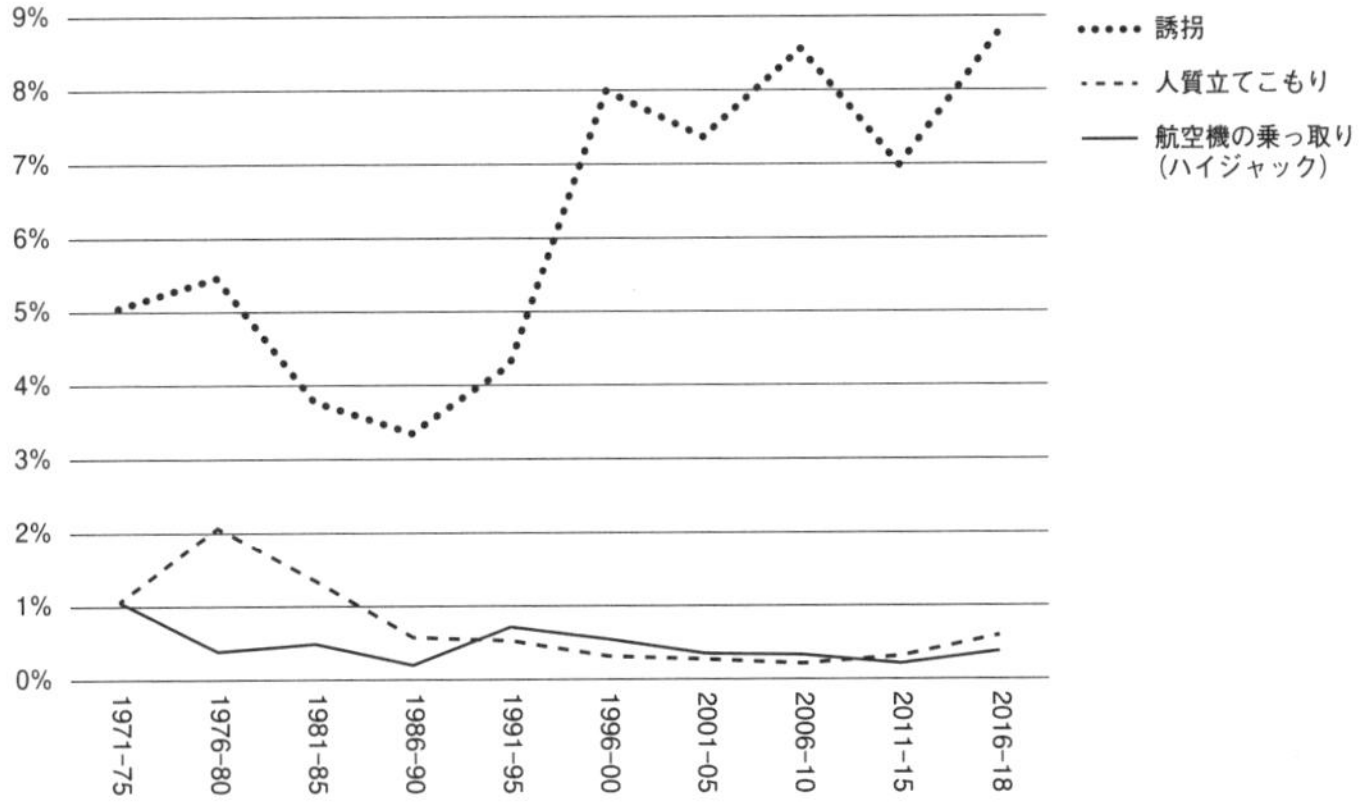

（出典：GTD のデータを基に筆者作成。）

アフリカ、南アジア等の紛争地（内戦等が発生している地域）で発生しており、特に2000年代以降はそうした傾向が強くなっていることがあるとみられます（第7章2）。

他方、**人質立てこもり**及び**航空機の乗っ取り**（ハイジャック）の占有率は全体からみると決して多くはありません。両者ともに概ね全体の1%以下の水準にとどまっています。欧米諸国の視点から見ると、例えば「第三の波（新左翼の波）」（1960年代から1990年代）の時期には西側権益等を標的とした世間の注目を集める（ハイプロファイルな）人質立てこもりや航空機の乗っ取り（ハイジャック）事案が数多く発生しています（第2章5）。しかし、世界全体における事案数の中で相対化してみると、その数は低いレベルにとどまっています。背景として、他の手法に比較して、こうした手法による攻撃の成功率の低さ、費用対効果の低さ等があるとみられます。

誘拐の占有率は爆発物利用攻撃や武力襲撃に比較すると低いレベルにとどまっていますが、人質立てこもりや航空機の乗っ取り（ハイジャック）に比較すると高いレベルにあります。しかも、2000年代以降はそれ以前の時期に比較して占有率が上昇しています。背景として、身代金獲得目的の誘拐は、テロ組織等の資金獲得の手段として依然として有用であることが関係しているとみられます（本章1(3)）。

(2) 自殺テロ

前記（本章2(1)）における攻撃手法の分類とは異なる視点からの分類で、自殺テロ（Suicide terrorist attack）という攻撃手法があります。自殺テロとは、例えば「政治的目的のため、他者を殺害する目的で故意に自殺すること」と定義されます。[10]

一般的には、爆発物を用いた**自爆テロ**（Suicide bombing attack）の形態が多く、爆発物と共に車両、船舶、航空機等様々な道具が利用されています。２０００年10月の米駆逐艦コール爆破事件（イエメンのアデン港で発生したアルカイダ関係者による米軍艦（USS Cole）に対する爆発物攻撃）は船舶利用の例です。また、２００１年9月のアルカイダ関係者による９１１事件は航空機利用の代表例です。攻撃の標的としては、政府関係施設等に比較して警備が薄いいわゆる**ソフトターゲット**（ショッピングモール、バス、空港、鉄道ターミナル、レストラン、ホテル等一般市民が多数集まる場所）が多くなっています。その結果として、一般人が巻き込まれる場合も少なくありません。[11]

経緯・背景

近年の車両を利用した自爆テロの歴史は、１９８１年12月のレバノンにおけるイスラム過激派関係者によるイラク大使館に対する自爆攻撃まで遡るとされます。その後、主に１９９０年代に、レバノンのヒズボラ、パレスチナのハマス等によって自爆テロが多用されました。[12] 過去約30年間、自殺攻撃の事案数は増加しています（図表4－3）。

図表 4-3　テロの攻撃手法：自殺攻撃の事案数及び占有率の推移（1971-2018年）

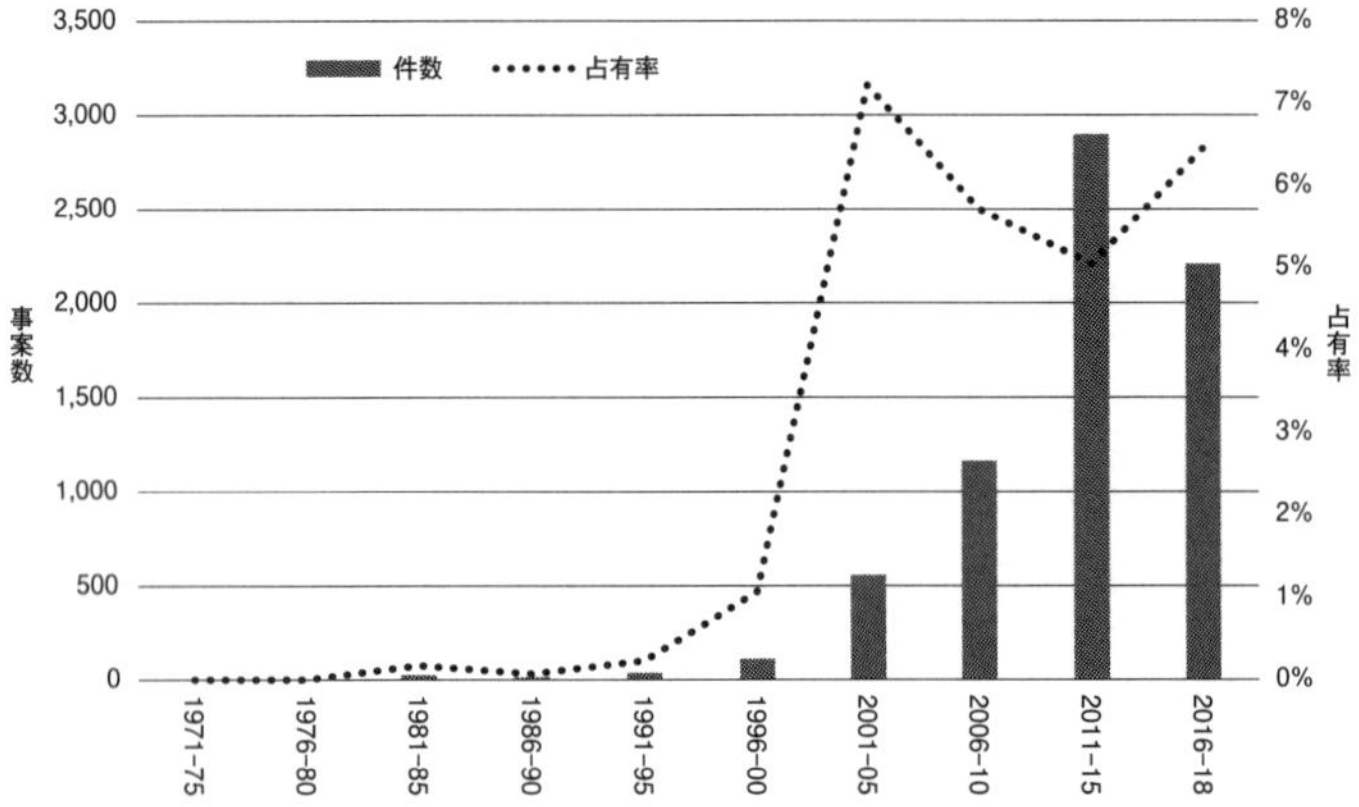

（出典：GTD のデータを基に筆者作成。）

この背景として、テロ組織等の攻撃側からみると、自殺攻撃は、人員・財政・戦力等における不利な立場（非対称性）を比較的容易に克服し得る有効な手段とみられます。特に、実行犯の脱出計画の検討を必要としない点は、攻撃実行上の財政的コストの軽減にも繋がります。また、インパクトの強い自殺攻撃は社会の注目を集めやすいことから、組織の内外に対する広報宣伝の効果も期待できるとみられます[13]。

利用組織、実行犯の特徴

現在、自殺攻撃の利用が多いのは主にイスラム過激派関連の攻撃です。しかし、必ずしもイスラム過激派に限られるものではありません。例えば、民族自決主義を掲げるスリランカのＬＴＴＥも主に１９９０年代に自爆テロを多用していました。ただし、民族自決主義を掲げる幾つかの組織の中でも対応は様々です。スリランカのLTTE、トルコ等のPKK、ロシアのチェチェン独立派系組織には自爆テロの利用例が多くみられるのに対し、イギリスのIRAやスペインのバスク祖国と自由（ETA）による利用例はほとんどみられません。また、極右系、左翼系（特に動物権利・環境保護系）の事案でもほとんど利用例はみられません。[14]この背景として、政治的コストが高いとみられる場合、すなわち、自殺攻撃の手法が支持者から受け容れられ難いとみられる場合には、テロ組織がこうした攻撃手法の利用を控える判断をしていると考えられます。[15]

自殺攻撃の実行犯としては、男性、女性の双方がみられます。特に、ボコハラム（ナイジェリア、ISIS系）及びアルシャバブ（ソマリア、アルカイダ系）では女性の活用が多いとの指摘もあります。[16]子供が利用される例もあります。一般に、女性や子供は警備担当者等の注目を引きにくく、攻撃手法としては効率的と考えられます。ただし、年齢、性別、収入・教育レベル等に基づいて、自殺攻撃の実行犯に関する普遍的な傾向を断定すること（プロファイリング）は困難です。例えば、精神疾患等と自殺攻撃の実行の間の合理的な関連性は立証されてはいません。[17]

以上のような状況からは、自殺攻撃は、それぞれのテロ組織による合理的な判断に基づき、効果的な戦術の一つとして利用されている様子がうかがわれます。[18]

3　テロの形態――「自立型」攻撃の広がり

(1)　総　論

欧米諸国等における著名なテロの中には、ＩＳＩＳ、アルカイダ等の既存のテロ組織の中枢によって攻撃の計画が立案され、攻撃の実行もそうした組織の直接的な指導・監督等の下で行われている例も少なくありません。例えば、アルカイダによる２００１年９月の９１１事件、ＩＳＩＳによる２０１５年11月のパリ同時多発攻撃事件等はこうした言わば**「中枢直轄型」テロ**の類型に該当します。

これに対し、欧米諸国等におけるテロの中には、実行犯と既存のテロ組織との間で、資金提供、活動に関する指導・監督等の具体的な関係が一切あるいはほとんど無い場合もあります。フォレストは、こうした形態のテロを**「自立型テロ**（Do-it-yourself Terrorism）**」**と呼んでいます。[19]

(2)　経緯・背景事情

自立型の攻撃は、必ずしも近年に特有の「まったく新しい形態のテロ」という訳ではありません。[20] 非常に古い例としては、１９０１年９月のマッキンリー米大統領暗殺事件（米国ニューヨーク州における単独犯の無政府主義者によるマッキンリー大統領の狙撃）があります。ただし、全般的な傾向として、欧米諸国においては概ね２０００年代以降、特に２０１０年頃以降からより顕著な傾向になっているとみられます（本章３⑷）。こうした近年の動向の背景には次の３点が考えられます。

背景の第１に、２００１年の９１１事案以降の**米国を始めとする各国による対策の強化**が挙げられます。この結果、多くの国、特に欧米諸国においては大規模なテロ組織やテロリスト・ネットワークを維持することは従来に比較して困難になっているとみられます。例えばＩＳＩＳ関連のテロは、イラク・シリアにおけるＩＳＩＳの勢力の低下が始まって以降（概ね２０１６年以降）、欧米諸国における成功事案はほぼ全て自立型テロになっています（第８章）。

背景の第２に、近年のインターネット、ＳＮＳ等**オンラインネットワークの発達・普及**があります。[21] インターネットは概ね１９９０年代から世界的に利用が増加しています。こうした動向に伴い、アルカイダ、ＩＳＩＳ等の主要なテロ組織は、過激主義思想や攻撃手法の広報・拡散にネットやＳＮＳを利用する傾向が広まっています（本章コラム）。この結果、各地のテロリストは、過激主義思想の学習、各種情報収集（攻撃手法、武器製造方法、標的の状況等）、関係者間の諸連絡等に関して、大規模組織からの直接の支援を受ける必要性が低下したとみられます。

背景の第３に、自立型のテロが**既存のテロ組織、実行犯の双方にもたらすメリット**が考えられます。既存のテロ組織としては、前記のような大規模な活動が困難化する中、自立型テロに依存することにより、より少ない労力でテロの成果を宣伝することが可能となります。いわば**「テロの下請け化」**と言えます。一方、実行犯側は、アルカイダ、ＩＳＩＳ等の既存のブランドを利用して世間の注目を引き付け、自己の活動の宣伝効果を高めることが可能となります（ただし、こうした見方は後述の「完全自立型」の事案には当てはまりません）。

なお、メディア等においては、自立型テロはイスラム過激派関連のテロに特有の現象として語られる例も散見されます。しかし、実際には、従前より極右関連、左翼関連（特に動物権利・環境保護関連）等の事案にも自立型テロの事例はみられています。[22] 米国における極右関連の自立型テロの例としては、１９９５年４月のオクラホマシティ連邦政府ビル爆破事件（米国オクラホマ州における連邦ビルに対する爆発物攻撃、実行犯２人）、１９９６年７月のアトランタ公園爆破事件（米国アトランタ州におけるオリンピック公園に対する爆発物攻撃、実行犯１人）等があります。

(3) テロ組織中枢との関係性——様々な形態

自立型の攻撃における実行犯と既存のテロ組織（アルカイダ中枢、ＩＳＩＳ中枢等）との関係性は、実際には以下のような様々なパターンがみられます。

完全自立型

テロの実行犯と既存のテロ組織（アルカイダ中枢、ＩＳＩＳ中枢等）との間で、資金提供、活動に関する指導・監督等の関係が一切無いとみられる場合です。

こうした形態の場合、実行犯とテロ組織の間に具体的な関係はないものの、インターネット等を通じて実行犯がテロ組織の広報宣伝等から影響を受けていた事例もあります。例えば、２０１３年４月のボストンマラソン爆破事件（米国マサチューセッツ州におけるボストンマラソンに対する爆発物攻撃）においては、実行犯のイスラム過激派関係者（２人）は、アルカイダ等との直接の関係は認められなかったものの、ネット上のアルカイダの各種広報宣伝（広報誌「Inspire」の記事等）の影響を受けていたとみられます。

テロ組織中枢による便乗型

テロの実行犯と既存のテロ組織との間で資金提供、活動に関する指導・監督等の関係は無いものの、犯行に際して実行犯側がＳＮＳ等を通じて既存のテロ組織に対する忠誠の表明等を行う場合があります。こうした場合、実行犯による忠誠表明を受けて、ＩＳＩＳ等のテロ組織が「我が戦士による犯行である」旨の犯行声明を発出するなどして、成果への便乗を図る場合が少なくありません。

イラク・シリアにおけるＩＳＩＳの活動が下り坂に入った時期（概ね２０１６年以降）に欧米諸国等で発生した事案にはこうした事例が多くみられます。例えば、２０１５年12月のサンベルナンド銃撃事件（米国カリフォルニア州におけるＩＳＩＳ支持者による福祉施設に対する攻撃）、２０１６年６月のオランド銃撃事件（米国フロリダ州におけるＩＳＩＳ支持者によるナイトクラブに対する攻撃）等はこうした形態に該当するとみられます。いずれの事案においても、ＩＳＩＳが犯行声明を発出するなどして成果を主張しました。

遠隔操作型

既存のテロ組織から実行犯側に対する指導・監督等が一定程度みられる場合もあります。前記の「中枢直轄型」と「完全自立型」の中間に位置する形態とも言えます。こうした場合、テロ組織から実行犯側に対する指導・監督等はＳＮＳ等オンラインネットワーク空間を通じて実施される場合が少なくありません。

イラク・シリアにおいてＩＳＩＳの活動が活発であった時期（２０１６年頃）にインドネシア、マレーシア等の東南アジア諸国において発生した事案にこうした事例が比較的多くみられました。例えば、２０１６年６月にマレーシアのクアラルンプール近郊で発生したＩＳＩＳ支持者によるナイトクラブに対する攻撃等はこうした形態に該当します。当該事案では、イラク・シリアで活動しているマレーシア系のＩＳＩＳ戦闘員が、ＳＮＳ等を通じてマレーシア国内のＩＳＩＳ支持者に対して作戦立案等の指導を行っていたとみられます。

背景として、当時、世界各地からイラク及びシリアに渡航してＩＳＩＳの「カリフ国」に参加した「外国人戦闘員（FTF）」の中に、インドネシアやマレーシアからの参加者も多く含まれていたこと（第8章3(1)）、彼らの中にはオンラインネットワークに関する知識・技術に優れた者も含まれていたこと、などがあります。

フランチャイズ型

前記の「完全自立型」、「便乗型」及び「遠隔操作型」のいずれのカテゴリーとも異なる形態のものとして、アルカイダやISISの**「フランチャイズ型」のテロ組織による攻撃**があります。前記の3つの形態は主に欧米諸国における動向であるのに対して、「フランチャイズ型」は中東、アフリカ、南アジア等の紛争地域において顕著な動向です。

アルカイダとISISには、中枢の指導部とは離れた別の地域に、それぞれ関連組織や「州」が存在します（第8章）。例えば、アルカイダ中枢は現在パキスタンとアフガンスタンの国境地域等に潜伏しているとみられますが、イエメンではアラビア半島のアルカイダ（AQAP）、ソマリアではアルシャバブ等の関連組織がそれぞれ活動しています。また、ISIS中枢は現在シリアあるいはイラクに潜伏しているとみられますが、アフガニスタンではISISホラサン州、ナイジェリア等ではISIS西アフリカ州がそれぞれ活動しています。

これらの関連組織の実態は、それぞれの現地における既存のテロ組織である場合が一般的です。これらの現地組織は、アルカイダやISISのブランドを利用することにメリットがあるとの判断等に基づきアルカイダあるいはISIS中枢への忠誠を表明しつつ、実際にはほぼ自律的に活動しているものとみられます。したがって、これらの現地組織の活動の成果はアルカイダやISISの戦果の一部として広報されることもありますが、日常の活動に関する具体的な指導・監督等はほぼないとみられます。

例えば、2017年、フィリピン南部のマラウイにおいてイスラム過激派勢力が同市の一部を約5カ月間にわたり占拠する事案が発生しました（マラウイ占拠事案）。ISIS中枢は、当該事案を「ISIS東アジア」による成果である旨を積極的に広報しました。しかし実際には、当該事案はISISに忠誠を誓う現地のイスラム過激派勢力（アブサヤフ・グループの一部、マウテ・グループ等）によって実行されたものでした。

こうしたフランチャイズ型の攻撃は、アルカイダ、ISIS等のグローバルなテロ組織の中枢との間で具体的な指導・監督等をほとんど受けていないという点においては、自立型テロの類型に含まれると言えるかもしれません。ただし、現地の視点からみると、実行犯は現地のテロ組織の中枢による指導、支援等を受けており、相当の人数を擁した組織的犯行である場合も少なくありません。そうした点においては、比較的少人数による攻撃である場合の多い「完全自立型」、「便乗型」及び「遠隔操作型」とは大きく異なります。

(4)「ホームグローン」と「ローンウルフ」

両者の違い

欧米諸国等における自立型の攻撃は、その実行犯の多くはいわゆるホームグローン（homegrown）であることが一般的です。また、自立型攻撃の人数規模は、フランチャイズ型の攻撃を除くと、少人数である場合が多く、単独犯（いわゆるローンウルフ（Loan Wolf））である場合も少なくありません。

ホームグローンとローンウルフは混同されやすい概念ですが、実際には異なる概念です。端的に言うと、ホームグローンとは主に「テロリストの出生・成長の過程」に着目した概念です。これに対し、ローンウルフとは主に「テロに関与した関係者の人数」に着目した概念です。実際の事案をみても、「ホームグローンであるローンウルフ（単独犯）」による攻撃、「ホームグローンである非ローンウルフ（複数の実行犯）」による攻撃の双方が有り得ます。ただし、近年の欧米諸国におけるイスラム過激派関連のテロを見ると、前者の「ホームグローンであるローンウルフ（単独犯）」による攻撃が多くなっています（第8章）。

ホームグローン

ホームグローンとは何か――

前記のとおり、ホームグローンとは主に「テロの実行犯の出生・成長の過程」に着目した概念です。例えば、イスラム過激派関連のホームグローン型のテロの定義として、『令和元年版警察白書』は「欧米等の非イスラム諸国で生まれ又は育った者が、ＩＳＩＬやＡＱ等によるインターネット上のプロパガンダ等に影響されて過激化し、自らが居住する国やイスラム過激派が標的とする国の関連施設等の権益を狙ってテロを敢行する」ものとしています。[23]

すなわち、ホームグローンとは、「紛争地（中東、アフリカ、南アジア等）以外の欧米諸国等において出生・成長した者（または紛争地において出生した後に比較的幼少期に欧米諸国等に移住しその後は移住先の国において成長した者）で、紛争地等におけるテロ・軍事訓練を受けた経験等がない者」と言うことができます。一般的には、欧米諸国における外国人移民２世・３世等がネット情報等を通じて過激化した場合がイメージされます（ただし、移民2世・3世等の大半は、過激化もせずテロにも加担しないのが実態であることに注意する必要があります）。

こうしたホームグローンが注目されるようになった背景として、従来、欧米諸国においては、特にイスラム過激派関連のテロの実行犯に関して「テロ実行のために国外（中東地域等）から送り込まれて来る外国人」、「紛争地等において訓練を受けた経験を有する技量・練度の高いプロフェッショナルのテロリスト」とのステレオタイプ的なイメージがあったものと考えられます。例えば、９１１事件の実行犯はそうしたイメージに合致するものです。

ホームグローンのテロリストはこうしたイメージには必ずしも合致しません。彼らは「テロ実行のために国外から来た外国人」ではありません。また、紛争地等におけるテロ・軍事訓練を受けた経験等がないことから、技量・練度が低い「素人的テロリスト」である場合が一般的です。したがって、攻撃の形態としては、入手の容易な武器（車両、刃物、簡易爆発物等）を利用し、ソフトターゲットを標的とした攻撃となる場合が少なくありません。こうした武器、標的の選定は、ＩＳＩＳ等が広報雑誌等通じて宣伝しているものと合致します（本章コラム、第8章[24]）。

ホームグローンはなぜ問題なのか：対策上の課題——

欧米諸国の治安機関等にとって、ホームグローンを対象としたテロの未然防止は、非ホームグローンを対象とする場合に比較して困難なものとなっています。

課題の第1は、前記のとおり、ホームグローンのテロリストは「テロの実行のために国外から来た外国人」ではないこと、すなわち「国境を跨がない」ということです。欧米諸国においては、従来からテロの未然防止策の一つとして、出入国管理の強化（いわゆる水際対策）が重視されています（第6章2）。こうした施策は、「テロリストは国外から来る者だ」との前提に立つものです。しかし、ホームグローンのテロリストは水際対策によって把握することはほぼ不可能です。ホームグローンのテロリストの把握には、オンラインネットワーク空間の監視が比較的有用と考えられます。しかし、こうした施策は個人の権利自由の侵害のリスクがより高いと考えられます（第6章1⑵、第11章3⑵及び第12章2）。

課題の第2は、防御側（政府、治安機関等）にとって、ホームグローンのテロリストの大半は

図表 4-4　欧米諸国におけるテロ事案のうち単独犯による事案の割合の推移（2001-2018 年）

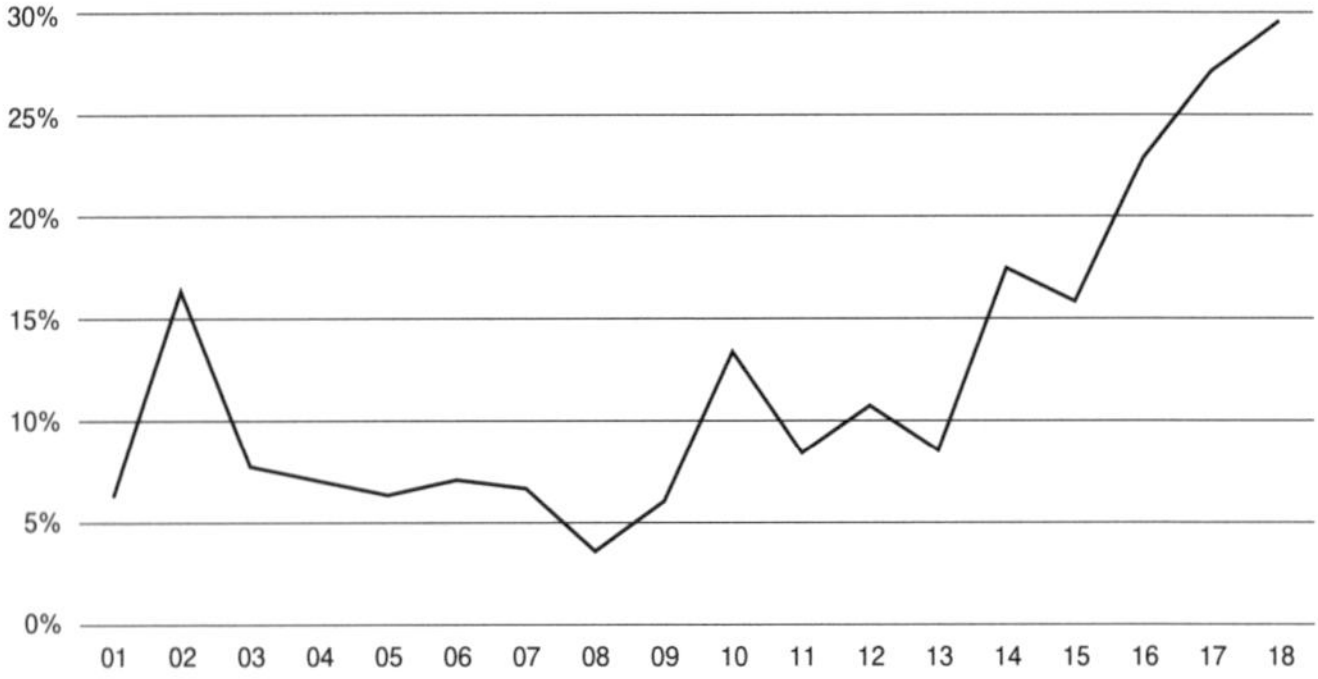

（出典：GTD のデータを基に筆者作成。）

「自国民である」ということです。米国を始め欧米諸国においては、テロ等の捜査に関して治安機関に与えられている権限が、外国人を対象とする場合と自国民を対象とする場合で異なる場合があります。一般に、自国民に対する捜査に当たっては権利自由への配慮がより強く求められます（第9章1(1)）。

ローンウルフ

ローンウルフとは前記のとおり、主に「テロに関与した関係者の人数」に着目した概念です。すなわち、ローンウルフとは「テロの実行犯と既存のテロ組織との間で何ら資金提供、活動に関する指導・監督等の関係がなく、しかも単独犯であるもの」と言い得ます。反対概念は複数犯、グループ犯等となります。

欧米諸国における近年のイスラム過激派関連

の自立型の攻撃は、基本的にはホームグローンによる犯行です。他方、実行犯の人数で見ると、複数人のグループである場合と単独犯（ローンウルフ）の場合の双方があります。[25]

図表4-4は、GTDのデータに基づき、2001年以降の欧米諸国におけるテロ事案のうち単独犯による事案の占有率（事案総数の中における割合）の推移を示したものです。[26] 概ね2000年代以降、特に2010年頃以降から単独犯（ローンウルフ）がより顕著な傾向になっている状況がうかがわれます。

攻撃による被害の規模でみると、ローンウルフによる攻撃よりも複数犯による攻撃のほうが大きな被害になる可能性は高いと考えられます。しかし、治安機関等の立場からは、ローンウルフによる攻撃への対処（動向を事前に把握し、攻撃の発生を未然防止すること）は、組織的な攻撃への対処以上に困難です。[27]

□本章のエッセンス

テロ組織等の資金

・テロ組織等の資金獲得の主な方法としては、海外同胞からの支援、合法的活動（寄付・義援金等の募集）、非合法活動（違法薬物等の密造・密輸、「税金」や「みかじめ料」の徴収、身代金目的誘拐等）があります。

・主要なテロ組織の多くは海外からの資金に依存しているとみられます。したがって、国境を跨ぐ違法な資金の流れを監視・規制することは、テロの未然防止策の重要な一分野となっています。

テロの攻撃手法

・テロの攻撃の手法としては、統計上は**爆発物利用攻撃**及び**武力襲撃**が常に多数を占めています。これに**誘拐**が続きます。他方、**人質立てこもり**及び**航空機の乗っ取り**（ハイジャック）の占有率はいずれも全体の1％以下にとどまっています。

・近年は自殺型の攻撃、特に爆発物を利用した**自爆型の攻撃**も多くみられるようになっています。

テロの形態

・概ね2000年代以降、特に欧米諸国においては、アルカイダやISIS等のテロ組織中枢と実行犯の関係が薄い**自立型の攻撃**が顕著になっています。背景として、911事件以降の各国による対策の強化、オンラインネットワーク空間の発達・普及等が考えられます。

・一方、こうした自立型の攻撃（特にホームグローンのテロリストによる単独犯（ローンウルフ）の形態の攻撃）の動向を治安機関等が事前に把握し、未然に防止することは非常に困難です。

【さらに学びたい方のために】

① 安部川元伸『国際テロリズム　その戦術と実態から抑止まで』原書房、2017年。
② 国末憲人『テロリストの誕生　イスラム過激派テロの虚像と実像』草思社、2019年。
③ 白戸圭一『ボコハラム』新潮社、2017年。

本章で論じた内容に関しては、テロ組織等の具体的な活動に関する著作を通じて理解を深めることが有用です。

①は実務家出身の研究者による著作です。主にアルカイダ、ISIS等の実態が具体的に説明されています。②は欧州における近年のイスラム過激派関連のテロ事件（特に2015年1月のシャルリー・エブド社襲撃事件）に関する、ジャーナリストによる著作です。欧州においてホームグローンのテロリストが育まれる背景の理解に役立ちます。③はナイジェリアのイスラム過激派組織であるボコハラムの実態に関する、ジャーナリスト出身の研究者による著作です。「フランチャイズ型」テロ組織の実態の理解に役立ちます。

COLUMN

テロとメディア

総　論——

テロ組織にとっての広報宣伝活動の重要性、特にメディアの活用の重要性に関して、フォレストは次の3点を指摘しています。①恐怖の拡散（社会におけるパニックや分断の惹起によるテロの効果の拡大）、②潜在的な支持者への訴求（人員のリクルート）、③既存の支持者・構成員への訴求（士気高揚、思想や攻撃手法の伝達・教育等*）。

インターネット登場以前——

こうした目的を達成するため、従前から多くのテロ組織が新聞、雑誌、テレビ等の報道機関を積極的に活用しています。特に、1960年代から1970年代頃の誘拐、人質立てこもり、航空機の乗っ取り（ハイジャック）等の事案の中には、テレビを通じた宣伝、交渉等を意識したものが少なくなかったとみられます**。同時に、報道機関側にも、商用目的からこうした事案の報道を積極的に行う傾向があり、その意味で、報道機関とテロ組織の間に「持ちつ持たれつ」の状況があったとも考えられます。

テロ事案がテレビによって大きく報道された著名な例としては、1972年9月のミュンヘン・オリンピック事件（西ドイツにおいてパレスチナ系過激派組織関係者が五輪のイスラエル選手団を襲撃した事案）があります。日本でも、同年2月のあさま山荘事件（長野県において連合赤軍関係者が人質立てこもりを行った事案）があります。

インターネット登場以降——

1990年代以降、インターネット、SNS等の発達・普及により、テロ組織等による広報宣伝やメディア活用の道具は、テレビ等の報道機関からオンラインネットワーク空間に次第に移ります。

テロ組織からみると、インターネットやSNSはテレビ・新聞等の報道機関に比較して、①報道機関側の編集に従う必要がないこと、②たとえテロ組織が消滅してもコンテンツがオンラインネットワーク空間上に残る可能性があること、などの点でより魅力的であるとみられます***。

これまで、アルカイダは「Inspire」、ISISは

「Dabiq」及び「Rumiyah」という広報誌をネット上で頒布しています。これらの中には英語を含む多言語で作成されているものもあり、思想・主義主張の宣伝、具体的な攻撃方法の紹介等の記事を多く含んでいます。例えば、「Inspire」1号（２０１０年７月）は、自宅の台所でも可能な簡易な爆弾の製造方法を紹介しています。「Rumiyah」２号（２０１６年10月）、３号（２０１６年11月）及び５号（２０１７年１月）では、簡易なテロ攻撃の手法としてそれぞれナイフ、車両（大型トラック）、火焔瓶の使用が推奨されています。

左：ISIS 広報誌「Rumiyah」2 号（2016 年 10 月）ナイフ使用を奨励する記事
右：同 3 号（2016 年 11 月）トラック使用を奨励する記事

　また、主要なテロ組織の指導者の演説ビデオの広報、個別の事案の犯行声明の広報等もインターネット、ＳＮＳ等を通じて実施される場合が多くなっています。人質の斬首の場面の写真やビデオがネット上で公開される場合もあります（例えば、２０１５年１月から２月のシリアにおける邦人殺害事件（第10章５(3)）。

　このほか、暗号機能付きの通信アプリがテロ組織内の諸連絡、外部の支援者との連絡等に活用される場合もあります。

影　響——

　こうしたオンラインネットワーク空間の発達・普及は、テロに関する非対称性（攻撃側と防御側の格差）の拡大、自立型の攻撃の拡大等に関して大きな役割を果たしているとみられます****（第３章、本章３）。

* Forest, James J. F. *The Terrorism Lectures: A Comprehensive Collection for the Student of Terrorism, Counterterrorism, and National Security (Third Edition).* Nortia Press, Montgomery, 2019, p. 119.

** *Ibid.*, pp.119-120.

*** *Ibid.*, p. 123 & p. 128.

**** *Ibid.*, p. 125.

□第5章□

テロ発生のメカニズム——テロはなぜ発生するのか?

「テロはなぜ発生するのか?」、「テロの根本的な原因は何なのか?」といった類の問いは、メディア等でも頻繁に取り上げられています。こうした問いに対して、貧困、精神障害、宗教等が原因である旨が指摘されることもありますが、こうした見方は正しいのでしょうか?[1]

テロの発生のメカニズム及び対策の在り方に関しては、既に学術理論上の様々な先行研究等が蓄積されています。しかし、これら各種の先行研究は、国際政治学、刑事学、憲法学、社会学、心理学、公共政策学等の様々の異なった学術的アプローチからなされています。こうしたことから、個々の論点の相互の関係性が不明確である場合や、各種の議論が上手く嚙み合わない場合も少なくありません。[2] こうした問題意識に基づき、本章においては、テロの発生のメカニズムをめぐる様々な学術上の論点を整理し、それらの全体像を俯瞰することを試みます。

1 分析の基本枠組み――原因と機会（図表参照）

そもそもテロに関する単一かつ普遍的な根本原因は存在するのでしょうか。各種の先行研究によると、テロの発生には様々な要素が複合的に関連していると考えられます。すなわち、何らかの一つの要素を普遍的なテロの根本的な発生要因と結論付けることは極めて困難であると考えられます。[3] もちろん、個別具体的な事案に関して、その背景にある主要な要因を解明する

図表 5-1　テロの発生に関連する諸要素

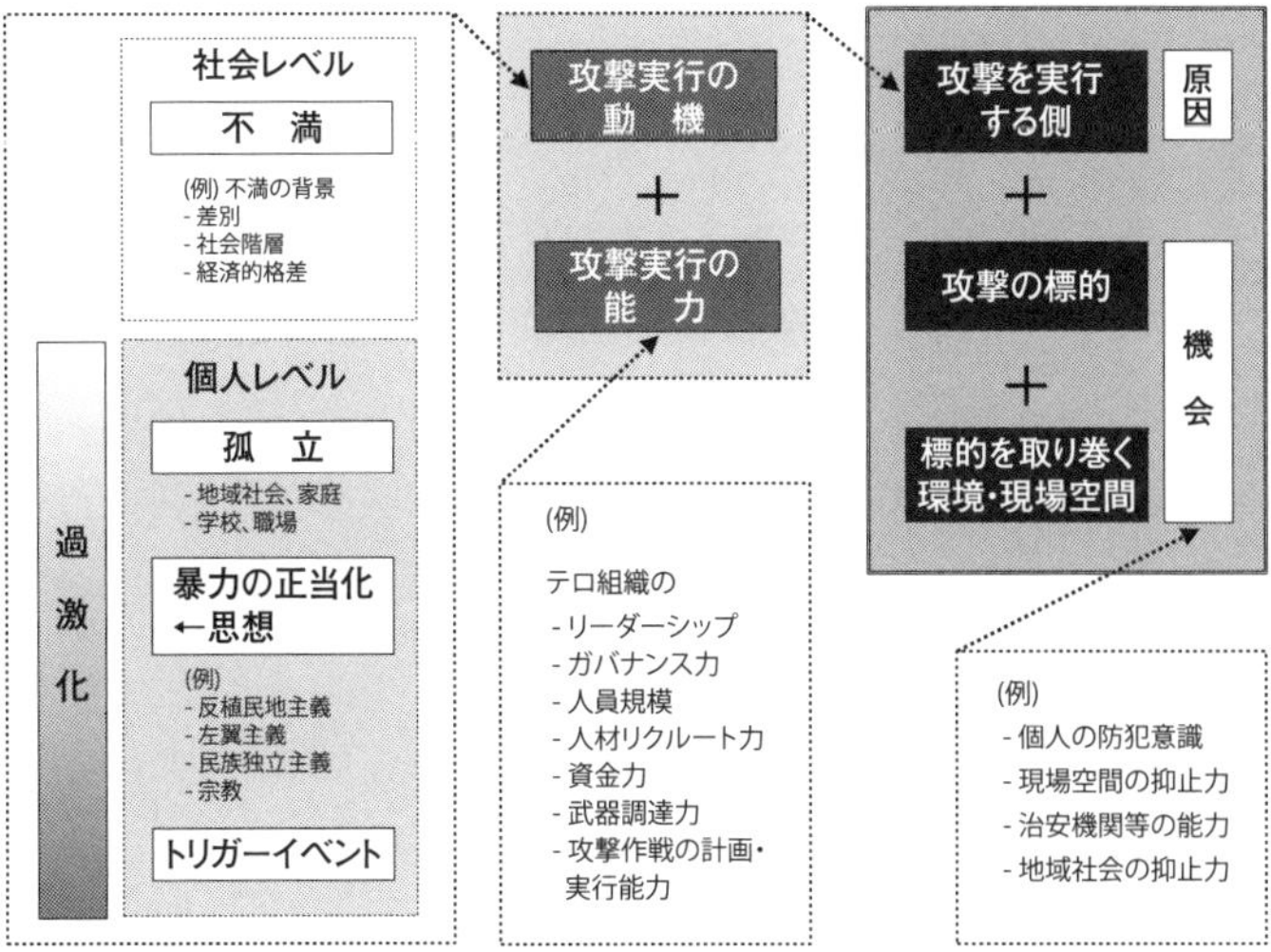

（出典：筆者作成。）

ことはある程度は可能と考えられます。しかし、個別具体的な事案の背景要因の解明と、普遍的なテロの発生要因の解明は別です。

テロのみならず広く犯罪一般に関しても、同様の指摘がなされています。すなわち、犯罪の発生には様々な要素が複合的に関連していると考えられ、何らかの一つの要素を普遍的な犯罪の根本的な発生要因と結論付けることは極めて困難であると考えられます。

犯罪発生の分析に関する理論である犯罪原因論と犯罪機会論をテロにも応用するならば、テロ発生に関連する様々な要素は、①攻撃を実行する側に関する要因、②攻撃実行の機会に関する要因、の2つの側面から整理・分析することが可能です。前者の「攻撃を実行する側に関する要因」は更に、「攻撃実行の能力」及び「攻撃実行の意図」の2つの側面から分析することが可能です。一方、後者の「攻撃実行の機会に関する要因」は更に、「攻撃の標的に関する要因」及び「標的を取り巻く環境（攻撃が実行される現場空間）に関する要因」の2つの側面から分析することが可能です。[4]

こうした理論モデルによると、これらの諸要素のうちいずれか一つでも欠ければテロは発生しない、あるいは発生の可能性は低下すると考えられます。例えば、十分な意図と能力を備えたテロリストが存在しても、攻撃の標的となり得る人物や施設等が当該テロリストの活動範囲内に存在しなければ、テロは発生しません。また、標的である人物や施設等の周辺（すなわち標的を取り巻く環境あるいは現場空間）が厳重に警戒されていれば、テロ発生の可能性は相当程度低下すると考えられます。こうした場合は、「テロリストを育む要素は存在するが、実行の機会が十分になかったことからテロは発生しなかった」と理解することが可能です。逆に、重要な政府施設等がほとんど無防備な状態であるなど明らかにテロ攻撃の好機が存在するような場合でも、そうした機会を利用し得るテロリスト等が存在しなければ、やはりテロは発生しません。

なお、犯罪学においては、攻撃を実行する側に関する要因に主に着眼する立場は**犯罪原因論**、攻撃実行の機会に関する要因に主に着目する立場は**犯罪機会論**あるいは**環境犯罪学**、とそれぞれ称されています。[5]

以下では、テロの発生するメカニズムを「攻撃を実行する側に関する要因」及び「攻撃実行の機会に関する要因」のそれぞれの側面から概観します。[6]

2　攻撃を実行する側に関する要因

「攻撃を実行する側」とは、テロリストあるいはテロ組織のことを意味します。前記のとおり、攻撃を実行する側の要因は、「攻撃実行の能力」及び「攻撃実行の意図」の２つの側面から分析することが可能です。一般に、このうちいずれか一方が欠けても攻撃は発生しないと考えられます。

例えば、あるテロ組織が日本を標的とする意図を表明したとしても、当該組織が日本においても攻撃を実行し得る十分な能力を有していなければ、実際に日本においてテロが発生する可能性は低いと考えられます。逆に、テロ実行の十分な能力を有しているテロ組織が存在する場合でも、当該テロ組織が攻撃を実行する意図を欠いていれば、やはり実際にテロが発生する可能性は低いと考えられます。例えば、あるテロ組織にとって、特定の国や地域がロジスティックス（資金調達、人材リクルート、組織員の移動・連絡等）の観点から重要である場合、そうした国や地域でのテロ活動は意図的に控えられているとみられる場合があります。[7]

(1) 攻撃実行の能力

攻撃実行の能力は、個人レベル(個々人のテロリスト)と組織レベル(テロリストが所属するテロ組織)のそれぞれの側面から分析することが可能です。

組織レベルの攻撃実行能力を評価する要素としては、例えば、リーダーシップ、ガバナンス力、組織のマンパワー(人員規模)、人材リクルート力、資金力、武器調達力、攻撃作戦の計画・実行能力等が挙げられます。個人レベルの攻撃実行能力を評価する要素としては、テロ組織による訓練を受けた経験の有無、紛争地域等における実践に参加した経験の有無等が挙げられます。

一般に、テロ組織が活動している国や地域の政情不安は、当該テロ組織の人材リクルート、資金・武器調達、移動、組織内連絡等を容易にし、テロ組織の攻撃実行能力の向上に資すると考えられます。例えば、アフガニスタンやコロンビアにおいては、政情不安を背景に違法薬物の密造・密輸等の「地下経済」が拡大し、こうした活動がタリバンやコロンビア革命軍(FARC)の潤沢な資金源になっているとみられます(第4章1)[8]。また、現在、アルカイダ中枢はパキスタンとアフガニスタンの国境地域に、イラク・シリアのイスラム国(ISIS)中枢はシリアあるいはイラクに、それぞれ潜伏しているとみられます。いずれも内戦が継続するなど政情が不安定な地域です。アルカイダやISISの関連組織の活動が活発なイエメンやソマリアにも同様のことが言えます(第8章)。

さらに、近年のインターネット、SNS等のオンラインネットワーク空間の発達は、テロ組織の広報宣伝活動や部内連絡等を容易にし、やはりテロ組織の攻撃能力の向上に資すると考えられます（第4章コラム）[9]。

実際にはこうした要素に関する正確な情報を入手することは容易ではありません。テロの脅威評価の実務等においては、過去に当該組織がその地域において、どの程度のテロの実行あるいは実行計画の前歴があるか等に基づいて分析・評価がなされる場合もあります。

(2) 攻撃実行の意図

テロの基本的な要素の一つには、「政治的な動機」が含まれます（第1章2）。こうした政治的動機及びそうした意図に基づく今後の攻撃対象等に関し、テロ組織が公式声明や機関誌等を通じてそれらを対外的に公表することは珍しいことではありません。こうした攻撃の意思の積極的な公表は、テロのもう一つの基本的な要素である「恐怖の拡散」にも繋がります。また、組織に属していない単独のテロ実行犯（いわゆるローンウルフ）が、犯行前にSNS等を通じて個人的に攻撃の意思を表明していたという事例も少なくありません。

では、こうした実行の意図はどのようにして育まれるのでしょうか。この点に関しては、社会レベルと個人レベルの2つの側面から分析することが必要と考えられます。

社会レベル

主に社会心理学等の分野における各種の先行研究によると、「テロ実行の意図」が醸成される背景には、社会における何らかの不当な状況等に対する「不満（grievance）」が存在する場合が多いと考えられます。[10] 加えて、現状で認められている政治手段等によってもこうした不満を解消することが困難な場合には政府の統治の正統性（legitimacy）が低下し、現状を変更するための手段として暴力の行使（すなわち、テロの実行）を容認する意図が醸成されやすいと考えられます。[11]

こうした不満を生み出す要素としては、各種の差別、それらに基づく社会的格差や経済格差等が挙げられます。[12] 米国の研究者であるロス（Jeffrey Ian Ross）の先行研究は、政治的暴力に繋がる構造的な不満の主要な背景要素として、民族、人種、法制度、政治、宗教、社会、経済の7点を指摘しています。[13] 第2章で指摘したとおり、19世紀後半以降のテロの歴史を振り返ると、それぞれの時代に興隆した様々な思想（無政府主義、反植民地主義、左翼主義、宗教）がその時代のテロ情勢に関連しているとみられます（ラポポート「4つの波」）。さらに、そうした思想の興隆の背景には、各時代の国際・社会情勢を反映した何らかの不満があることがうかがえます。

例えば、2016年から2017年頃、フランスにおいては、ニース事件（2016年7月、約80人死亡）を始めISISの過激主義思想に感化されたイスラム系住民等によるテロが連続して発生しました。この背景には、同国内のイスラム系住民の間に、社会格差等に対する不満があったとも考えられます。また、近年の米国においては、白人至上主義に基づく極右テロが増加しています。この背景には、相対的に地位が低下しつつある白人層の間に「白人コミュニティの将来がアフリカ系、ヒスパニック系等の『他者』に侵される」との不安や恐怖感の広がりがあるとの指摘もあります[14]（第9章3⑴）。

さらに、各種先行研究によると、例えば、圧政的な政治体制の国（すなわち、権利自由の保障レベルが低い国）、民主レベルが低い政治体制の国（すなわち、市民が不満を表明する政治的手段が限られている国）においては、テロの発生リスクがより高いとみられます[15]。ただし、「攻撃実行の能力」の観点からは、民主主義的・自由主義的な社会は独裁的・圧政的な社会に比較して、テロ組織等による活動が容易である（政府側からみれば取締りの実行に制約がある）と言えます。また、独裁的な政治体制からの民主化の過程における社会の混乱も、テロ組織の活動を容易にする効果があると考えられます。例えば２０１１年から始まった「アラブの春」によって独裁体制が打倒された国のうち、リビア等においてはその後の政治的混乱を受けて、ＩＳＩＳ等のテロ組織の活動が活発化しました。

個人レベル

前記のような社会レベルの不満等が常に各個人レベルにおける具体的なテロ実行に直結する

訳ではありません。犯罪心理学等における各種の先行研究によると、各個人が実際にテロ攻撃の実行に加担する（あるいはテロ組織に参加する）には、社会レベルにおける不満の存在に加えて、各個人のレベルにおいて、**違法な暴力を実際に使用することを正当化するような動機付け（過激化）**が必要と考えられます。[16] 逆に言えば、同一の環境下に生活している多数の者の中には、「一定のプロセスを経て過激化をする者」と「過激化をしない者」の両方が存在します（数字上ではむしろ、不満を抱きつつも実際のテロ攻撃の実行には至らない（＝過激化しない）者の方が多いといえます）。こうした個人ごとの差異、すなわち「過激化するかしないかの個人差」はなぜ生じるのでしょうか。

こうした過激化の原因やプロセスに関しては、主に犯罪心理学の立場から多くの先行研究が蓄積されています。[17] しかし、これまでのところ、何らかの普遍的な過激化のパターン等は解明されていません[18]（精神障害とテロの関係については本章コラム）。

なお、過激化とテロ組織等への参加・加入は必ずしも同義ではありません。例えば、政情不安等によってテロ組織が一定の支配力を維持しているような地域においては、個人の思想心情とは必ずしも関係なく、生活の手段としてテロ組織に参加を余儀なくされる（あるいは事実上強制される）場合もあり得ます。例えば、２０１０年代中盤にＩＳＩＳがイラク及びシリアにおいて「カリフ国」を運営していた時期の当該地域はそうした状況にあったとみられます。

過激主義思想への接触[19]――

前記のとおり、個人の過激化に関する普遍的なパターン等は特段解明されていません。ただし、ある個人が過激化するに当たっては、何らかの過激主義思想に接触する機会を持つことが契機となる場合が多いと考えられます。[20] 一般に、過激主義は何らかの思想（無政府主義、反植民地主義、民族独立主義、左翼主義、宗教等）と結び付いている場合が多いと考えられます。[21] 第2章で指摘したとおり、19世紀後半以降のテロの歴史を振り返ると、それぞれの時代の社会情勢に関連して興隆した様々な思想がその時代のテロ情勢に関連しているとみられます（ラポポートの「4つの波」）。ただし、ある特定の思想が常に過激主義的であるとは限りません。実際には、ある思想の中でも、過激主義的であるのはごく一部にすぎない場合も少なくありません。特定の思想の全体を取り上げて過激主義的であると断定することは、根拠のない偏見と対立を促し、更なる社会不満、ひいてはテロ発生のリスクを高める可能性もあります（第12章3）。

各個人が実際にこうした過激主義思想に接触し感化される機会としては様々なパターンがあり得ます。19世紀の新聞・雑誌等の出版の普及や電話の発明、20世紀末以降のインターネットやSNS等オンラインネットワーク空間の発達・普及は、こうした過激主義思想の拡散に拍車をかけたとみられます（第2章3(1)及び6(2)、第4章コラム）。近年のイスラム過激主義に関しては、刑務所やイスラム教関連の教育機関が過激主義思想に接触するきっかけになっている場合もあります。

なお、過激化を招くのは、過激主義思想そのものというよりもむしろ、何らかの過激主義思想を信奉する集団やグループの中における組織文化・組織内力学（例えば組織内の出世競争、絶対服従的な上下関係等）であるとの指摘もあります。[22][23]

抑止力としての社会的紐帯――

前記のとおり、個人の過激化に関する普遍的なパターン等は特段解明されていません。ただし、ある一定の要素は過激化のリスクを抑制する因子であると考えられます。

犯罪社会学における**社会的紐帯理論**（Social Bond Theory）は、「本来人間は逸脱行動（非行や犯罪）を犯しやすいものである」との前提に立ち、社会（地域社会、家庭、学校・職場等）における絆（紐帯）が各個人の逸脱行動を防いでいる（換言すれば、社会的紐帯が弱まり孤立した者が逸脱行為に走ってしまう）旨を指摘しています。

テロ攻撃実行の意図の発生に関しても、こうした見方が応用可能と考えられます。すなわち、社会に対する不満等を抱き過激主義思想との接触がある者であっても、家庭、職場、学校、地域社会等における社会的紐帯が強い者は、過激化に対する抑止力が比較的働きやすいと考えられます。逆に、こうした社会的紐帯が弱く、家庭、職場、学校、地域社会等において孤立に直面している者は過激化が進み、テロ実行に加担する可能性がより高いと考えられます。[24] ドイツの研究者であるレーセル（Friedrich Lösel）等による最近の研究は、各国における過激化に関する先行研究のメタアナリシスに基づき、こうした見方の有効性の検証を行っています。[25]

3 攻撃実行の機会に関する要因

前記のとおり、たとえ十分な意図と能力を備えたテロリストが存在しても、攻撃を実行し得る機会がなければ、実際にはテロは発生しません。したがって、テロの発生要因を分析するに当たっては、テロを実行する側（テロリスト、テロ組織等）の要因のみならず、「攻撃実行の機会」に関する要因の分析が不可欠と考えられます。

攻撃実行の機会に関する要因は更に、「攻撃の標的に関する要因」及び「標的を取り巻く環境（攻撃が実行される現場空間）に関する要因」の2つの側面から分析することが可能です。テロ攻撃の標的が個別具体の人物等である場合には「攻撃の標的」と「標的を取り巻く環境（現場空間）」を区別することは比較的容易です。他方、標的が物理的な施設等である場合（例えば、軍事施設、政府関連庁舎、要人の滞在施設、重要インフラ施設、イベント会場等）、両者は必ずしも明確に区別することができない場合も少なくないと考えられます。

攻撃実行の機会に関する要因の例としては、個人の防犯意識、現場空間の抑止力、治安機関等の能力、地域社会の抑止力等が挙げられます。

個人の防犯意識――

潜在的なテロ攻撃の標的が特定の個人等である場合、当該個人等が攻撃のリスクの高い場所等への接近を意識的に控えるか否かにより、テロ発生の可能性は変化すると考えられます。例えば、植民地独立を訴えるテロ組織が宗主国の政府首脳を攻撃の標的として活動しているような場合、当該政府首脳が植民地への訪問を控えれば、攻撃を受ける可能性は低くなります。同様に、テロ攻撃の直接の標的ではない個人の場合も、攻撃リスクの高い場所等への接近を控えるか否かにより、テロに巻き込まれる可能性は変化すると考えられます。例えば、一般旅行者等がテロの危険性の高い国・地域等への渡航を控えれば、攻撃に巻き込まれて被害にあう可能性は低くなります。

ただし、こうした場合については、物理的な被害の発生は防止できたとしても、「テロの脅威によって政府首脳の政治活動や一般人の経済活動が委縮させられた」とみれば、広い意味においてテロリストやテロ組織の目標が達成されてしまったと評価することも可能です。これは、「テロ対策」の効果をどのように評価するかという論点にも繋がる問題です（第12章3）。

現場空間の抑止力――

現場空間の抑止力とは、「攻撃の発生が想定される現場の空間が、テロを実行する側の視点から見て、どの程度攻撃を実行し難い状況にあるかの評価」を意味します。主に、当該現場空間あるいは攻撃の物理的な標的である施設等における各種のセキュリティ措置に基づいて総合的に評価し得ると考えられます（例えば施設への出入りの制限、警備要員の配置、防犯カメラの設置等）。

こうした考え方の背景には、「犯罪を予防するためには、潜在的な犯罪者にとって犯行に都合の悪い状況を作り出すことが肝要である」とする環境犯罪学の影響があります。この前提には、「犯罪者は『犯罪から得る利益（ベネフィット）を最大にすること』と『犯罪が失敗した時の損失（コスト）を最小にすること』を考慮し、犯罪の有無、方法、場所等を合理的に選択している」との考え方（合理的選択理論）があります（本章注5）。テロリストの標的の選択に関してもこうした環境犯罪学の知見が一定程度応用し得る旨が各種の先行研究によって検証されています。[26]

治安機関等の能力――

治安機関等の能力（あるいは対抗力）とは、文字通り、「攻撃の発生が想定される現場において対策を担当している警察、インテリジェンス機関等の能力に関する評価」を意味します。

こうした概念を客観的に評価することは必ずしも容易ではありません。例えば、当該機関の持つマンパワー（対人口比での警察官の人数等）、付与されている権限や武器、練度や士気（犯罪発生件数や検挙率等の治安に関する各種の指標、過去の重要イベント等における対策の実績、清廉度に関する指標等）等に基づいて総合的に評価を行うことが考えられます。

地域社会の抑止力――

地域社会の抑止力とは、「当該地域社会の持つ社会関係資本（social capital）や集合的効力（collective efficacy）等が犯罪の抑止に及ぼす効果に関する評価」を意味します。

社会関係資本とは、例えば「人々の協調行動を活発にすることによって社会の効率性を高めることのできる、信頼、（互酬性）規範、ネットワークといった社会組織の特徴」と定義されます。[27] また、集合的効力とは、例えば「共通善のために介入しようという意思と結びつけられる近隣住民間の社会的凝集性」と定義されます。[28] これらはいずれも、一般に「地域力」、「地域の問題解決力」、「ご近所力」等と称される概念に近いと考えられます。公共政策学等における各種の先行研究によると、地域のインフォーマルなネットワーク等は犯罪抑止に一定の効果があること、そうした傾向は我が国にも一定程度当てはまること等が検証されています。[29]

□本章のエッセンス

・テロの発生には様々な要素が複合的に関連していると考えられます。何らかの一つの要素を普遍的なテロの根本的な発生要因と結論付けることは困難と考えられます。
・テロ発生に関連する様々な要素は、①攻撃を実行する側に関する要因、②攻撃実行の機会に関する要因、の二つの側面から整理・分析することが可能です。
・「攻撃を実行する側に関する要因」は更に、「攻撃実行の能力」及び「攻撃実行の意図」の二つの側面から分析することが可能です。後者の「実行の意図」に関しては、社会レベルでの不満の蓄積、個人レベルでの過激化の問題等があります。
・「攻撃実行の機会に関する要因」は更に、「攻撃の標的に関する要因」及び「標的を取り巻く環境（攻撃が実行される現場空間）に関する要因」の二つの側面から分析することが可能です。

【さらに学びたい方のために】

・宮坂直史「テロリズムの原因と対策」渡邊啓貴・福田耕治・首藤もと子（編著）『グローバル・ガバナンス学II』法律文化社、2018年、221-239頁。

テロの原因、対策を鳥瞰図的にまとめて記した日本語の学術的な著作は多くはありません。本稿は数少ない例の一つです。短編ではありますが、本書の本章及び次章に該当するテーマが簡潔にまとめられています。本書の整理とはやや異なった視点からの整理もあり、本書の内容と比較することも有用と思われます。

・越智啓太（編著）『テロリズムの心理学』誠信書房、2019年。

※第1章末尾の参考文献欄を参照。

・原田隆之『入門　犯罪心理学』筑摩書房、2015年。
・小宮信夫『なぜ「あの場所」は犯罪を引き寄せるのか』青春出版社、2015年。

これらはいずれもテロの問題を扱ったものではありません。しかし、それぞれ犯罪心理学、環境犯罪学の知見を得るには有用です。

COLUMN

貧困とテロの関係

メディア等においては、テロの根本的な要因として貧困が指摘されることもあります。しかし、各種の先行研究によれば、貧困とテロの直接の因果関係等について、学術的に十分な立証はなされていません。

本章の本文において説明したとおり、テロの発生には様々な要素が複合的に関連していると考えられます。確かに貧困や経済格差等が社会不満の惹起に結び付くことはあると考えられます。しかし、実際のテロの発生には更に、個人レベルでの過激化、実行の機会等の要件が整うことが必要と考えられます(実際には、所得水準は低くても生活満足度は必ずしも低くはない、すなわち社会不満は高くない場合もあり得ます)。したがって、貧困や経済格差は、テロの発生に繋がり得る背景要素(contributing factor)の一つでは有り得るものの、常にテロの根本原因となるとは言えないと考えられます。[*]

ちなみに、豪州及び欧米を拠点とする研究機関である経済平和研究所(Institute for Economics and Peace)が毎年発表しているテロ情勢に関する報告書「Global Terrorism Index」によると、２０１８年中にテロの被害が最も深刻であった国のトップ5はアフガニスタン、イラク、ナイジェリア、シリア、パキスタンとされます。[**] 経済指標等からみると、これらの国々は必ずしも世界最貧国のトップ5ではありません。

個人のレベルでみても、比較的裕福な階層に属する者が著名なテロリストとなる例は少なくありません。例えば、アルカイダの創設者であるオサマ・ビン・ラディンはサウジアラビア有数の富豪一族の出身でした。ビン・ラディンの死後にアルカイダの指導者となったザワヒリもエジプト出身の医師です(第8章2(1))。また、１９６０年代から１９９０年代の「新左翼の波」の時期に欧州等で活動した主な左翼系のテロ組織の構成員には、比較的裕福な家庭の出身で高等教育を受けた学生等も少なくありませんでした。[***] 1995年に日本で地下鉄サリン事件を引き起こしたオウム真理教の幹部にも、比較的裕福な家庭の出身で高等教育を受けた者（医師、弁護士等）が含まれていました（第10章5(2)）。

* 越智啓太「テロリズムへの心理学的アプローチ」越智啓太（編著）『テロリズムの心理学』誠信書房、2019年、17・18頁；縄田健悟「テロリズム発生における社会心理学的メカニズム」同『テロリズムの心理学』、35頁；Bjørgo, Tore, and Andrew Silke. "Root Causes of Terrorism." *Routledge Handbook of Terrorism and Counterterrorism*. Edited by Andrew Silke. Routledge, New York, 2018, pp. 60-61; Forest, James J. F. *The Terrorism Lectures: A Comprehensive Collection for the Student of Terrorism, Counterterrorism, and National Security (Third Edition)*. Nortia Press, Montgomery, 2019, pp. 83-87; Sandler, Todd. *Terrorism – What Everyone Needs to Know*. Oxford University Press, New York, 2018, pp. 28-30; Bakker, Edwin. *Terrorism and Counterterrorism Studies - Comparing Theory and Practice*. Leiden University Press, 2015, pp. 108-110.

** "Global Terrorism Index 2019" については第7章参照。

*** Forest, *Terrorism Lectures*, p. 86.

COLUMN 精神障害とテロの関係

メディア等においては、テロの根本的な要因として精神障害が指摘されることもあります。しかし、各種の先行研究によれば、精神障害とテロの直接の因果関係等について、学術的に十分な立証はなされていません。[*]

実際に発生したテロ事案等を見ると、実行犯が精神障害を抱えていたという例は決して少なくありません。しかし、そうした状況から直ちに精神障害とテロの間に直接的な関係がある旨を結論付けることは必ずしも適切ではないと考えられます。なぜならば、精神障害を抱えてはいるもののテロには参画しない者の数も膨大だからです。したがって、精神障害を抱える者のグループと抱えていない者のグループを比較した場合、テロリストとなる傾向に関して双方のグループの間には統計的に有意な差異は特段認められないことが一般的です。

なお、犯罪学の各種先行研究においても、犯罪の主要な危険因子（確率的にリスクを増やす要因）である旨が検証されている事項は、過去の犯罪歴、反社会的交友関係、反社会的認知、反社会的パーソナリティー、家庭内の問題、教育・職業上の問題、物質使用（アルコール、違法薬物等）、余暇活用等です。他方、精神障害、知能等については、犯罪の危険因子である旨は立証されていません。[**]

* 越智啓太「テロリズムへの心理学的アプローチ」越智啓太（編著）『テロリズムの心理学』誠信書房、2019年、19頁；Bakker, Edwin. *Terrorism and Counterterrorism Studies - Comparing Theory and Practice*. Leiden University Press, 2015. pp. 113-117.

** 原田隆之『入門　犯罪心理学』筑摩書房、2015年、120-122頁。

□第6章□

テロの発生を未然防止するための諸施策

本章では、第5章において概観したテロの発生要因の分析枠組みに基づき、テロの未然防止策をめぐる学術上の論点を整理し、それらの全体像を俯瞰することを試みます。テロの発生には様々な要素が複合的に関連していると考えられます（第5章）。すなわち、何らかの一つの要素を普遍的なテロの発生要因と結論付けることは非常に困難です。こうしたことから、テロの未然防止策に関しても、普遍的に唯一絶対と言える施策を特定することは非常に困難と考えられます。したがって、実際の施策の立案に当たっては、個別具体的な事例に応じて、様々なレベルにおける複数の諸施策の長所・短所を踏まえた上で、総合的な検討を行う必要があると考えられます。

以下では、前章で利用した「原因と機会」の枠組みに基づき、「攻撃を実行する側に関する要因」及び「攻撃実行の機会に関する要因」のそれぞれの側面におけるテロの未然防止策及びその課題を概観します。

1　攻撃を実行する側に関する要因に着目――原因論的アプローチ

第5章においてテロの発生のメカニズムを検討した際、攻撃を実行する側の要因は「攻撃実行の能力」と「攻撃実行の意図」の2つの側面から整理・分析し得る旨を指摘しました。したがって、テロの未然防止策に関しても同様に、「攻撃実行の能力」と「攻撃実行の意図」の2つの側面から検討することが可能です。

(1)「攻撃実行の能力」に対する施策

テロ組織あるいはテロリストの攻撃実行の能力に制約を加えることを目的とした施策は、大まかに、「武力的な施策」と「非武力的な施策」に大別することができます。

武力的な施策

軍による活動――

2001年の911事件後、米国はアフガニスタンのタリバン等に対する武力攻撃を実施しました。2014年には米国を始めとする「有志連合」がイラク・シリアのイスラム国（ISIS）に対する武力攻撃を開始しました。このように、テロの被害を受けた国、被害を受ける可能性のある国等が、軍による武力攻撃によってテロ組織の攻撃能力に打撃を与えることを図る例は少なくありません。こうした武力活動には、地上軍の派遣等を含む比較的長期間に及ぶ作戦もあれば（例えば、米国のアフガニスタンにおける軍事活動）、地上軍を派遣せず一時的な空爆等のみによる攻撃など比較的短期的な作戦の場合もあります。

米国の場合、こうした「テロ対策」を目的とした武力活動は、アフガニスタン、シリア、イラクの他、イエメン、ソマリア等においても実施されています。いずれも自国の外（外国）における活動です。他方、政府による武力行使が自国内のテロ組織に対して実行される場合もあります。2017年のフィリピンにおけるマラウイ占拠事案（同国内のISIS系勢力が南部ミンダナオ島のマラウイ市の一部を約5カ月間にわたり占拠した事案）における同国政府の対応はその一例です。

インテリジェンス機関等による活動――

テロ組織に対する武力攻撃が、軍ではなくインテリジェンス機関等による準軍事作戦（paramilitary operation）や秘密工作活動（covert action）として実行される場合もあります。例えば、米国は、中東、アフリカ諸国等において、中央情報局（CIA）の無人攻撃機（ドローン）等によって現地のテロ組織に対する攻撃を数多く行っているとみられます。米国の場合、海外における「テロ対策」活動の中におけるこうした準軍事作戦の比重は、オバマ政権の時代に高まったと指摘されています。

課　題――

武力に基づくこれらの諸施策は、少なくとも短期的にはテロ組織の勢力・能力に一定の打撃を与える効果を持つと考えられます。911事件後の米国等によるアフガニスタンやイラク

対テロ戦争で、米中央情報局（ＣＩＡ）が運用する
無人攻撃機ＭＱ９「リーパー」（米空軍提供）（時事）

における武力攻撃（「テロとの闘い（War on Terror）」（第8章2(2)）、２０１４年からの米国を始めとする「有志連合」によるイラク及びシリアにおけるＩＳＩＳに対する武力攻撃等の結果、現在のアルカイダやＩＳＩＳの中枢は欧米諸国を直接に攻撃し得る攻撃能力は失っているとみられます（第8章）。しかし同時に、こうした施策によってテロ組織を完全に消滅させることは容易ではありません。アルカイダやＩＳＩＳは、勢力は衰えたものの、組織形態を変容させつつ依然として活動を継続しています。むしろ、こうした武力攻撃の結果として現地社会の混乱が継続・深刻化し、現地社会において更なる不満が惹起されている可能性もあります。[2]また、米軍の攻撃によるオサマ・ビン・ラディンの死亡（２０１１年５月）及びバグダディの死亡（２０１９年10月）の後もアルカイダとＩＳＩＳはいずれも存続しています（第8章）。こうした動向は、テロ組織の指導者の除去の効果に対する疑問を生じさせるものです。

　ＣＩＡ等のインテリジェンス機関による準軍事作戦や秘密工作活動は、軍を利用する政治的リスクの回避やコスト削減の観点からは一定のメリットがあると考えられます。他方で、この種の活動は軍の活動に比較して議会等による民主的統制が及び難く、人道上・倫理上の問題を惹起する可能性がより高いという問題点もあります。例えば、９１１事件後にＣＩＡがテロの容疑者等に対して実施した特殊な取調べ手法（いわゆる「水責め（Waterboarding）」等）[3]や第三国への移送（rendition）等に関しては、その適法性が問題視されました。[4]

非武力的な施策

テロ組織等との交渉――

関係国政府が、武力行使等ではなく、テロ組織、テロ支援国家等との間で交渉等を行うことにより、当該テロ組織の攻撃実行能力の低減を図る場合があります（こうした施策は、同時に攻撃実行側の動機の低減に繋がっているとも考えられます）。

　こうした交渉は、対外的に実施される例もあれば、国内のテロ組織等との間で実施される場合もあります。国外のテロ支援国家との交渉の例としては、米国とリビアのカダフィ政権の交渉（２０１１年）等があります（テロ支援国家については第1章コラム）。国外のテロ組織との交渉の例としては、米国とアフガニスタンのタリバンの和平交渉（２０１９年から２０２０年）等があります。政府と国内のテロ組織との交渉の例としては、フィリピン政府とモロ民族解放戦線（ＭＮＬＦ）の交渉（１９９６年に和平合意）、英国政府とアイルランド共和軍（ＩＲＡ）の交渉（１９９８年にベルファスト合意）等があります。

なお、航空機の乗っ取り（ハイジャック）・人質事案等の解決に向けた交渉の結果、政府側が見返りとして身代金の支払い、服役・勾留中のテロリストの釈放等の譲歩を行う場合もあります（例：１９７５年８月の日本赤軍によるクアラルンプール米大使館領事部・スウェーデン大使館占拠事件及び１９７７年９月のダッカ日航機乗っ取り事件）（第２章５(3)、第４章１(3)、第10章４(3)、第11章２(2)）。

テロ組織の活動を制限するための制度・仕組み作り——

テロの未然防止策として、国際的あるいは国内の各種の制度・仕組み作りがなされる場合もあります。

国際的な取組としては、テロ組織の攻撃実行能力の低減を目指す条約・協定等が関係国あるいは国連等の主導により策定される場合があります。例えば、核テロリズム防止条約（２００５年４月に国連総会で採択）、爆弾テロ防止条約（１９９７年12月に国連総会で採択）、テロ資金供与防止条約（１９９９年12月に国連総会で採択）等は、テロリストによる危険物質の入手、資金の調達等を困難化することを目的とするものです。マネーロンダリングに関する各国間の協力枠組みである**金融活動作業部会**（ＦＡＴＦ：Financial Action Task Force on Money Laundering）も、国際的なテロ資金対策の仕組みとして活用されています（第４章１）。

関係国の国内における各種の立法措置等に基づき、テロ行為やその準備行為等の規制あるいは厳罰化、銃器・爆発物等の入手・所持等の規制、テロとの関連の疑いのある金融取引の規制等の措置が図られる場合があります。例えば米国においては、移民・国籍法（Immigration and Nationality Act）第219条の定める条件に基づき、国務長官が「外国テロ組織（FTO：Foreign Terrorist Organization）」を指定する制度があります。FTOの指定を受けると、当該組織に対する各種の支援行為等が処罰されることになります。現在、アルカイダ、ISIS等を始め約70の組織がFTOに指定されています。[6]

新たな立法措置等により、テロの未然防止策を担当する治安機関（インテリジェンス機関、法執行機関等）の権限が強化される場合もあります。また、こうした施策の強化を目的として、当該業務を担当する新たな組織が創設される場合もあります。例えば米国においては、911事件後、いわゆる「愛国者法（The USA PATRIOT Act）」の制定によって治安機関の各種の権限の強化が図られました。また、テロ対策に携わる新たな組織として、国家テロ対策センター（NCTC：National Counterterrorism Center）、国土安全保障省（DHS：Department of Homeland Security）等が新設されました。

課　題――

テロ組織との交渉は、前記のとおり一定の成果をあげたとみられる例もあります（本章1(1)）。

しかし、交渉に不満を持つテロ組織内のグループが分派をして活動を継続する場合もあるなど、必ずしもテロを完全に鎮静化させ得るとは限りません（例えば、IRAからの分派である真のアイルランド共和軍（Real IRA）による活動の継続等）。また、交渉の結果として身代金の支払い等テロ組織側の要求に譲歩する場合は、却って当該テロ組織及び他のテロ組織に当該戦術の有効性に対する自信を深めさせてしまう可能性があります。[7] 例えば、近年のフィリピン南部におけるイスラム過激派組織であるアブサヤフによる各種の誘拐事案に対しては身代金が支払われているとみられ、その悪影響を指摘する見方もあります[8]（第4章1(2)。なお、1975年及び1977年の日本赤軍に対する身代金支払い等の事例に関して、第2章5(3)、第6章1(1)、第10章4(3)、第11章2(2)）。

条約の策定等各種の国際的な協力の枠組み作りは、国際社会に対して「断固としてテロを阻止する」等のメッセージを発出する手段として一定のメリットはあると考えられます。しかし、関係国の協力の度合いによっては十分な実効性の確保が困難となり取組が形骸化してしまう可能性もあるなど、効果は限定的な場合も少なくありません。[9] 例えば、フィリピン南部のスールー諸島の海域においては、国境管理が弱く、同国のイスラム過激派組織であるアブサヤフ・グループの関係者がフィリピン、インドネシア、マレーシアの3国の間を容易に往来しているとみられています。しばしば当該3カ国による国境管理の強化・協力が謳われますが、各国の思惑の違いもあり、必ずしも十分な成果はあがっていないとみられます（第7章コラム）[10]。

国内の治安機関の権限強化等は、取締り等において一定の効果を収める場合も少なくありません。2001年の911事件後は米国においては同レベルのテロは発生していません。原因を特定することは困難ですが、911事件後のインテリジェンス機関の組織改編や権限強化等の成果と考えることも可能です。しかし同時に、権限強化が行き過ぎる場合には人権侵害等の問題を惹起する可能性もあります。例えば、米国においては、前記の愛国者法に基づき国家安全保障局（NSA）が実施していた通信記録収集プログラムに関し、その適法性が問題視されました。[11]

(2)「攻撃実行の意図」に対する施策

テロ組織あるいはテロリストの攻撃実行の意図を低減させることを目的とした施策は、社会レベルと個人レベルの2つの側面から検討することが可能です。

社会レベル

前記のとおり、「テロ実行の意図」が醸成される背景には、社会的な差別、格差等に基づく不満が存在する場合が多いとみられます（第5章2(2)）。したがって、こうした社会問題に対処して不満の低減を図る施策は、テロの未然防止策として一定の効果を有すると考えられます。[12]

こうした施策は、自国内における社会施策（福祉、教育、雇用等）として国内向けに実施される場合もあれば、「テロの温床」（テロ組織等の活動拠点）となっている発展途上国に対する復興支援策等として対外的に実施される場合もあります。

施策の例――

例えば、1950年代後半頃よりスペイン及びフランスのバスク地方の分離独立等を標榜しテロ活動を行っていたバスク祖国と自由（ETA）は、2011年に無期限の停戦を発表し、2018年5月には組織の解散を発表しました。こうした動向の背景には、スペイン及びフランス政府当局による取締りはもとより、1970年代後半以降のスペインの民主化に伴うバスク地方への自治権付与等の政策が功を奏し、ETAのテロ活動等に対する民衆の支持が低下したことがあるとの指摘もあります。[13]

課　題――

こうした社会レベルでの矛盾の解消に向けた施策は、他の施策と異なり、テロの根本的な解決に迫り得るものと考えられます。他方で、一定の成果が得られるまでに長期間を要し、結果として必ずしも十分な成果を達成し得ない可能性も有り得ます。「副作用」として、対象国の社会基盤整備等を目的とした実施された資金提供等が、実際には当該国内で賄賂等として消費されたり、テロ組織の資金と化してしまう可能性も指摘されています。[14]また、仮に一定の成果が上がったとしても、同時に実施された他の施策と区別した効果検証も容易ではないと考えられます。

個人レベル

施策の例――

・過激主義思想への接触機会の抑止

個人のレベルにおいては、各個人が過激化する前提として、過激主義思想への接触が大きな役割を果たしていると考えられます（第5章2(2)）。したがって、過激主義思想への接触機会を低減することは、テロの未然防止策として一定の効果があると考えられます。

イスラム過激主義思想の場合、各地のイスラム関連の教育機関がこうした思想への接触の機会となっている場合が有るとみられます。こうしたことから、これらの機関の教育内容等に対する政府機関による一定の規制が行われている例もあります[15]。

また、イスラム過激主義思想はもとより白人至上主義等の極右主義思想の場合においても、インターネット、SNS等のオンラインネットワーク空間がこうした過激主義思想への接触の機会となっているとみられます。こうしたことから、近年、幾つかの国おいては、オンラインネットワーク空間上におけるこうした過激主義思想の拡散を防止する試みが実施されています[16]。ツイッター等のプロバイダー企業も、過激主義思想に関連するアカウントの削除を行う等の自主的な努力を行っています[17]。なお、これらの諸施策は、テロ組織によるオンラインネットワーク空間を利用した広報や人材リクルートを阻止するという意味で、テロ実行能力の低減に資する一面もあると考えられます。

・抑止力としての社会的紐帯の強化

犯罪学における社会的紐帯理論（第5章2(2)）は、「本来人間は逸脱行動（非行や犯罪）を犯し易いものである」との前提に立ち、社会（地域社会、家庭、学校・職場等）における絆（紐帯）が各個人の逸脱行動を防いでいる」と指摘しています。換言すれば、「社会的絆が弱まり孤立した者が逸脱行為に走ってしまう」との考え方です。[18] したがって、こうした地域社会における社会的紐帯の強化は、個人の犯罪への関与の抑止に資すると考えられます。例えば、いわゆる「コミュニティ・ポリシング」[19]と呼ばれる地域社会における各種の犯罪抑止策の背景にはこうした社会的紐帯理論の考え方があります。

テロの未然防止の面においても、こうした考え方に基づき、近年欧米諸国等において、主にイスラム系コミュニティを対象とした、学校、地域社会、青少年サークル等を通じた各種の働き掛け施策（例えば、スポーツイベント等各種の余暇イベントの提供等）が実施されています。[20]

・脱過激化（再犯防止）策

テロ行為等に関連して検挙された者の再犯防止のための施策も重要です。例えば、イスラム過激派関連の検挙者の多い国においては、こうした受刑者等に対する脱過激化（de-radicalization）教育等が実施されている例も少なくありません。欧米諸国の他、イスラム教徒の多い中東のサウジアラビア、南アジアのバングラデシュ、東南アジアのインドネシアやマレーシア等においても同様の施策が実施されています。

課　題――

過激主義思想の拡散の防止を目的とした教育機関やオンラインネットワーク空間に対する規制に関しては、それぞれ思想の自由、表現の自由等の権利自由とのバランスの在り方が課題となります。オンラインネットワーク空間上の有害情報を強制的に削除し得るような権限が政府機関には認められていない国も少なくありません。

社会的紐帯理論に基づく過激化抑止のための諸施策に関しては、欧米諸国等において特定のコミュニティ（例えばイスラム系コミュニティ）あるいは個人に対する働き掛けが実行されることにより、却ってそうしたコミュニティや個人に対する偏見等が助長されているとの指摘もあります。[21] また、こうした施策は地域社会、企業、個人等のボランティア活動等によって支えられている部分もあり、担い手としての人材、資金の確保等も課題となります。

脱過激化（再犯防止）教育に関しては、各国において必ずしも期待通りの十分な成果があがらない場合も少なくないとみられる他、そもそも効果検証が容易ではない等の課題があります。[22]

2 攻撃実行の機会（標的及び環境・現場空間）に関する要因に着目――機会論的アプローチ

テロ組織やテロリストの攻撃の機会に着目した諸施策は、犯罪学における犯罪機会論、環境犯罪学等に関連したものです。

環境犯罪学では、犯罪を予防するために「潜在的な犯罪者にとって、犯行に都合の悪い状況」を作り出すことが検討されます。こうした環境整備には、ハード面（道路や建物等の物理的な環境の整備）とソフト面（人々の団結心や警戒心等の心理的な環境の整備）の双方が含まれます。[23]ハード面の環境整備の例としては、「敷地の周囲に塀、柵囲い、フェンス等を設けたり、門に施錠することによって『区画性』を明示すること」、「植え込みの配置を工夫したり、防犯カメラや街灯を設置するなどして、見通しのきかない場所をなくすこと（『視認性』の確保）」等が挙げられます。また、ソフト面の環境整備の例としては、「入口での身分確認の励行等によって『縄張り意識』を明示すること」、「来訪者への声掛けの励行等によって『当事者意識』を持つこと」、「整理整頓によって『管理者意識』を明示すること」等が挙げられます。[24]

対象施設への出入り制限、警備要員の配置、防犯カメラの設置等の他、海空港における水際対策の強化（顔認証システムの導入等）、空港セキュリティの強化（透視スキャナーの導入等）等もこうした施策に含まれると考えられます。

こうした環境犯罪学に基づく「現場空間の抑止力」の強化を図る各種施策は、一般の犯罪の防止のみならず、テロの未然防止策としても一定の成果をあげているとする各種の先行研究もあります。[25]

課　題

環境犯罪学に基づく「現場空間の抑止力」の強化については、前記のとおり、テロの未然防止を含む犯罪抑止に一定の効果をあげ得るとの先行研究があります。その一方で、これらの施策の効果は限定的であるとの見方もあり、評価は十分には定まっていません。[26] また、こられの施策は「リスクを別の場所に移転しているに過ぎず、問題の本質的な解決にはなっていない」、「いわゆる『監視社会化』を助長しかねない」等の批判もあります。[27]

例えば、街頭防犯カメラの設置に関しても、財政負担及び権利自由の侵害の可能性等のコストに比較して実際の効果は限定的であるとの指摘もあるなど、評価は十分には定まっていません。[28] こうした中、米国では、２０１９年５月、サンフランシスコ市議会が市の行政機関による顔認証技術の使用を制限する条例を可決しました。その後、幾つかの自治体が同様の規制を導入しています。２０２０年３月には、ワシントン州が法執行機関等による顔認証技術の使用を規制する州法を制定しています。[29]

□本章のエッセンス

・テロの発生には様々な要素が複合的に関連していると考えられることから、テロの未然防止策に関しても、普遍的に唯一絶対と言える施策を特定するのは困難です。
・テロの未然防止に関する様々な諸施策を「攻撃を実行する側に関する要因」及び「攻撃実行の機会に関する要因」の枠組み（「原因と機会」の枠組み）に基づき整理すると、それぞれの施策に長所と課題が有ることが改めて浮き彫りになります。
・実際の施策の立案に当たっては、個別具体的な事例に応じて、様々なレベルにおける諸施策の長所・短所を踏まえた上で、総合的な検討を行う必要があります。

【さらに学びたい方のために】
・片山善雄『テロリズムと現代の安全保障—テロ対策と民主主義』亜紀書房、2016年。
・大沢秀介・荒井誠・横大道聡（編著）『変容するテロリズムと法—各国における〈自由と安全〉法制の動向』弘文堂、2017年。
※第1章末尾の参考文献欄を参照。

第Ⅱ部

現実と理論の対話

――テロに関する学術理論は現実の理解に役立つのか？

第7章

近年のテロ情勢の概観

本章では、主に2002年以降の世界のテロ情勢を概観します。2001年9月に米国で発生したアルカイダによる911事件は、死者数（約3000人）の規模の観点から見れば、19世紀以降に欧米諸国において発生したテロとしては最も深刻なものです。米国を始め関係各国の世論にも大きな影響を与えました（第1章2(2)）。現在米国を始め主に欧米諸国で実施されている各種の対策や研究は、「911事件のような悲劇を二度と起こさない」との思考に基づいて実施されている面も少なくありません。

では、911事件の後、各種の対策の結果として世界のテロの事案数や死者数は減少しているのでしょうか。テロ情勢が依然として深刻な国や地域はどこなのでしょうか。現在最も多くの犠牲者を出しているテロ組織は何なのでしょうか。本章では、こうした問に対して、統計等に基づいて検討を試みます（利用している統計データ等に関しては章末及び本章コラムを参照）。

1　事案数、死者数の時系列的な推移——テロの事案数や死者数は増えているのか？

世界規模で見た場合、911事件以降、テロの事案数や死者数は減少しているのでしょうか、それとも増えているのでしょうか。

図表7-1は、GTD（Global Terrorism Database）のデータに基づき、1970年から

図表 7-1　テロの事案数、死者数の推移（全世界：1970-2018 年）

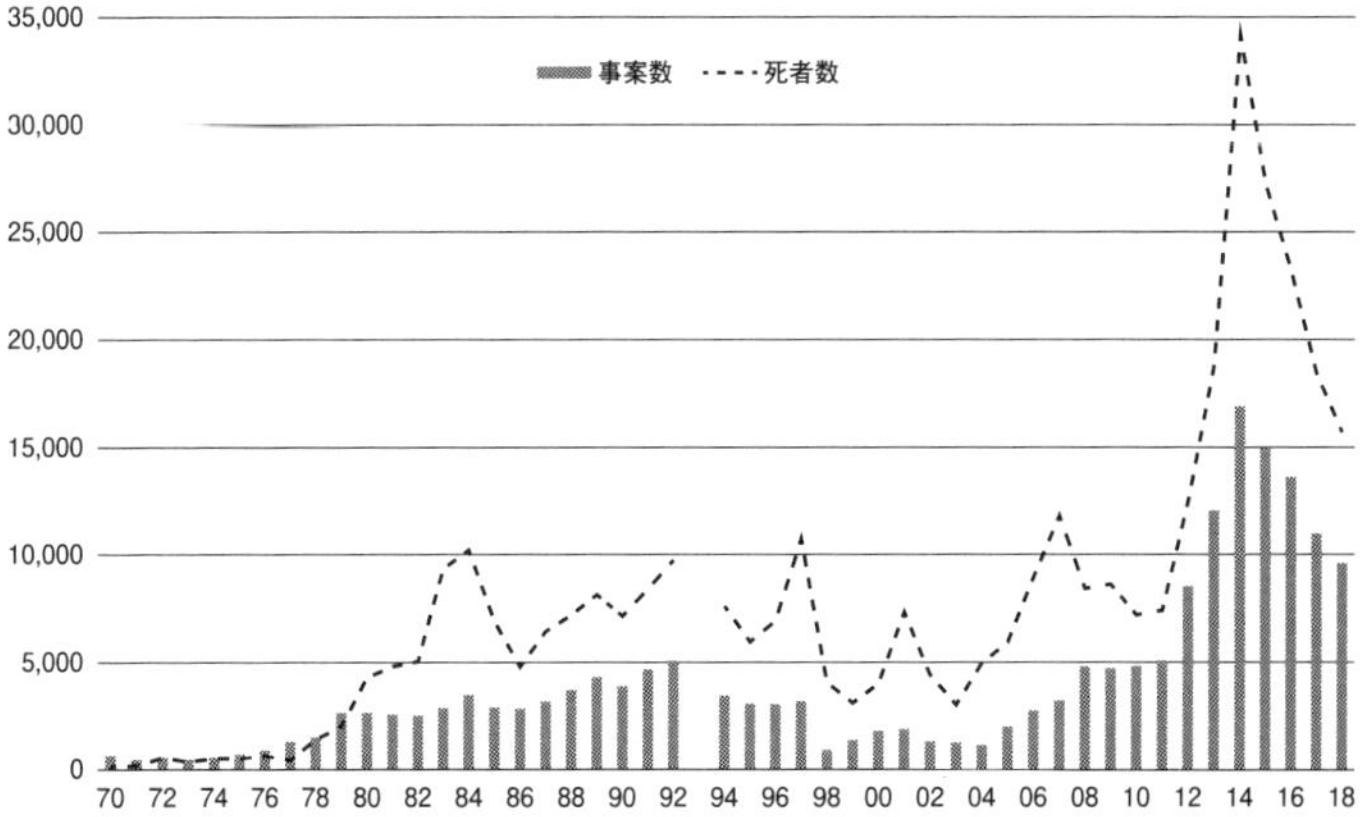

（出典：GTD のデータを基に筆者作成［1993 年はデータが欠損]。）

２０１８年までの間の全世界におけるテロの事案数及び死者数の時系列的な推移を示したものです。当該図表から示される時系列な特徴としては以下の３点が指摘できます。

①　２０００年代前半から中盤の時期は、それ以前の１９８０年代及び90年代に比較して、テロの事案数及び死者数とも減少した。

②　２０００年代中旬以降は増加傾向に転じ、特に２０１０年前後以降は急激に増加した。

③　事案数、死者数とも２０１４年にピークに達し、それ以降は再び減少している（２０１８年は２０１６年に比較して事案数は約45％、死者数は約55％減少）。

前記①の背景には、それ以前の時期に各地域において活発であった新左翼、反植民地主義、民族独立主義等に関連するテロがいずれも概ね１９９０年代後半までに相当程度減少したこと、２００１年の９１１事件後に各国においてテロ未然防止策が強化されたこと等があるとみられます。

前記②及び③は、当該時期におけるイラク・シリアのイスラム国（ＩＳＩＳ）の活動の状況に関連しているとみられます。すなわち、ＩＳＩＳは２０１４年６月にイラクとシリアに跨る「カリフ国」の創設を宣言するなど、概ね２０１０年代中盤に活動がピークに達しました。しかし、同年８月には米国等を始めとするいわゆる「有志連合」によるＩＳＩＳに対する攻撃が開始され、２０１９年初頭頃までには、「カリフ国」の実態はほぼ消滅しました（本章３、第８章３）。

このように、世界規模で見た場合、９１１事件以降、テロの事案数及び死者数は必ずしも減少はしていません。むしろ逆に、２０１０年代は、ＩＳＩＳの活動もあり、テロの事案数及び死者数が過去約50年間の中でも最も多い時期となっています。

２　テロの発生地――テロはどこで発生しているのか？

(1)　地域別の状況

世界規模で見た場合、テロ情勢はどこの地域においてより深刻なのでしょうか。

図表7-2は、GTI（Global Terrorism Index）2019のデータに基づき、2002年から2018年の間の全世界におけるテロの事案数及び死者数に関し、各地域の占有率（全世界の事案総数及び死者総数に対する各地域における事案数及び死者数の割合）を示したものです。当該データによると、中東・北アフリカと南アジアの2つの地域のみで、死者数及び事案数ともに全体の70％以上を占めています。さらにサブサハラ・アフリカ（アフリカ大陸の概ね中部・南部地域）を加えた3地域で、死者数の93％、事案数の82％を占めています。このように、確かにテロの脅威は世界各地に広がっているものの、事案数及び死者数は前記の2つないし3つの地域に集中している状況がうかがわれます。

ただし、こうした状況は、必ずしも2000年代以前から顕著にみられた訳ではありません。それ以前の時期においては、前記の3地域の事案数の占有率は相対的にやや低くなっていました（図表7-3）。背景として、1970年代から1990年代には、欧州等における左翼関連の活動、南米及び欧州等における民族独立主義関連のテロ組織（コロンビアのコロンビア革命軍（FARC）、イギリスのアイルランド共和軍（IRA）、スペインのバスク祖国と自由（ETA）等）の活動が比較的顕著であったこと等があると考えられます。こうした状況は、ラポポートの主張する「4つの波」の考え方（第2章）にも合致しています。

図表 7-2　テロの事案数、死者数の比率（地域別：2002-2018 年）

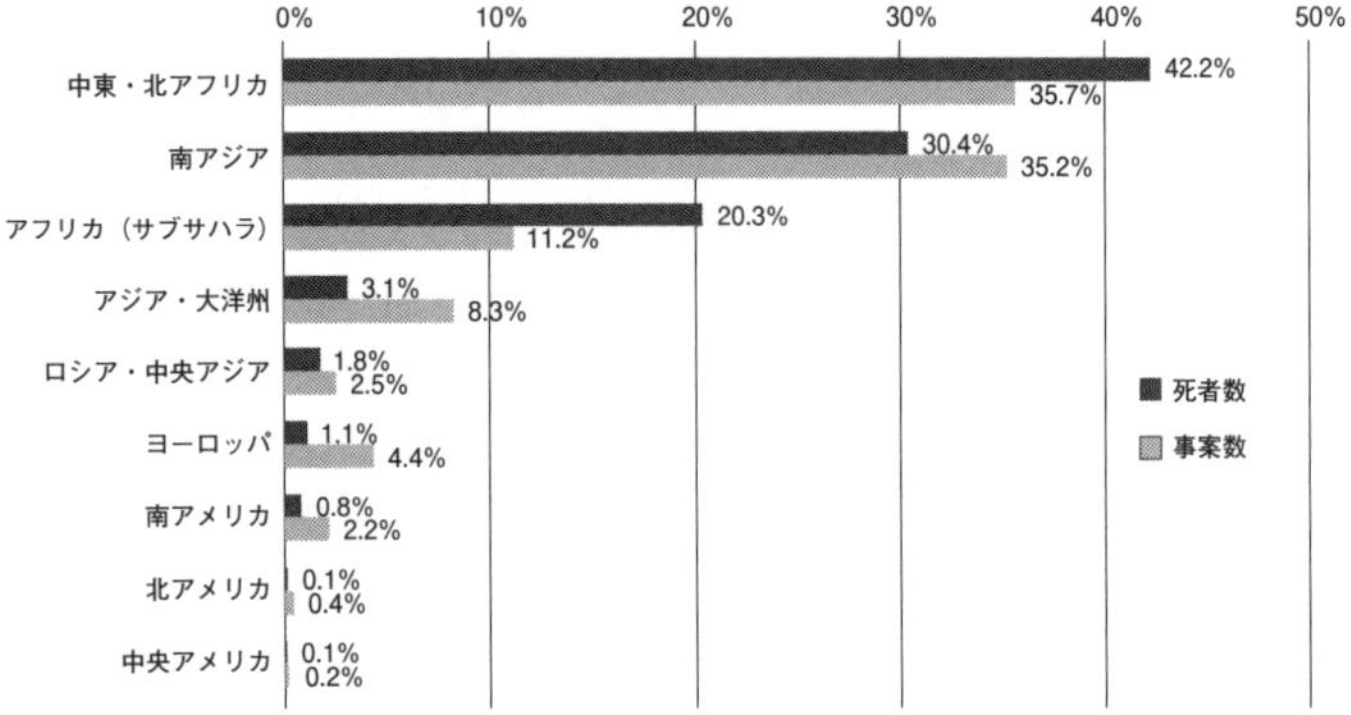

※各地域の内訳・詳細は GTI 2019 を参照。
・北アフリカとは、エジプト、リビア、チュニジア、アルジェリア、モロッコ、スーダン。
・サブサハラとは、上記の北アフリカ以外のアフリカ諸国。
・ヨーロッパにはトルコを含む。
・北アメリカとは、カナダ、米国、メキシコ。

（出典：GTI 2019（p. 37）のデータを基に筆者作成。）

図表 7-3　テロの事案数の推移（主要地域別：1970-2018 年）

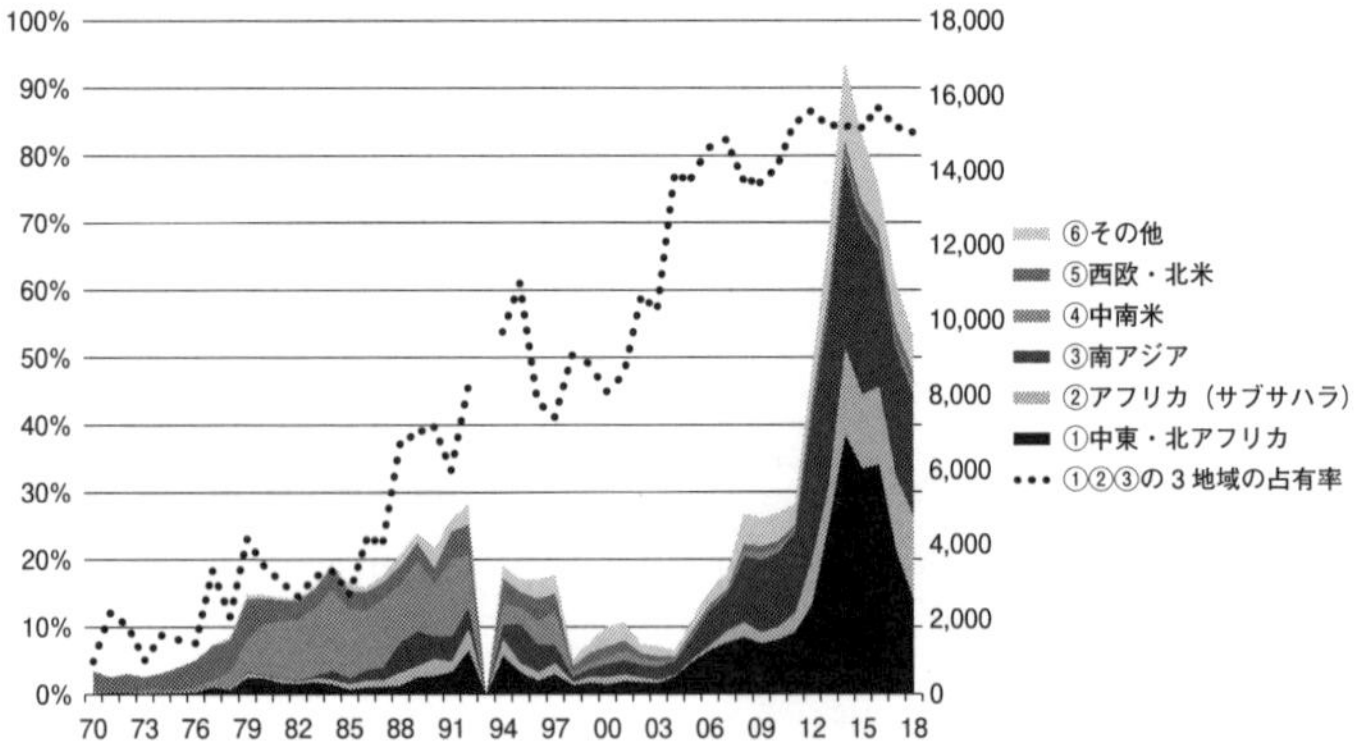

（出典：GTD のデータを基に筆者作成［1993 年はデータが欠損］。）

図表 7-4　テロによる死者数の推移（主要国別：2001-2018 年）

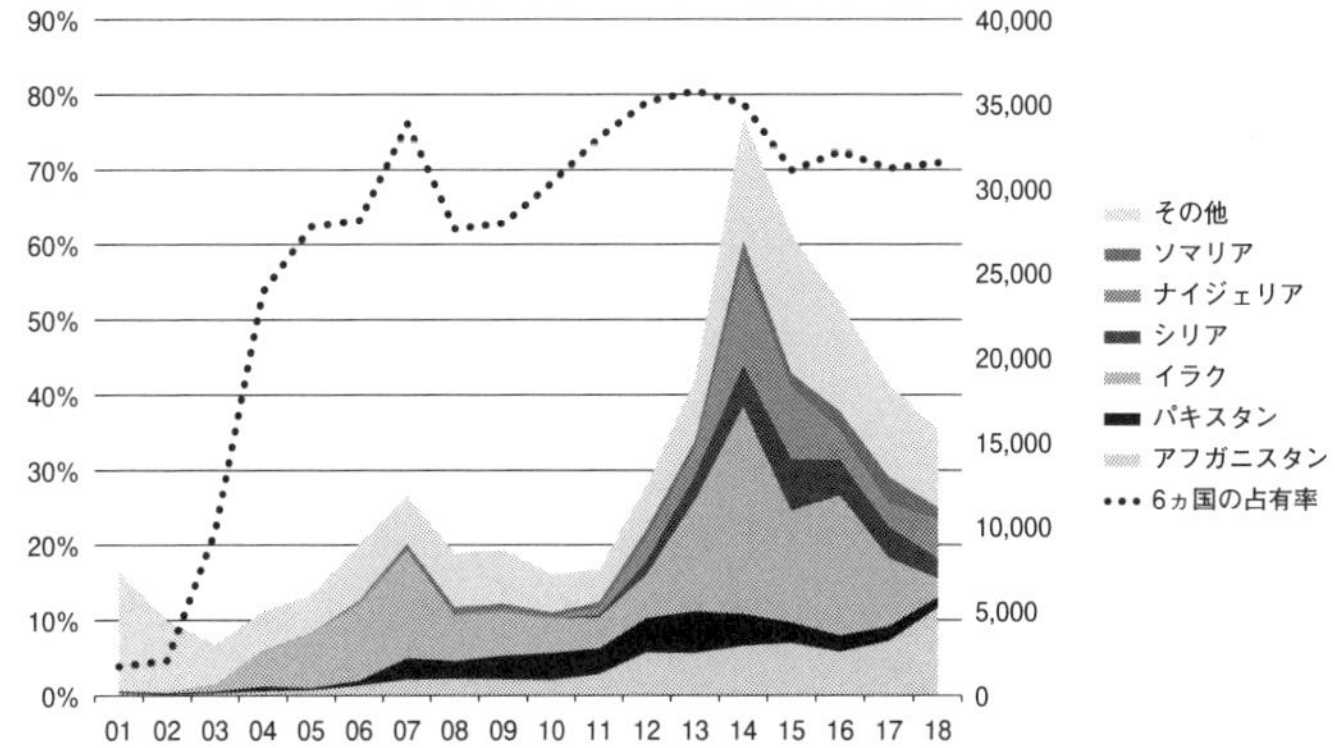

（出典：GTD のデータを基に筆者作成。）

(2) 国別の状況

では、前記の3地域の中で、テロ情勢がより深刻なのはどこの国でしょうか。

2001年から2018年までの間の全世界におけるテロによる死者数に関し、GTDのデータに基づき、主要国の占有率（全世界の死者総数に対する各国における死者数の割合）を比較してみると、①イラク：29%、②アフガニスタン：13%、③ナイジェリア：9%、④パキスタン：8%、⑤シリア：6%、⑥ソマリア：4%、となっています（6カ国の合計は68%）。また、図表7-4は、GTDのデータに基づき、当該期間（2001年から2018年）中の全世界におけるテロによる死者数の時系列的な推移を主要な国別に示したものです。

こうしたデータからは、テロ情勢が比較的深刻な3地域（中東・北アフリカ、南アジア、サブサハラ・アフリカ）の中でも、これらの6カ国における情勢が特に深刻である様子がうかがわれます。当該期間中における6カ国の死者数の占有率の合計は68％ですが、2011年以降に限ってみれば常に70％を上回っており、80％に近い時期もあります。

図表7-5は、GTIが毎年発表している、テロによって最も深刻な影響を受けている国のランキング（2013年から2018年）です。当該資料は、テロの事案数、死者・負傷者数、財産的損害の評価等に基づき、各国におけるテロ被害の状況等を総合的に分析・評価したものです。当該ランク付けからも、特に近年においては、前記6カ国がいずれもランキングの上位を占めている様子がうかがわれます。

これら6カ国においてはいずれも、イスラム過激派の主要なテロ組織の活動が活発です。例えば、イラク及びシリアではISIS、アフガニスタンではタリバン、パキスタンではアルカイダ、タリバン及びISIS、ナイジェリアではボコハラム、ソマリアではアルシャバブ（アルカイダ系）等がそれぞれ活動しています。こうした状況も、ラポポートの主張する「4つの波」の考え方（第2章）に合致しています。また、これらの国々においては、近年、内戦、地域紛争等が発生しており、そうした不安定な社会状況がテロ組織の活発化に拍車を掛けているとみられます（第5章2(1)）。

なお、これらの6カ国に続く国としては、イエメン（中東）、エジプト及びリビア（北アフリカ）、インド（南アジア）、フィリピン（東南アジア）等があります。これらの国々においてもや

図表 7-5　テロによる影響を受けている国ランキング（2013-2018 年）

2018 年	
1	アフガニスタン
2	イラク
3	ナイジェリア
4	シリア
5	パキスタン
6	ソマリア
⋮	
22	米国
28	イギリス
36	フランス
44	ドイツ
54	カナダ
63	イタリア
78	日本

2017 年	
1	イラク
2	アフガニスタン
3	ナイジェリア
4	シリア
5	パキスタン
6	ソマリア
⋮	
20	米国
28	イギリス
30	フランス
39	ドイツ
57	カナダ
67	日本
69	イタリア

2016 年	
1	イラク
2	アフガニスタン
3	ナイジェリア
4	シリア
5	パキスタン
6	イエメン
⋮	
23	フランス
32	米国
35	イギリス
38	ドイツ
58	日本
66	カナダ
69	イタリア

2015 年	
1	イラク
2	アフガニスタン
3	ナイジェリア
4	パキスタン
5	シリア
6	イエメン
⋮	
29	フランス
34	イギリス
36	米国
41	ドイツ
66	カナダ
67	日本
69	イタリア

2014 年	
1	イラク
2	アフガニスタン
3	ナイジェリア
4	パキスタン
5	シリア
6	インド
⋮	
28	イギリス
35	米国
36	フランス
53	ドイツ
54	イタリア
72	カナダ
124	日本

2013 年	
1	イラク
2	アフガニスタン
3	パキスタン
4	ナイジェリア
5	シリア
6	ソマリア
⋮	
27	イギリス
30	米国
56	フランス
62	イタリア
83	ドイツ
84	カナダ
121	日本

（出典：GTI 2014-2019 のデータを基に筆者作成。）

はり、イスラム過激派勢力の活動が活発です。

3　テロ組織――最も多くの犠牲者を出しているテロ組織はどこか？

世界規模で見た場合、最も多くの犠牲者を出しているテロ組織は何なのでしょうか。

２００１年から２０１８年までの間の全世界におけるテロによる死者数に関し、ＧＴＤのデータに基づき、主要なテロ組織の占有率（全世界の死者総数に対する各組織による死者数の割合）を比較してみると、①ＩＳＩＳ：18％、②タリバン：11％、③アルカイダ：８％、④ボコハラム：７％、となっています（４組織の占有率の合計は44％）。いずれもイスラム過激派のテロ組織です。また、図表7-6は、ＧＴＤのデータに基づき、当該期間（２００１年から２０１８年）中の全世界におけるテロによる死者数の時系列的な推移を主要なテロ組織別に示したものです。

こうしたデータからは、次のような点が指摘できます。

第１に、世界規模で見ると、テロによる死亡の多くは、比較的少数のテロ組織あるいはその関連組織、支持者等によって引き起こされている様子がうかがわれます。当該期間中における４組織の死者数の占有率の合計は44％ですが、２０１４年以降に限ってみれば50％を上回っており、特に２０１７年には65％に達していました（ただし、近年、テロ組織との関係が比較的薄い実

図表 7-6　テロによる死者数の推移（主要組織別：2001-2018 年）

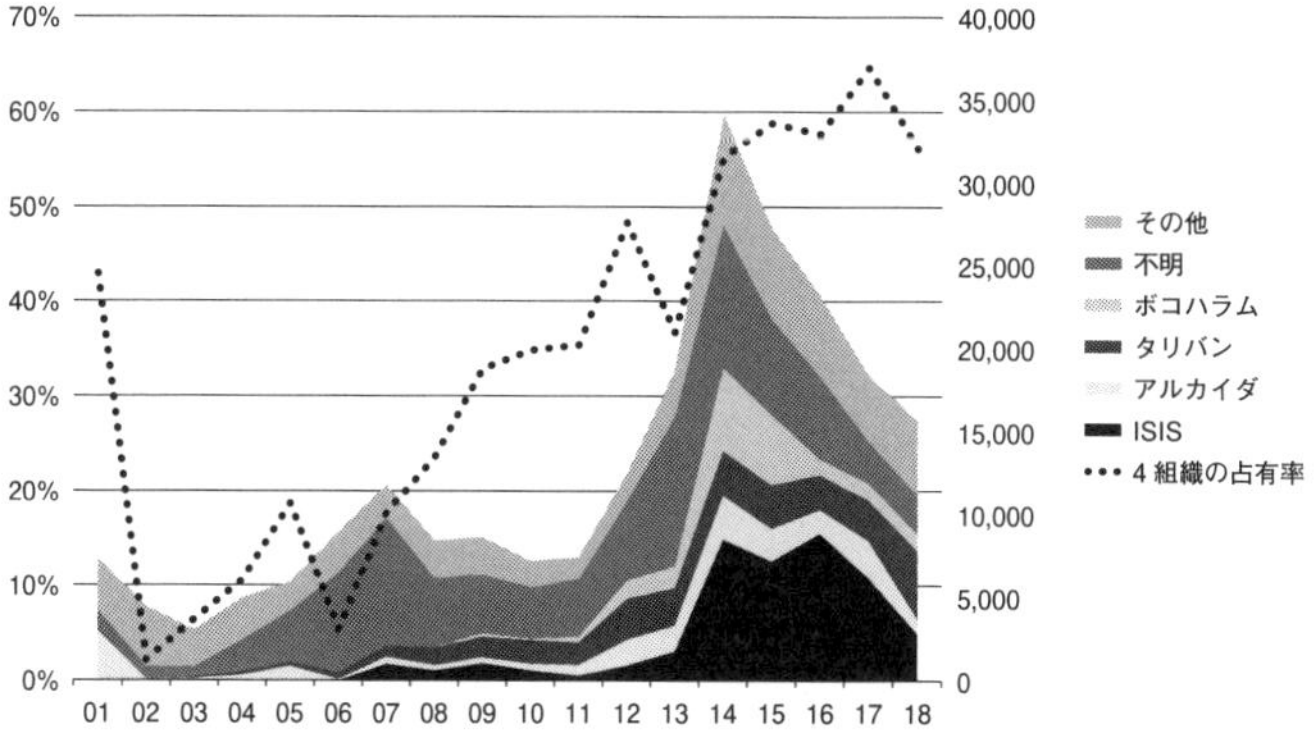

※アルカイダには、アルカイダ中枢の他、関連組織（HTS（旧ヌスラ戦線）、AQAP、AQIM、JNIM、AQIS、アルシャバブ等）を含む。
※ISIS には、旧 ISI、シリア・イラクにおける ISIS 中枢の他、両国外における「州」等も含む。なお、旧 AQI は、2006 年までアルカイダ、2007 年以降は ISIS にそれぞれ計上した。
※タリバンには、TTP（パキスタン・タリバン運動）、ハッカーニ・ネットワークを含む。
（出典：GTD のデータを基に筆者作成。）

行犯等による「自立型」のテロ攻撃が、特に欧米諸国において顕著になっています（第4章3）。GTDでは、こうした形態の犯行に関しても、組織との間で一定の関係性が認められる場合には、当該テロ組織によるテロとして計上しています）。

第2に、911事件を引き起こしたアルカイダは、同事件後の米国を始めとする国際社会による対策の強化等により、中枢指導部のテロ実行能力は限定的なものとなっているとみられます。しかし、各地域の関連組織、支持者等を通じて、依然として一定のテロ実行能力を維持している様子がうかがわれます（第4章3及び第8章）。

第三に、前記のとおり、2010年代中盤におけるテロによる死者数の急激な増減の背景に、同時期におけるＩＳＩＳの活動状況が関係していることがうかがわれます。

4　その他の地域

(1)　アジア・大洋州（主に東南アジア）

前記のとおり、２０００年代以降のテロの脅威は、中東・北アフリカ、南アジア、サブサハラ・アフリカ地域に比較的集中しており、これらの地域の中でも特に、イスラム過激派勢力の活動が活発な国に集中しています。では、日本に比較的近い東南アジアにおけるテロ情勢はどうなっているのでしょうか。

現在、世界でイスラム人口が最も多い国はインドネシアです。アジア・大洋州地域、特に東南アジアにおいては、同国を始めマレーシア、フィリピン、タイ等にイスラム教徒が多く存在し、イスラム過激派勢力の活動もみられます。例えば、２００２年10月にはインドネシアのバリ島において、現地のイスラム過激派組織であるジェマ・イスラミア（ＪＩ：Jemaah Islamiya）関係者による繁華街における爆弾テロが発生しました（バリ事件（第１次）、約２００人死亡）。２０１７年には、フィリピン南部のマラウイにおいてＩＳＩＳと関係する現地のイスラム過激派勢力が同市の一部を約５カ月間にわたり占拠する事案が発生しました（マラウイ占拠事案）。

しかし、テロの事案数及び死者数からみると（図表7-2）、アジア・大洋州地域の占有率（全世界の事案総数及び死者総数に対するアジア・太平洋地域における事案数及び死者数の割合）は必ずしも高くありません。

こうした違いはなぜ起こるのでしょうか。アジア・大洋州地域とテロ多発地域（中東・北アフリカ、南アジア、サブサハラ・アフリカ）の状況を比較してみると、後者においては、近年、深刻な内戦、地域紛争等に直面している国も少なくありません（アフガニスタン、イラク、シリア、イエメン、ソマリア等）。そうした不安定な社会状況が現地のテロ組織の活発化に拍車を掛けているとみられます（第5章2(1)）。他方で、アジア・大洋州地域においては、イスラム過激派勢力の活動はあるものの、深刻な内戦勃発等の事態までには至っていません。双方における事案数及び死者数の違いの背景には、そうした社会情勢の違いがあるとみられます（フィリピン南部の状況に関しては本章コラム）。

(2)　西欧及び北米

日本にとって比較的馴染みの深い西欧及び北米におけるテロ情勢はどうなっているのでしょうか。

図表 7-7　西欧及び北米におけるテロによる死者数及び占有率（全世界におけるテロによる死者数に対する割合）の推移（1980-2018 年）

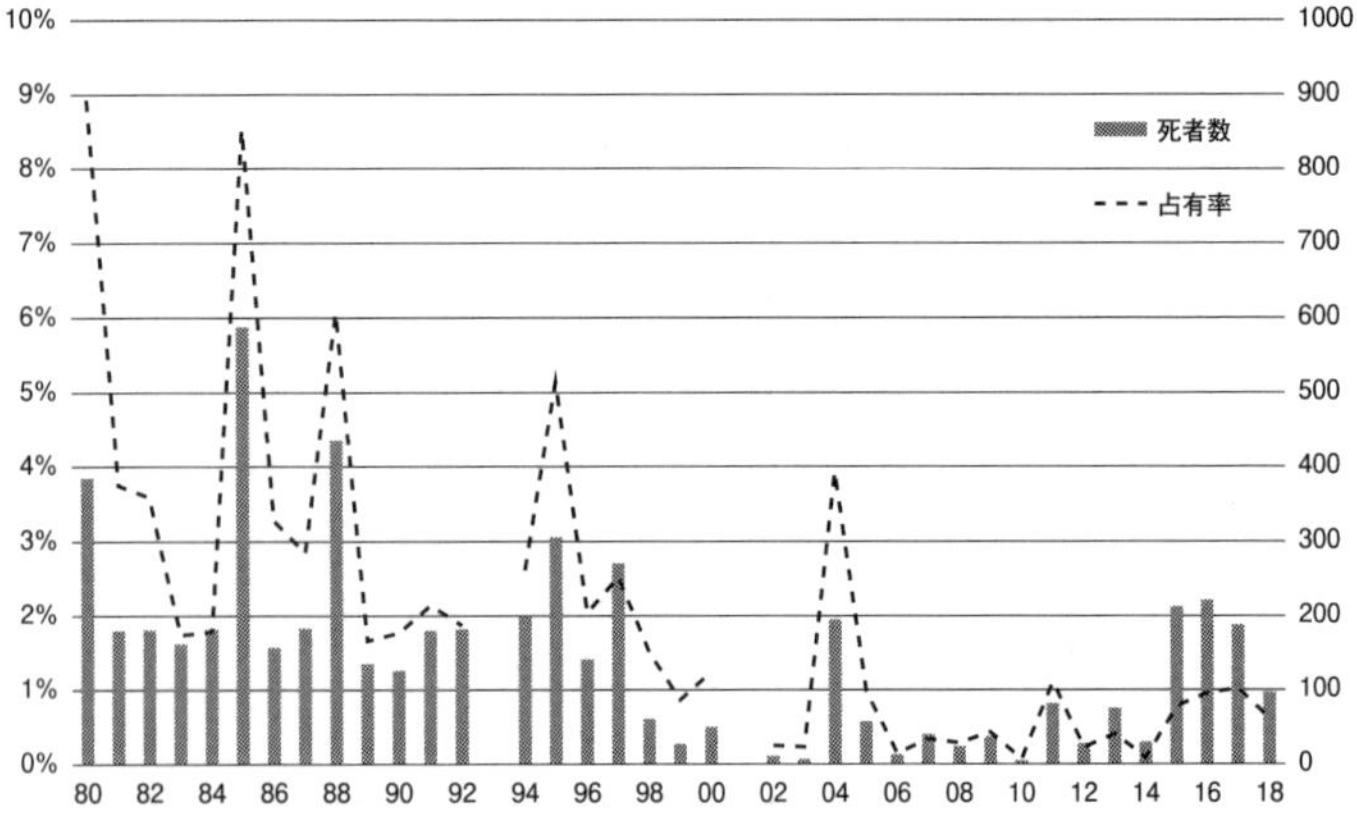

※2001 年は 911 事件のため、死者数は約 3,050 人、占有率は 41.7%（上記グラフには収まらないため記載せず）。

（出典：GTD のデータを基に筆者作成［1993 年はデータ欠損］。）

客観的な状況

図表７-２によると、２００２年から２０１８年の間の全世界におけるテロの事案数及び死者数に関し、欧州及び北米における占有率（全世界の事案総数及び死者総数に対する欧州及び北米地域における事案数及び死者数の割合）はそれぞれ１・８％及び２・５％となっています。これは、中東・北アフリカ、南アジア、アフリカ（サブサハラ）はもとより、アジア・大洋州に比較しても低い水準です。図表７-５のランキングにおいても、Ｇ７諸国におけるテロによる被害のレベルは、必ずしも高くはありません。

図表７-７は、ＧＴＤのデータに基づき、１９８０年から２０１８年の間

における西欧及び北米におけるテロによる死者数及びその占有率の推移を示したものです。また、1981年から2018年までの37年間の西欧及び北米におけるテロによる死者数の1年当たりの平均値は219人になっています。これを約10年毎の期間別にみると、①1981年から1990年：233人、②1991年から2000年：157人、③2001年から2010年：344人、④2011年から2018年：117人、となっています。このように、現在（2010年代）よりも、1980年代から1990年代のほうが死者数は多くなっています（ちなみに、2019年中の我が国における交通事故の死者数は3215人）[2]。

実態と印象のギャップ

欧米諸国においては、2001年9月の911事件の後も、2004年3月のスペインにおけるマドリッド列車爆破事件（死者約190人）、2005年7月のイギリスにおけるロンドン地下鉄等同時爆破テロ事件（死者約10人）、2015年11月のフランスにおけるパリ同時多発攻撃事件（死者約130人）等イスラム過激派勢力による世間の注目を集めるテロが適宜発生しています。こうした動向もあり、西欧及び北米諸国の一般市民レベルでは、引き続きテロ対策は政策上の最重要課題の一つと認識されている場合が少なくありません（米国における世論調査の動向に関しては第1章2(2)）。

しかし、テロの事案数及び死者数に関するデータから見る限り、西欧及び北米におけるテロ情勢は、中東・北アフリカ、南アジア等に比較すると低い水準にとどまっていると言い得ます。（２０１５年から２０１７年の間には死者数が一時的に増加したものの）中長期の時系列的な傾向をみても、必ずしも顕著な増加傾向にあるとは言えません。

こうした「実態と印象のギャップ」の状況の一因として、メディア報道の影響もあるとみられます。すなわち、欧米諸国におけるテロ事案は、中東・北アフリカ、南アジア等におけるテロ事案に比較して各国のメディアにおける取扱いも大きくなりやすく、欧米諸国の人々に対して強い印象を与えやすいとみられます。テロの基本的な目的一つとして（単純に死者数等を増やすことのみならず）「恐怖の拡散」があるとの前提に立てば（第1章2）、現在の欧米における状況はそうしたテロ組織等の目的が一定程度達成されていると言えるかもしれません。

課題

西欧及び北米には更に別の課題もあります。

第1は、イスラム過激派によるローンウルフ（単独犯）型及びホームグローン型の攻撃への対処です（第4章3、第8章5）[3]。近年、西欧及び北米諸国においては、多数の実行犯による組織的なテロ攻撃は減少し、いわゆるホームグローンのテロリストによるローンウルフ（単独犯）型あるいは少人数による攻撃の比率が増加しています。こうした形態の攻撃は、多数の人員を要する組織的な攻撃に比較して治安当局による事前察知が容易ではなく、したがって完全に防御することは極めて困難です（第4章3(4)、第8章5(2)及び第12章2）。こうした形態の攻撃が増加している背景には、①911事件以降の各国における諸対策の強化により、大規模なテロ組織の維持が困難になっていること、②インターネット、SNS等のオンラインネットワーク空間の発達・普及により、各個人が組織を介さずに過激主義思想や攻撃手法に触れる機会が増えたこと、などがあるとみられます（第4章3）。

第2は、極右系のテロの増加傾向です。[4] GTI2019は、GTDのデータに基づき、最近の西欧及び北米における極右テロの状況を次のとおり指摘しています（米国における状況に関しては第8章）。[5]

① 西欧及び北米における極右関連のテロの事案数及び死者数は、イスラム過激派関連等のテロに比較すると依然として低いレベルにとどまっている。ただし、時系列的な推移をみると、最近5年間で大きく増加している。[6]

② その要因を特定することは容易ではない。ただし、近年欧米各国において各種の社会的分断が進行していることが関係している可能性がある。仮にそうだとすれば、今後もそうした社会情勢が継続する限り、極右テロの増加も傾向する可能性がある。

□本章のエッセンス

・２００1年の９１１事件以降、世界におけるテロの事案数及び死者数者数は必ずしも減少はしていません。むしろ逆に、２０１０年代は、テロの事案数及び死者数が過去約50年間の中でも最も多い時期であったと言えます。

・地域的には、中東・北アフリカ、南アジア、サブサバラ・アフリカの3地域に集中しています（死者数の90％以上、事案数の80％以上）。国別では特に、イラク、アフガニスタン、ナイジェリア、パキスタン、シリア、ソマリアに集中しています。

・死者数を多く生じさせているテロ組織としては、ＩＳＩＳ、タリバン、アルカイダ、ボコハラムが挙げられます（4組織の死者数の占有率の合計は40％以上）。いずれもイスラム過激派のテロ組織で、前記の6カ国のいずれかにおいて活発に活動しています。

・東南アジア、西欧及び北米におけるテロの事案数及び死者数は、前記の地域に比較すると低い水準にとどまっています。しかし、西欧及び北米諸国の一般市民レベルでは引き続きテロ対策は政策上の最重要課題の一つと認識されている場合が少なくありません（「実態と印象のギャップ」）。

・西欧及び北米諸国の今後の主な課題としては、イスラム過激派によるローンウルフ（単独犯）型及びホームグローン型のテロのへの対応、極右関連のテロの増加への対応があります。

【引用、参照した統計、資料等】

以下の各種の統計、資料は、テロ情勢をデータに基づき客観的に分析する上では有用と考えられます。

- Global Terrorism Database (GTD)

発行元：The University of Maryland（https://www.start.umd.edu/data-tools/global-terrorism-database-gtd）

１９７０年以降の世界のテロ事案に関するデータベース。一般に公開されているテロ関連のデータベースとしては最も包括的。

- Global Terrorism Index (GTI) Report

発行元：The Institute for Economics and Peace（http://economicsandpeace.org/）

主にＧＴＤのデータ等に基づき作成、公表されている年次報告書。「テロによって最も深刻な影響を受けている国」のランキングを掲載。２０１１年から発行。

- Country Reports on Terrorism

発行元：Bureau of Counterterrorism, U.S. Department of State（https://www.state.gov/bureaus-offices/under-secretary-for-civilian-security-democracy-and-human-rights/bureau-of-counterterrorism/）

米国国務省が発行する年次の情勢報告書。地域別のテロ情勢、主要テロ組織（同省が指定する「外国テロ組織」（FTO: Foreign Terrorist Organization））の概要等を掲載。

- Worldwide Threat Assessment of the U.S. Intelligence Community

発行元：Office of the Director of National Intelligence（https://www.odni.gov/index.php）

米国の国家情報長官（ＤＮＩ）が連邦議会に提出する年次の情勢報告書。テロ情勢に特化したものではないが、米国に対するテロ脅威評価の項目を含む。

- EU Terrorism Situation and Trend Report (TE-SAT)

発行元：EUROPOL（https://www.europol.europa.eu/）

欧州警察機構（ＥＵＲＯＰＯＬ）が発行する年次の情勢報告書。２００７年から発行。

- 『国際テロリズム要覧（Ｗｅｂ版）』

発行元：公安調査庁（http://www.moj.go.jp/psia/ITH/index.html）

最近のテロ情勢の概観、主要テロ組織の概観等を掲載。

- **『警察白書』、『治安の回顧と展望』**

発行元：国家公安委員会・警察庁（https://www.npa.go.jp/）

前者は昭和48年版、後者は平成25年版から同庁のホームページに掲載。テロ情勢に特化したものではない。『警察白書』の平成28年版は国際テロ対策を特集している。

- その他：**国連安全保障理事会テロ対策委員会（United Nations Security Council Counter-Terrorism Committee）**の各種報告書。

同委員会の公式サイト（https://www.un.org/sc/ctc/）では、ISIS、アルカイダ等に関する情勢分析報告書を定期的に発行、公開している。

COLUMN

フィリピン南部におけるイスラム過激派勢力の動向

本章の本文（４⑴）にも記したとおり、東南アジアは、イスラム教徒人口は比較的多いものの、中東・北アフリカや南アジアに比較してイスラム過激派関連のテロの脅威は低いとみられています。その背景として、東南アジアの諸国においては、中東、南アジア等の諸国（イラク、シリア、イエメン、アフガニスタン等）と異なり、過激派の活動を助長するような深刻な内戦、地域紛争等の状況が比較的少ないことがあると考えられます*。

こうした中、東南アジアにおいて、中東、南アジア等に比較的近い状況がみられるのはフィリピンの南部の地域、特に、ミンダナオ島、スールー諸島等の地域です。ＧＴＤ（Global Terrorism Database）のデータによると、２０１４年から２０１８年の間に東南アジア地域で発生したＩＳＩＳ関連のテロの90％以上はフィリピンで発生しています。これらの事案のほとんどは、ＩＳＩＳに対する忠誠を表明している現地のイスラム過激派勢力（アブサヤフ、マウテ・グループ等）等によって実行されている「フランチャイズ型」の犯行とみられます（第４章３⑶）。また、ＧＴＩ（Global Terrorism Index）が毎年発表している、テロによって最も深刻な影響を受けている国のランキング（２０１３年から２０１８年）においても、フィリピンはほぼ毎年、タイ、インドネシア、マレーシアよりも上位にランクされています。

この背景として、フィリピン南部のミンダナオ島、スールー諸島等の地域においては、①伝統的にフィリピン国内の他の地域に比べてイスラム教徒人口の比率が高いこと、②地理的にも政府の統治が十分には及び難いこと、③隣国のマレーシア、インドネシアとの国境管理が困難でテロリストや犯罪者の密出入国が比較的容易であること、などがあるとみられます。こうしたことから、フィリピン南部の地域は、東南アジア地域におけるイスラム過激派勢力の「安息地」の役割を果たしているともみられま

	フィリピン	タイ	インドネシア	マレーシア
2018年	9位	18位	35位	74位
2017年	10位	17位	42位	70位
2016年	12位	16位	42位	60位
2015年	12位	15位	38位	61位
2014年	11位	10位	33位	49位
2013年	9位	10位	31位	48位

（出典：GTI 2014-2019 のデータを基に筆者作成。）

す[**]。

なお、タイの深南部も、①伝統的に国内の他の地域に比べてイスラム教徒人口の比率が高いこと、②地理的にも政府の統治が十分には及び難いこと、などの点において、フィリピン南部と共通点がみられます。ただし、当該地域のイスラム過激派勢力は、比較的閉鎖性が強く国外のイスラム過激派勢力との連携がほとんどみられないこと等から、フィリピン南部のイスラム過激派勢力とはやや状況が異なるとみられます[***]。

* The Institute for Policy Analysis of Conflict (IPAC), “The Ongoing Problem of Pro-ISIS Cells in Indonesia,” April 29, 2019, pp. 1-4.

** The Institute for Policy Analysis of Conflict (IPAC), “Pro-ISIS Groups in Mindanao and their Links to Indonesia and Malaysia,” October 25, 2016, pp. 1-2 & p. 24; The Institute for Policy Analysis of Conflict (IPAC), “Protecting the Sulu-Sulawesi Seas from Abu Sayyaf Attacks,” January 9, 2019; The Institute for Policy Analysis of Conflict (IPAC), “Stopping Abu Sayyaf Kidnappings: An Indonesian-Malaysian Case Study,” March 27, 2020.

*** The International Crisis Group (ICG), “Jihadism in Southern Thailand: A Phantom Menace,” November 8, 2017, p. 25.

COLUMN テロと統計データ

本章では、GTDを始め各種の統計データに基づいて、最近のテロの状況を概観しました。ただし、テロに関する統計データは、その信頼性、精度に関する問題もあります。各種の統計データ等を利用するに当たっては、次のような問題点等を念頭に置きつつ、これらを活用する必要があります。

テロの定義に関わる問題――

米国を始め多くの国の政府は、テロに特化した統計を公表していません。一因として、テロの定義をめぐる困難性があるとみられます（第1章3）。こうしたことから、GTDを始めテロに関する統計データの大半は、民間の研究機関等によって作成、運用されています。その作成過程においては、「どのような基準に基づき、どの事例をテロに含めるか」という点に関して、それぞれの作成者による判断がなされています。

統計データを利用するに当たっては、こうした判断が適切、妥当であるかが議論の俎上に上ることもあります。また、それぞれの統計データの依拠する判断基準は必ずしも同一ではありません。したがって、異なった統計データの単純な比較は必ずしも適切ではありません。

素材データの信頼性――

テロ事案の多くは中東、アフリカ、南アジア等の途上国で発生しています。発生国が深刻な紛争、内戦等の渦中にある場合も少なくありません。こうしたことから、素材データに関する現地の政府機関等の広報資料、各種報道等の正確性、信憑性が必ずしも高くないとみられる場合もあります。

例えば、GTDによると、1970年代から1980年代においては、西欧・北米地域におけるテロの事案数及び死者数の占有率（全世界の事案総数及び死者総数に対する西欧・北米地域における件数の割合）は、それ以降の時期に比較して高くなっています。背景として、確かに当時は西欧・北米地域において新左翼、民族独立主義等に関連するテロが実際に多発していたことがあるとみられます。加えて同時に、当時の社会情勢にかんがみると、西欧・北米等の先進国以外の地域（特に、中東、アフリカ等の紛争地等）においては、テロ事案に関する現地政府の広報やメディア報道等が現在に比較して十分ではなかった可能性もあります。

また、GTDによると、911事件以降、アフガンスタンやイラクにおけるテロの事案数及び死者数は急激に増加しています。背景として、第一に、両国に対する米軍の進攻等により、実際に現地におけるテロが増加したことがあるとみられます。第二に、加えて、両国において米軍が軍事作戦を展開することにより、米国を始めとする西側諸国のメディアによる現地への関心のレベルが（他の地域に比較して）高まった可能性もあります。

□第8章□

アルカイダとＩＳＩＳ

第2章及び第7章では、①1980年代以降現在までの世界のテロ情勢は「宗教の波」の中にあること、②宗教の中では特にイスラム過激派関連のテロが中心であること、③組織としてはアルカイダ及びイラク・シリアのイスラム国（ISIS）関連のテロが中心であること、を指摘しました。本章では、イスラム過激派のテロ組織であるアルカイダとISISの歴史や特徴を概観します。

後述するように、現在アルカイダとISISは相互に対立しています。しかし、かつては、ISISはアルカイダの関連組織でした。したがって、両者には相容れない部分もある一方で、類似している点も少なくありません。では、両者の「似ている点」、「異なる点」とは具体的にはどのような事柄なのでしょうか。その背景にはどのような事情があるのでしょうか。さらに、こうした状況はテロに関する様々な学術理論とどのような関連があるのでしょうか。本章ではこうした点を検討します。

1　思　想

テロが発生する背景には、暴力行為を正当化するような何らかの思想が関係している場合が少なくありません（第5章2(2)）。アルカイダ、ISISは共に、スンニ派系のイスラム過激派のテロ組織です。スンニ派系のイスラム過激派の思想は、いわゆるジハード主義（Jihadism）と考えられます。前記のとおり（第2章6(1)）、ジハード主義に関し、例えば日本の研究者である保坂修司は、「武装闘争としてのジハードを行うことをイスラームのもっとも重要な義務の一つと考え、異教徒や不信仰者に対して軍事的な攻撃を実行していこうとする考え方」と定義しています。[1] 歴史的にみると、こうした現代のジハード主義の背景には、ワッハービズム（Wahhabism）というイスラム教の中でも保守的、純粋・原理主義的な思想があるとみられます。[2]

ジハード主義の主な特徴としては、以下の点があります。

- ジハードを、（他の宗教等からの攻撃や侵略に対する）イスラムの「防衛」であると捉えていること。（例えば、ＩＳＩＳの公式声明等の中では、攻撃対象である欧米諸国等が「十字軍（Crusades）[3]」と呼ばれている例がしばしばみられます。）
- ジハードへの参加を全てのイスラム教徒の義務と捉えていること。
- イスラム以外の他の宗教や思想、イスラムの中の他宗派に対して不寛容であること。（イスラムの中の他宗派は「背教者」等とされ、やはり攻撃対象になります。例えば、ＩＳＩＳは、イラク等において、シーア派系イスラム教徒の住民の多い市街地等においてしばしばテロを行っています。[4]）
- ジハードの実行のための暴力の使用を正当化すること。

こうしたジハード主義に基づくスンニ派系イスラム過激派に概ね共通する主な戦略目的としては次が挙げられます。[5]

・中東諸国における既存の政権を「腐敗し不完全な『背教者』の政権」とし、これらを打倒した上で、イスラム法（シャリーア）に基づく新たな政権を樹立すること。（例えば、湾岸戦争を契機に米軍の国内駐留を許可したサウジアラビアの政権は、攻撃の対象となります。[6]）

・中東地域の「腐敗した政権」を支援している欧米諸国、特に米国を攻撃すること。

ただし、以上はあくまでも大まかな整理です。こうした主義主張、戦略目標等の具体的な細部に関しては、イスラム過激派勢力の中でも組織等によって様々な相違があります。後述のとおり（本章4）、アルカイダとＩＳＩＳの間にも考え方の相違があります。

もとより、こうしたジハード主義は、イスラム教の中で決して主流の考え方ではありません。すなわち、イスラム教徒の大半は必ずしもこうした暴力的な過激主義思想に共感している訳ではないことに留意する必要があります。

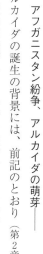

2 アルカイダ

(1) 略　史

アフガニスタン紛争、アルカイダの萌芽――

アルカイダの誕生の背景には、前記のとおり（第2章4(1)）、1979年のソ連のアフガニスタン侵攻の開始があります。当該紛争をきっかけとして、ソ連に対抗するイスラム勢力を支援するべく、中東地域を始めとする各地からスンニ派系のイスラム過激派関係者が義勇兵としてアフガニスタンに集結しました。こうしたイスラム武装勢力の義勇兵は「ムジャヒディーン」と呼ばれることもあります。[7]

オサマ・ビン・ラディン
（1997年から1998年頃撮影）

後にアルカイダの創始者となる**オサマ・ビン・ラディン**（Osama bin Laden、サウジアラビア出身、1957年3月生）もアフガニスタン紛争に参加していました。ビン・ラディンはサウジアラビアの富豪の一族の出身です。ビン・ラディンは、アフガニスタン紛争においてソ連に対抗するイスラム過激派勢力に対する財政、人材獲得、移動、訓練等の支援に携わり、そうした中で、１９８８年にアルカイダを創設しました[8]。

アフガニスタン紛争は１９８９年２月のソ連の撤退により終結し、その後、ビン・ラディンも母国のサウジアラビアに帰国しました。また、同紛争を通じて実践経験を積んだイスラム過激派の関係者が中東、北アフリカ、南アジア、東南アジア地域等に拡散しました。こうした動向は、その後、各地にアルカイダやＩＳＩＳの関係組織、その他のスンニ派系のイスラム過激派勢力が誕生する背景にもなったとみられます[9]。

湾岸戦争、反米姿勢の醸成――

１９９０年８月、イラクがクウェートに侵攻し、これを発端として湾岸戦争が勃発しました。この際、サウジアラビアは国内への米軍の駐留を受け容れました。ビン・ラディンは、こうしたサウジの政権（サウド王家）の姿勢を「背教者」として厳しく非難するとともに、反米姿勢を強めました。１９９１年、サウジアラビアはビン・ラディンを国外追放処分とし、同人はスーダンに拠点を移します。１９９６年５月、ビン・ラディンはスーダンからも国外追放となり、アフガニスタンに移りました。

以後、アルカイダはアフガニスタンのイスラム過激派勢力であるタリバンの庇護の下、主に同国を拠点に活動を続けました。

反米姿勢：「対米『ジハード』宣言」の発表とテロの実行――

こうした中、反米姿勢を強めるビン・ラディンは、1996年8月23日、「二つの聖地を占領する米国に対するジハード宣言（Declaration of War Against the American Occupying the Land of the Two Holy Places）」と題する声明を発表しました（いわゆる「対米ジハード宣言」）。同声明は、サウジアラビアにおける米軍の駐留の継続を厳しく批判し、米国をイスラムに対する侵略者と規定しました。その上で、「米国に反抗し、米軍を中東地域から追放することはすべてのイスラム教徒の義務である」旨を主張しました。さらに、1998年2月、ビン・ラディンは他のイスラム過激派指導者等と連名で「ユダヤ教徒と『十字軍』に対するジハードのための世界イスラム戦線（The World Islamic Front for Jihad against Jews and Crusaders）」の結成を発表しました。発表された声明は、「米国及びその同盟国の国民を（軍人、非軍人にかかわらず）全て殺戮することは全てのイスラム教徒の義務である」旨を主張しました。こうしたアルカイダの反米姿勢は、現在に至るまで基本的には維持されているとみられます[10]。

一方、この間、アルカイダは、米国権益を標的とするテロを各地で実行しました。主な事例としては、次のものがあります。

・世界貿易センタービル爆破事件（1993年2月26日、米国、6人死亡）

・モガディシュにおける戦闘（1993年10月3日〜4日、イエメン、いわゆる「ブラックホーク・ダウン」事案。翌年3月の米軍のイエメンからの撤退の端緒となったとみられる。）
・在ケニア・在タンザニア両米国大使館同時爆破事件（1998年8月7日、ケニア、タンザニア、約220人以上死亡。同月、米軍は報復としてアフガニスタンとスーダンに対するミサイル爆撃を実施。）
・米駆逐艦コール爆破事件（2000年10月12日、イエメン、17人死亡）

(2) 911事件、アルカイダの変容

こうした状況の下、2001年9月11日、アルカイダは米国のニューヨーク、ワシントンDC等において911事件を実行し、約3000人が死亡しました。これを受けて、同年10月7日、米国は、アルカイダの拠点であるアフガニスタンへの進攻を開始し、同年11月にはタリバン政権が崩壊しました。その後、米国等による**「テロとの闘い**（War on Terror）**」**[二]が引き続き進められる中で、アルカイダは多くの幹部・人員を失い、勢力も縮小しました。アルカイダ中枢は、タリバン政権崩壊後は主にパキスタン北西部のアフガニスタンとの国境地域（主にカイバル・パクトゥンクワ州。同地域は地理的、部族的背景等から、中央政府の統治が及び難いとされます）等に潜伏していたとみられます。2011年5月2日にはパキスタンにおける米軍の作戦により、**ビン・ラディンが死亡**しました。同人の死後、長くナンバー2の地位にあったエジプト出

身のザワヒリ（Ayman al Zawahiri、1951年6月生）[12]が最高指導者の立場を引き継いでいます。現在、ザワヒリを始めとするアルカイダ中枢は、パキスタンとアフガニスタン国境地域等に潜伏しているとみられます。[13]

このような流れの下、アルカイダの実態は従前に比較して大きく変容をしているとみられます。

ネットワーク化――

911事件等を実行した当時のアルカイダは、中央集権的な組織であったとみられます。欧米諸国から見た場合、アルカイダによる脅威は、アルカイダの中枢ないし最高指導部が直接関与する攻撃でした。911事件はまさにそうした形態の攻撃でした。

しかし、911事件後の米国等による「テロとの闘い」等により、アルカイダは多くの幹部・人員等を失いました。この結果、概ね2000年代中盤から後半にかけて、アルカイダは、従来の中央集権的な組織から、緩やかな**非中央集権的なネットワーク**に変容していったとみられます。すなわち、テロ活動等に関しては、アルカイダ中枢が直接実行するのではなく、アルカイダ中枢と関係を持つ別の組織がアルカイダの名の下で実行するという形態です。フランチャイズ化と言えるかもしれません（第4章3(3)）。

各地におけるアルカイダ関連組織――

このようなネットワーク化あるいはフランチャイズ化が発生した背景には、アルカイダ中枢が活動するパキスタン・アフガニスタン以外の地域において、アルカイダに忠誠を誓いアルカイダの名の下で活動するイスラム武装勢力が現れたことがあります。現在のアルカイダの関連組織としては次のものがあります（図表８‐１）[14]。

・［シリア］　ヌスラ戦線（al-Nusrah Front）、２０１１年結成。[15]

※２０１７年初頭、ヌスラ戦線は、シリアにおける他の組織を吸収し、タハリール・アル・シャーム機構（ＨＴＳ：Hayat Tahrir al-Sham）を結成。しかし、ＨＴＳは実質的にヌスラ戦線と同様とみられる。

・［イエメン］　アラビア半島のアルカイダ（ＡＱＡＰ：al-Qaida in Arabian Peninsula）、２００９年結成。[16]

・［サハラ地域（マリ、アルジェリア等）］　イスラム・マグレブ諸国のアルカイダ（ＡＱＩＭ：al-Qaida in the Islamic Maghreb）、２００６年結成。[17]

・［ソマリア］　アルシャバブ（al-Shabaab）、２００６年結成。[18]

・［アフガニスタン、パキスタン］　インド亜大陸のアルカイダ（ＡＱＩＳ：al-Qaida in the Indian Subcontinent）、２０１４年結成。[19]

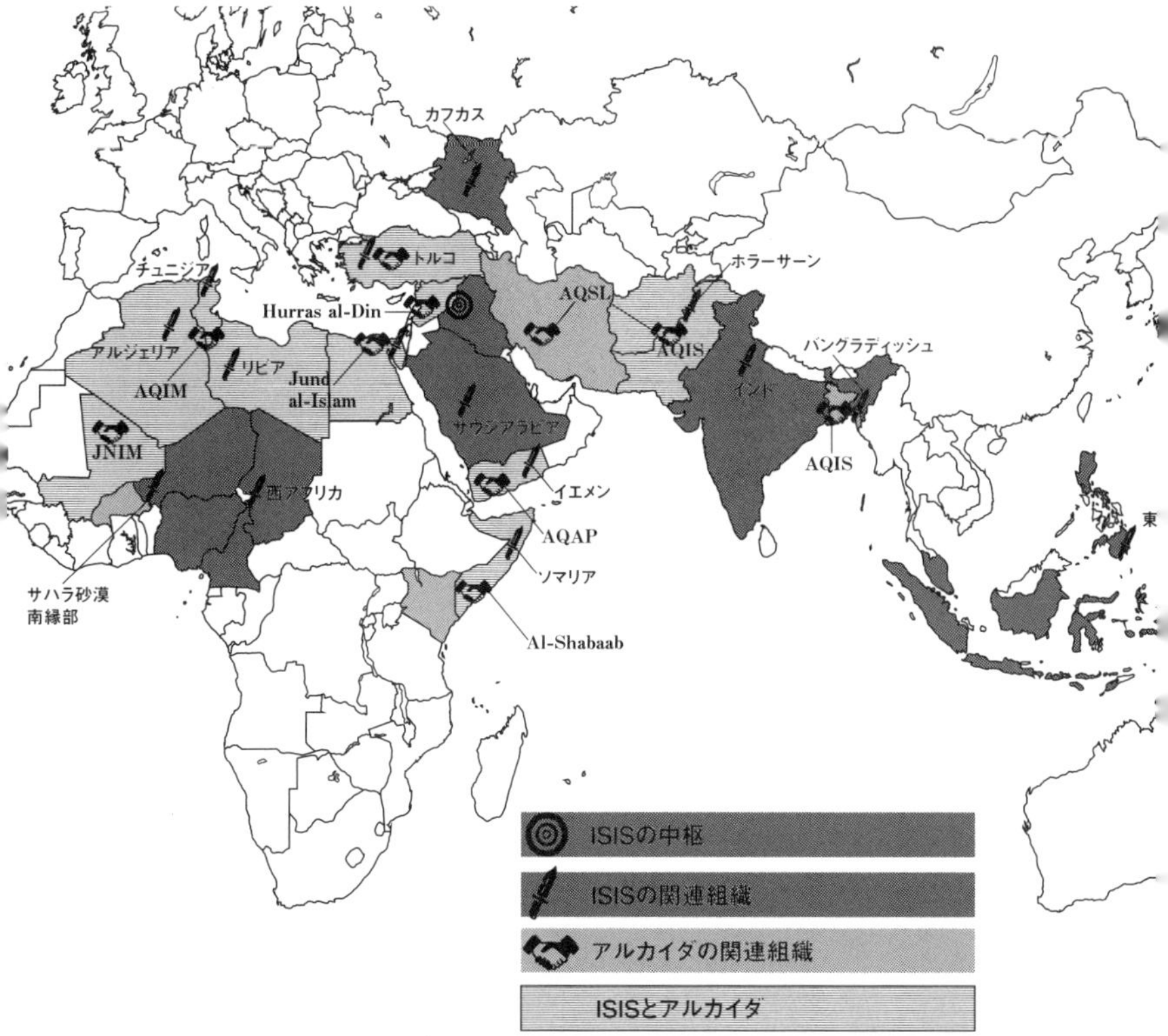

図表 8-1　アルカイダと ISIS の関連組織

（出典：The Director of National Intelligence (DNI), "Worldwide Threat Assessment of the US Intelligence Community (Statement for the Record)," January 29, 2019, p. 11 を基に筆者作成。）

これらの各国におけるアルカイダの関連組織は、いずれも元来はそれぞれの地元における既存のイスラム過激派系の武装勢力であり、様々な事情によりアルカイダ中枢に忠誠を誓うようになったとみられます。一般的には、アルカイダのブランド力にメリットがある、すなわち、人材獲得、資金獲得、その他広報宣伝等に役立つとの認識の下で、アルカイダ中枢との関係を維持しているとみられます。一方、これらの各組織は、日常的な組織管理、攻撃の計画実行等に関しては、相当程度の自律性を維持しており、アルカイダ中枢から詳細な指示等を受けることはほとんどないとみられます（例外として、シリアの旧ヌスラ戦線（現ＨＴＳ）にはアルカイダ中枢から幹部が送り込まれている可能性もあります）。

アルカイダ中枢としても、世間の注目を集められる（ハイプロファイルな）テロを自力で実行する能力を失っても、こうした関係組織がアルカイダのブランドの下でテロを実行している限りその成果に便乗し得るというメリットがあるとみられます（第４章３(3)）。

(3)　アルカイダの現在の脅威

現在、アルカイダ中枢は、欧米諸国において９１１事件のような攻撃を自力で直接実行し得る能力はもはや有していないとみられます。実際、９１１事件以降、欧米諸国においては、アルカイダ中枢が直接関与したとみられる組織的かつ多人数を殺傷するようなテロはほとんど発生していません。

しかし同時に、アルカイダ中枢は、最高指導者のザワヒリのメッセージの発出、機関誌の発行等を通じ、米国を始め欧米権益等への攻撃を呼び掛ける広報活動を継続しています。欧米諸国等におけるアルカイダ支持者等による少人数による攻撃の実行も奨励しています。[20]

したがって、欧米諸国から見た場合、アルカイダによる現在の脅威は、アルカイダの中枢ないし最高指導部が直接関与する攻撃というよりはむしろ、①各国のアルカイダ関連組織による各地の欧米権益に対する攻撃、②欧米諸国等におけるアルカイダ支持者等によるホームグローン型の少人数攻撃、等に移行しているとみられます（第４章３(4)及び第７章４(2)）。

ただし、各地におけるアルカイダの関係組織は、当面の方針としては、各国の現地の事情に則した活動（例えば、現地の政府や現地に駐留する国連軍等に対する攻撃）を優先しているとみられ、米国を始めとする欧米諸国に対する直接攻撃等に実際に従事することは多くはないのが現状です。[21]

こうしたことから、９１１事件以降、アルカイダの関連組織やアルカイダの支持者が関与した欧米諸国に対する攻撃の数は必ずしも多くありません。主な例としては次のものがあります。

・デルタ航空機爆破テロ未遂事案（２００９年12月25日）

ＡＱＡＰ関係者１人（ナイジェリア籍、男性、23歳）が、爆発物を隠し持ってオランダ・アムステルダム発米国・デトロイト行きのデルタ航空機に搭乗。しかし、テロ行為は失敗し、未然に終わった。翌年1月にＡＱＡＰが声明の中で関与を認めた。

・ボストンマラソン爆破事件（２０１３年４月15日）

チェチェン系米国籍の兄弟２人（26歳、19歳）が米国のボストンマラソンにおいて爆発物を爆発（４人死亡）。両名はテロ組織との直接の関係は認められなかったものの、爆発物の作成に当たりＡＱＡＰのオンライン広報誌「Inspire」の記事に影響を受けたとみられる。[22]

・シャルリー・エブド社襲撃事件（２０１５年１月７日）

武装したＡＱＡＰ関係者２人（アルジェリア系フランス籍、32歳、34歳）がフランス・パリの新聞社「シャルリー・エブド」を襲撃、逃走（17人死亡）。同月９日、ＡＱＡＰが声明の中で関与を認めた。

3　ISIS

(1)　略　史

創設からＡＱＩ、ＩＳＩの時代

ＩＳＩＳは、１９９０年代にヨルダン出身のザルカウィ（Abu Musab al Zarqawi、１９６６年10月生）が創設したイスラム過激派組織・アル・タウヒード・ワル・ジハード（al-Tawhid wal

Jihad）が起源とされます。[23][24]

２００３年３月にイラク戦争が開始されたことから、ザルカウィとアル・タウヒード・ワル・ジハードは主にイラクにおいて米軍等を標的とする活動を展開しました。こうした中、２００４年10月にはザルカウィがアルカイダの最高指導者であるビン・ラディンへの忠誠を表明し、アル・タウヒード・ワル・ジハードは**イラクのアルカイダ聖戦機構**（**Tanzim Qa'idat al-Jihad fi Bilad al-Rafidayn**）と改称されました。同組織は一般に、**イラクのアルカイダ**（ＡＱＩ：al-Qaida in Iraq）とも呼ばれます。[25]このように、後に**ＩＳＩＳ**となる**ＡＱＩ**は、当時は、イラクにおけるアルカイダの関係組織として活動を行っていました。

ＩＳＩＳの指導者バグダディとされる男（撮影場所・日時不明）（EPA＝時事）

　ザルカウィは２００６年６月に米軍等による軍事攻撃により死亡しました。しかし、後継の指導者の下、**ＡＱＩ**は同年10月に**イラクのイスラム国**（ＩＳＩ：The Islamic State in Iraq）と改称し、イラクにおける活動を継続しました。[26] ２０１０年５月には、イラク出身のバグダディ（Abu Bakr al-Baghdadi、１９７１年７月生）[27]がＩＳＩの最高指導者に就任しました。後述のとおり、後にバグダディはＩＳＩＳの創設者となります。

シリア内戦とアルカイダとの絶縁、「カリフ国」の創設と崩壊

２０１１年３月、イラクの隣国であるシリアにおいて内戦が勃発しました。ＩＳＩはイラクに加えてシリアにも活動範囲を広げ、両国内における政治的混乱を背景として次第に両国内での支配領域を拡大しました。２０１３年４月には、名称をイラクのイスラム国（ＩＳＩ）からイラク・シリアのイスラム国（ＩＳＩＳ）に改称します。しかし、こうした動向はアルカイダ中枢の意に反するものでした。アルカイダ中枢はＩＳＩＳにシリアからの撤収を指示しましたがＩＳＩＳはこれを拒否するなど、アルカイダ中枢とＩＳＩＳの関係は悪化の一途をたどりました。２０１４年２月３日、**アルカイダはＩＳＩＳとの絶縁を公式に発表**しました。[28] これ以降、ＩＳＩＳとアルカイダは様々な局面において対立を深めます。

ＩＳＩＳはアルカイダとの断絶以降もイラク及びシリア内での勢力拡大を更に進めました。２０１４年６月29日、バグダディは、シリアのラッカにおいて疑似国家である「カリフ国」の**創設**を宣言しました。ＩＳＩＳの支配領域は、最盛期にはイラク及びシリアにまたがる約９万平方キロメートル（日本の約４分の１）に達したとの推計もあります。[29] 中心都市はシリアのラッッ

カ及びイラクのモスルで、ラッカは「カリフ国」の「首都」としての機能を果たしていたとみられます。また、ＩＳＩＳの広報宣伝に応じて、世界各国からシリア・イラクに渡航してＩＳＩＳに参加した「外国人戦闘員（ＦＴＦ：Foreign Terrorist Fighter）」は４万人以上に及んだとみられます。[30]

２０１４年８月、米国を始めとするいわゆる「有志連合」は、イラク及びシリアのＩＳＩＳに対し、「固有の決意作戦（Operation Inherent Resolve）」と称する軍事作戦を開始しました。これをきっかけにＩＳＩＳの勢いは鈍り始め、両国内での支配領域も次第に縮小を始めました。特に２０１５年９月末のロシアによる空爆の開始以降、ＩＳＩＳの劣勢は更に加速したとみられます。

こうした中、イラクにおいては、２０１６年３月にイラク軍等によるモスル奪還作戦が開始され、２０１７年７月９日、イラクのアバディ首相はモスルの解放を宣言しました。同年末には同国内のＩＳＩＳの支配領域は概ね失われました。シリアにおいても、２０１７年６月に米国等の支援を受ける民兵組織「シリア民主軍（ＳＤＦ）」によるラッカの市街地に対する本格的な攻撃が開始され、同年10月17日、ＳＤＦはラッカの解放を宣言しました。２０１９年初頭までには、同国内においてもＩＳＩＳの支配領域は概ね失われ、疑似国家としての体裁も実質的に失われたとみられます。[31]その後、２０１９年10月26日、最高指導者のバグダディも、シリア北西部イドリブ県に潜伏中のところを米軍の急襲を受けて死亡しました。同人の死後、最高指導者にはアブイブラヒム・ハシミ・クラシ（Abu Ibrahim al-Hashimi al-Qurashi）が就任する旨が発表されました。同人の経歴の詳細等は明らかにされていませんが、２０２０年3月17日、米国国務省は、同人の本名はアミル・モハメド・アブドル・ラーマン・マウリ・サルビ（Amir Mohammed Abdul Rahman al-Mawli al-Salbi）である旨を発表しました。[32] 現在、ＩＳＩＳ中枢は、シリア及びイラク国内において、支配領域を持たない武装勢力の一つとして潜伏活動を継続しているとみられます。[33]

(2) ＩＳＩＳの変容

ネットワーク化――

前記のとおり、ＩＳＩＳは、以前はイラク・シリア内に広範な支配領域を擁する「疑似国家」を形成していました。しかし、米国、ロシア等による軍事作戦の結果、２０１９年初頭までには両国内における支配領域を失い、疑似国家である「カリフ国」の実態も消滅したとみられます。この結果、現在のＩＳＩＳの実態はアルカイダと同様、緩やかで**非中央集権的なネットワーク**に変容したとみられます。

各地におけるＩＳＩＳ関連組織――

アルカイダと同様、ＩＳＩＳのネットワーク化あるいはフランチャイズ化の背景には、

ＩＳＩＳ中枢が活動するイラク及びシリア以外の地域において、ＩＳＩＳに忠誠を誓い活動を続けているイスラム武装勢力の存在があります。現在の主なＩＳＩＳの関連組織としては次があります。[34] これらの組織は、ＩＳＩＳの公式声明等では一般に「州（Province）」と呼ばれます（図表8－1）。

- ［ロシア］　カフカス州（Caucasus Province）
- ［トルコ］　トルコ州（Turkey Province）
- ［イエメン］　イエメン州（Yemen Province）
- ［エジプト］　シナイ州（Sinai Province）
- ［リビア］　リビア州（Libya Province）
- ［ナイジェリア、チャド、ニジェール、カメルーン、マリ、ブルキナファソ等］　西アフリカ州（West Africa Province）
- ［ソマリア］　ソマリア州（Somalia Province）
- ［アフガニスタン］　ホラサン州（Khorasan Province）
- ［パキスタン］　パキスタン州（Pakistan Province）
- ［インド］　インド州（India Province）
- ［フィリピン］　東アジア州（East Asia Province）

これらイラク及びシリア外の各国におけるＩＳＩＳの関連組織（州）は、アルカイダの関連組織と同様に、いずれも元来はそれぞれの地元における既存のイスラム過激派系の武装勢力であり、様々な打算等によりＩＳＩＳ中枢に忠誠を誓うようになったとみられます。例えば、ＩＳＩＳ西アフリカ州はナイジェリア等で活動するボコハラムの一部を母体とするものです。また、ＩＳＩＳ東アジア州は、フィリピンで活動するアブサヤフ・グループの一部等を母体とするものです。現地の既存のアルカイダ系の武装勢力が、内紛の結果としてアルカイダ系とＩＳＩＳ系に分裂した場合も少なくないとみられます。

アルカイダの関連組織とＩＳＩＳの「州」が競合している地域においては、アルカイダの関連組織の方が優勢である場合が少なくありません。例えば、アフリカのサヘル地域、ソマリア、イエメンにおいてはそうした傾向がみられます。[35] これらの地域ではそれぞれ、アルカイダの関連組織として、ＡＱＩＭ、アルシャバブ、ＡＱＡＰが活動しています。

(3)　ＩＳＩＳの現在の脅威

現在、ＩＳＩＳ中枢は、イラク及びシリアにおける支配領域の消失の結果、欧米諸国における攻撃を自力で直接実行し得る能力はもはや有していないとみられます。[36] 実際、２０１６年３月のベルギーのブリュッセルにおける連続テロ事件の後、欧米諸国においては、ＩＳＩＳ中枢が直接関与したとみられる攻撃は発生していません。

しかし同時に、ＩＳＩＳ中枢は、インターネットやＳＮＳを利用した幹部のメッセージの発出、機関誌の発行等を通じ、米国を始め欧米権益等への攻撃を呼び掛ける広報活動を継続しています。欧米諸国等におけるＩＳＩＳ支持者等による少人数による攻撃の実行も奨励していますす（第４章）[37]。例えば、ＩＳＩＳのアドナニ広報官による２０１６年５月21日付のビデオ声明は、欧米諸国のＩＳＩＳ支持者に対して「シリア・イラクに来られない場合は、自国において、入手しやすい簡単な道具を用いて、攻撃しやすい標的に対する攻撃を自分で実行せよ」との趣旨を呼び掛けるものでした。この他、オンライン上のＩＳＩＳ広報誌では具体的な攻撃手法等の紹介が行われています（第４章３(2)及びコラム）。実際、２０１６年３月のブリュッセルにおける連続テロ事件以降、欧米諸国において発生したＩＳＩＳ関連の事案の大半は単独犯（ローンウルフ）あるいは少人数の実行犯によるものであり、かつ、ホームグローンによる自立型の攻撃です（第４章）（図表８－２）。

したがって、欧米諸国から見た場合、ＩＳＩＳによる現在の脅威は、ＩＳＩＳの中枢ないし最高指導部が直接関与する攻撃というよりはむしろ、①各国のＩＳＩＳ関連組織による現地の欧米権益に対する攻撃、②欧米諸国等におけるＩＳＩＳ支持者等によるホームグローン型の少人数攻撃、等に移行しているとみられます。こうした点もアルカイダの場合とほぼ同様です。

図表 8-2　欧米諸国における ISIS 関連の主なテロ（死者 5 人以上）

	発生年月日	発生地		概要	武器・凶器	死者数	備考
		国	都市				
①	2015 年 11 月 13 日	フランス	パリ	コンサート劇場、繁華街等に対する組織的攻撃。	爆発物、銃器	130	中枢直轄型の組織テロ
②	2015 年 12 月 2 日	米国	サンベルナンド（カリフォルニア州）	障碍者施設に対する襲撃。	銃器	14	実行犯は 2 人
③	2016 年 3 月 22 日	ベルギー	ブリュッセル	国際空港、地下鉄駅に対する組織的襲撃。	爆発物、銃器	24	中枢直轄型の組織テロ
④	2016 年 6 月 12 日	米国	オランド（フロリダ州）	ナイトクラブに対する襲撃。	銃器	49	単独犯
⑤	2016 年 7 月 14 日	フランス	ニース	花火大会会場をトラックで暴走。	トラック	86	単独犯
⑥	2016 年 12 月 19 日	ドイツ	ベルリン	クリスマスの市場を襲撃。	トラック	12	単独犯
⑦	2017 年 3 月 22 日	イギリス	ロンドン	国会議事堂に対する襲撃。	車両、刃物	6	単独犯
⑧	2017 年 5 月 22 日	イギリス	マンチェスター	ポップスコンサート会場の入り口付近で爆発。	爆発物	22	単独犯
⑨	2017 年 6 月 3 日	イギリス	ロンドン	車両でロンドン橋を暴走後、市場を刃物で襲撃。	車両、刃物等	8	実行犯は 3 人
⑩	2017 年 8 月 17 日	スペイン	バルセロナ	繁華街（ランブラス通）で車両を暴走。	車両	13	
⑪	2017 年 10 月 1 日	米国	ラスベガス	コンサート会場に対する銃乱射。	銃器	58	単独犯
⑫	2017 年 10 月 31 日	米国	ニューヨーク	マンハッタンで車両を暴走。	車両	8	単独犯
⑬	2018 年 12 月 11 日	フランス	ストラスブール	クリスマスの市場に対する小銃による襲撃。	銃器等	5	単独犯

※ いわゆる「中枢直轄」型の組織的な攻撃は①③のみ。それ以外はいわゆる「ホームグローン」型の攻撃。

（出典：各種報道等を基に筆者作成。）

(4) ＩＳＩＳの急激な伸張、衰退の背景

ＩＳＩＳは２０１０年代前半にイラク及びシリアにおいて急激に支配地域を拡大しました。しかし、２０１０年代中盤以降、ＩＳＩＳの支配領域は急激に縮小しました。前記のとおり、テロの事案数、特に両国における事案数もほぼ同様のペースで急激な増減を示しました。イラク及びシリアの両国においてＩＳＩＳが当初勢力を伸長し得た主な理由、その後伸張が限界に直面した主な理由に関して、２０１７年２月２日付けの米国議会調査局の報告書は次の点を指摘しています。[38]

【躍進の背景理由】

・イラク、シリア等関係国内において、政治的、宗教的、民族的、政治的混乱状況が存在した。

・（前記の混乱と関連して）外国人戦闘員（ＦＴＦ）のリクルート及び彼らのイラク及びシリアへの移動・流入を可能とするネットワークが存在した。

・イラク、シリア等関係国の治安当局の対抗力が低い一方、ＩＳＩＳにとっては現地において武器の入手等が容易であった。

・（ＩＳＩＳの躍進の当初段階では）国際社会における対策上の諸協力や情報共有が不足していた。

・「カリフ国」の創設等のＩＳＩＳのユニークな思想が一定の武装勢力や個人の関心を引き付けた。ま

た、ＩＳＩＳとの提携に物質的なメリットがあると認識する武装勢力等が存在した。（その結果として、一定の支持者や各国における関係組織等を獲得することができた。）

【限界に直面した理由】

・極端な過激主義思想が、多数のイスラム教徒には受け容れられなかった。
・一般市民をもテロ攻撃等の標的とし、イスラム教少数派や他宗教に対しても暴力的な攻撃を行った。
・政治的、宗教的に非妥協的な姿勢を貫いた。
・（前記の戦術・姿勢の結果として）イラク・シリア等関係国において現地の他の武装勢力やイスラム系住民等から強い反発を受けた。
・国際社会における対策上の諸協力や情報共有が進展した。
・支持者の間においても、政治上の目的等に関して様々な意見の対立があった。

こうした見方は、本書第5章で紹介した「テロが発生するメカニズム」の分析にも概ね合致するものです。なお、ＩＳＩＳ躍進の背景には、これらの要素に加えて、広報活動にＳＮＳ等のオンラインネットワーク空間を効果的に活用したことも考えられます（第4章3(2)及びコラム）。他方、限界に直面した背景には、これらの要素に加えて、直接的には、米国を始めとする「有志連合」、ロシア等による軍事活動の強化があったと考えられます。

4　アルカイダとＩＳＩＳの類似点、相違点

前記のとおり、ＩＳＩＳは元来イラクにおけるアルカイダの関連組織でした。双方とも、前記（本章1）のようなジハード主義の基本的な目標等は共有しているとみられます。更に言えば、中央集権的な組織から非中央集権的なネットワークへの変容という経歴も類似しています。他方で、双方の戦略、戦術面では相違点もみられます（本章3）。

相違の1点目は、当面の目標設定です。ＩＳＩＳは（少なくとも創設の初期においては）「カリフ国」の創設とそのための支配領域の獲得を当面の最優先課題としていました。他方、アルカイダ中枢は必ずしもそうした支配領域の獲得を当面の最優先課題には据えていないとみられます。

相違の2点目は、（1点目とも関連しますが）非イスラム教徒、イスラム教徒の他宗派等との関係です。ＩＳＩＳはジハード主義の中でもより原理主義的で過激な思想に依拠しており、他宗派等に対する攻撃、非戦闘員（一般市民等）を巻き込む攻撃等の実行を厭いません（本章3(4)）。実際、イスラム教シーア派、コプト教（エジプトにおけキリスト教少数派）の一般市民を多数巻き込むような攻撃を頻繁に行っています。[39] これに対し、アルカイダは、他宗派等に対しては比較的寛容な姿勢をとっています。例えば、２０１３年9月にザワヒリが発出した「ジハードに関

する一般的指針」においては、①現地政府等との無用の衝突の回避、②他宗派等に対する無用な先制攻撃の回避、③（反米を掲げる）他宗派との共存・共闘の努力、④テロ攻撃における非戦闘員の巻き込みの抑制、などＩＳＩＳに比較して融和的な戦術が示されています。[40]

前記のとおり（本章３⑷）、こうしたＩＳＩＳのより急進的かつ過激な戦略・戦術は、一部の血気盛んな支持者を引き付ける要因になったとみられる一方で、地域社会等においてＩＳＩＳを孤立させる要因になったともみられます。逆に、アルカイダの戦術・戦略は、一面においてＩＳＩＳに比較して地味に映るものの、結果的に、現地部族等との良好な関係の構築、組織・勢力の温存等に役立っているともみられます。換言すると、アルカイダはＩＳＩＳに比較してより長期的な視野に立った戦略を採っているともみられます。[41]

なお、現場における個々人のレベルにおいては、単なる個人的な敵対関係等から敵味方に分かれている、実利的な打算からより待遇の良いグループに所属している、といった場合も少なくないとみられます。

5　理論的なインプリケーション

本章では、アルカイダとＩＳＩＳの歴史、特徴等を概観しました。これらの内容は、本書の前半において紹介したテロに関する様々な学術理論とも関係しています。その主なものは以下のとおりです。

(1) テロの発生のメカニズムに関連するもの

テロと貧困

学術理論上、テロの発生と貧困の間に直接の因果関係は見いだされていません（第5章コラム）。すなわち、「貧困が理由で人はテロリストになる」あるいは逆に「貧困ではない人はテロリストにならない」との単純な見方は必ずしも正しくありません。

アルカイダの創設者であるオサマ・ビン・ラディンは、サウジアラビアの非常に裕福な一族の出身です。また、その後継者のザワヒリはエジプト出身の医師です。こうした事実は、前記のような学術理論上の説明に合致するものです。

紛争地域とテロ

学術理論上では一般に、テロ組織が活動している国や地域の政情不安は、当該テロ組織の人材リクルート、資金・武器調達、移動、組織内連絡等を容易にし、テロ組織の攻撃実行能力の向上に資すると考えられます（第5章2(1)）。

本章で紹介したとおり、アルカイダはアフガニスタン及びパキスタン、ＩＳＩＳはイラク及びシリアにおいてそれぞれ発展し、現在でも活動しています。これらの地域は内戦が継続するなど政情が不安定です。両組織の関係組織の活動が活発であるソマリア、イエメン等も同様な状況にあります。こうした動向は、前記のような学術理論上の説明に合致するものです。

過激主義思想とテロ――

学術理論上では一般に、ある個人が実際にテロ攻撃の実行に加担するには、違法な暴力を実際に使用することを正当化するような動機付け（過激化）が必要と考えられます。加えて、こうした過激化が発生するためには、何らかの過激主義思想に接触する機会が契機となる場合が多いと考えられます（第5章2(2)）。

本章で紹介したとおり、アルカイダやＩＳＩＳの活動の背景には、ジハードの実行のための暴力の使用を正当化するジハード主義の思想があるとみられます。

(2) 諸対策の効果に関連するもの

武力による施策――

学術理論上では一般に、武力を用いた諸施策は、少なくとも短期的にはテロ組織の勢力・能力に一定の打撃を与える効果を持つと考えられます。しかし同時に、こうした施策によってテロ組織を完全に消滅させることは容易ではないとみられます（第6章1(1)）。

本章で紹介したとおり、アルカイダやＩＳＩＳに対する米国等による武力的な施策の結果、両組織の中枢の勢力は減退しました。両組織とも、中央主権的な組織から非中央集権的なネットワークへの変容を余儀なくされています。しかし同時に、米軍によるアフガニスタン進攻（２００１年10月）以来の長期にわたる軍事作戦、最高指導者であるビン・ラディンやバグダディの死亡等にもかかわらず、アルカイダやＩＳＩＳは依然として完全には壊滅されていません。こうした動向は、前記のような学術理論上の説明に合致するものです。

治安機関の権限強化等――

学術理論上では一般に、国内の治安機関（インテリジェンス機関、法執行機関等）の権限強化等は、取締り等において一定の効果を収める場合も少なくありません。しかし同時に、権限強化が行き過ぎる場合には人権侵害等の問題を惹起する可能性もあります（第６章１(1)）。

本章で紹介したとおり、西欧諸国からみると、アルカイダやＩＳＩＳの脅威は、多数の実行犯による組織的な攻撃から、いわゆるホームグローンによる少人数あるいは単独犯（ローンウルフ）による攻撃に変容しつつあります。こうした形態の攻撃は、治安機関等にとっては組織的な攻撃以上に予測や未然防止が困難なものであり、治安機関としては対策上より強力な権限を必要とします。したがって、こうした状況下では、安全の確保（そのための治安機関等の更なる権限強化）と権利自由のバランス維持が、従来以上に困難な問題になると考えられます（第

12章2）。

□本章のエッセンス

アルカイダとＩＳＩＳの起源

・アルカイダの起源は、アフガニスタン紛争（１９７９年～１９８９年）当時に、ソ連に対抗するべく、各地から義勇兵として同国に集結したスンニ派系のイスラム過激派勢力（いわゆるムジャヒディーン）にあります。

・ＩＳＩＳの起源は、イラク戦争開始（２００３年）後に同国で反米活動等を行っていたイラクのアルカイダ（ＡＱＩ）にあります。すなわち、ＩＳＩＳの前身組織はアルカイダの関連組織でした。しかし、２０１４年、両者は方針の違いから絶縁しています。

アルカイダとＩＳＩＳの共通点

・アルカイダとＩＳＩＳは、いずれもジハード主義に基づくイスラム過激派組織です。

・両者とも主な活動目的は、①中東諸国における既存の「腐敗した背教者の政権」を打倒してイスラム法に基づく政権を樹立すること、②こうした「腐敗した政権」を支援している欧米諸国（特に米国）を攻撃すること、などでほぼ共通しています。

アルカイダとISISの相違点

・両者の相違の1点目は、当面の目標設定です。ＩＳＩＳは「カリフ国」の創設とそのための支配領域の獲得を当面の最優先課題としていました。アルカイダは必ずしもそうではありません。

・相違の2点目は、非イスラム教徒、イスラム教徒の他宗派等との関係です。ＩＳＩＳは他宗派等に対して非常に不寛容であるのに対し、アルカイダは比較的寛容な姿勢をとっています。

アルカイダ、ISISによる現在の脅威

・アルカイダ、ＩＳＩＳともに、当初は中央集権的な組織でしたが、現在は非中央集権的なネットワークに変容しています。

・欧米諸国から見た場合、両組織による現在の脅威は、中枢による直接の攻撃ではなく、①各国のアルカイダ又はＩＳＩＳ関連組織による現地の欧米権益に対する攻撃、②欧米諸国等におけるＩＳＩＳ又はアルカイダ支持者等によるホームグローン型の少人数攻撃（特に単独犯（ローンウルフ）による攻撃）、となっています。

その他

・こうしたアルカイダ及びＩＳＩＳの歴史や特徴点の中には、本書の前半で紹介したテロに関する各種の学術理論と合致する点が少なくありません。

【さらに学びたい方のために】

・保坂修司『ジハード主義―アルカイダからイスラーム国へ』、岩波書店、2017年。

※第1章末尾の参考文献欄を参照。

□第9章□

米国の国内テロをめぐる情勢——国際テロより深刻かもしれない？

本章では、日本とも関係が深い米国における最近の「国内テロ（Domestic Terrorism）」の状況、特に最近の極右テロの状況を概観します。

21世紀以降の米国におけるテロ事案としては、２００１年の９１１事件に代表されるようなイスラム過激主義に関連する国際テロが一般には広く知られています。しかし、19世紀後半まで遡ってみると、外国とは直接の関係のない国内テロの発生も少なくありません。図表9-1は１９７０年以降の米国におけるテロ事案で死者数が10人以上のものの一覧です。これを見ると例えば、１９９５年４月のオクラホマシティ連邦政府ビル爆破事件（約１７０人死亡）は、極右主義、反政府主義等に関連する国内テロ事案です。近年でも、２０１８年10月のペンシルベニア州ピッツバーグにおけるユダヤ教徒を狙った銃乱射事件（ピッツバーグ銃乱射事件、11人死亡）、２０１９年８月のテキサス州エルパソにおけるメキシコ系を狙った銃乱射事件（エルパソ銃乱射事件、23人死亡）等の極右テロが発生しています。

こうしたことから、最近の米国における極右テロ情勢は「前例の無いレベルまで悪化している」、「イスラム過激主義関連のテロ情勢を凌いでいる」等の指摘もあります。さらに、こうした傾向は米国のみならず、欧米等いわゆる西側先進国において共通の傾向であるとの指摘もみられます（第７章４(2)）。例えば、２０１９年３月にはニュージーランドのクライストチャーチにおいてイスラム教徒を狙った銃乱射事件が発生しました（クライストチャーチ・モスク銃乱射事件、51人死亡）。

図表 9-1　米国におけるテロ事案で犠牲者（死者）数が 10 人以上のもの（1970 年以降）

	死者数	内 / 外	背　景	発生年月日	発生地	概要	武器	実行犯人数
1	2,982 人	国際	イスラム過激主義アルカイダ	2001 09-11	ニューヨーク州ニューヨーク市等	世界貿易センタービル、国防省等への攻撃	爆発物航空機	約 20
2	168 人	国内	極右反政府主義	1995 04-19	オクラホマ州オクラホマシティー	連邦政府施設への攻撃	爆発物	1
3	58 人	国内	極右反政府主義	2017 10-01	ネバダ州ラスベガス	ホテルでの乱射	銃器等	1
4	49 人	国際	イスラム過激主義 ISIS	2016 06-12	フロリダ州オランド	ナイトクラブへの攻撃	銃器等	1
5	23 人	国内	極右白人至上主義	2019 08-03	テキサス州エルパソ	ショッピングモールへの攻撃	銃器等	1
6	17 人	国内	極右白人至上主義	2018 02-14	フロリダ州パークランド	高校退学者が母校で銃を乱射	銃器等	1
7	15 人	国内	（不明）	2013 04-17	テキサス州ウエスト	肥料会社への放火	火器	不明
8	14 人	国際	イスラム過激主義 ISIS	2015 12-02	カリフォルニア州サンベルナンド	障害者施設への攻撃	銃器等	2
9	13 人	国際	イスラム過激主義	2009 11-05	テキサス州キリーン	過激化したイラク帰還兵が基地で乱射	銃器等	1
10	13 人	国内	（不明）	1999 04-20	コロラド州リトルトン	高校生が学校で乱射	銃器等	2
11	11 人	国内	極右白人至上主義	2018 10-27	ペンシルバニア州ピッツバーグ	ユダヤ教会への攻撃	銃器等	1
12	11 人	（不明）	（不明）	1975 12-29	ニューヨーク州ニューヨーク市	ラガーディア空港で爆発物が爆発	爆発物	不明
13	10 人	国内	極右白人至上主義	2018 05-18	テキサス州サンタフェ	高校生が学校で乱射	銃器等	1

※　網掛けは極右系の国内テロ。

（出典：GTD のデータ等を基に筆者作成。）

米国におけるこうした状況の実態はどのようになっているのでしょうか、その背景にはどのような事情があるのでしょうか。本章では、そうした論点に加えて、その前提として国内テロと国際テロの区別等についても概観します。

1　概念整理

(1)　「国際テロ」と「国内テロ」

一般にテロは、「国際テロ（International Terrorism）」と「国内テロ（Domestic terrorism）」に二分されます。例えば米国における極右テロや極左テロは国内テロの一形態と考えられています。米国においては、両者の区別は特に実務上において重要な意味を持っています。

定義上の区別

米国合衆国法典第18編第2331条は、国際テロを「米国の国外で発生したもの、または国境を越えて発生したもの」[2]とし、国内テロを「米国の国内で発生したもの」[3]と定めています。ただし、実務上、国内テロの解釈は更に狭く運用されている場合が少なくありません。例えば連邦捜査局（FBI）は、国際テロを「指定された国際テロ組織またはテロ支援国家に触発された（あるいはこうした組織に関連する）個人又はグループによって実行されたもの」と定義する一方、国内テロを「基本的に米国内に基盤を持つ政治的、宗教、社会、環境に関する過激な思想を信奉する運動に触発された（あるいはこうした運動に関連する）個人又はグループによって実行されたもの」と定義しています。[4] すなわち、やや単純化して言うと、国内テロの条件として「米国の国内で発生したもの」であるのみならず、「米国オリジナルの過激主義思想等によって触発されたもの」であることが挙げられています。

したがって、例えば、米国内に居住する米国籍の者がイラク・シリアのイスラム国（ＩＳＩＳ）（同組織は米国国務省によって「外国テロ組織（ＦＴＯ）」に指定されています（第６章１⑴））のインターネット上の宣伝広報に刺激を受けて米国内において単独でテロ行為を行った場合（いわゆるホームグローンのイスラム過激主義者によるローンウルフ型のテロ（第４章３⑷））、前記の米国合衆国法典の定義では国内テロに分類される可能性もありますが、ＦＢＩ等による捜査では国際テロとされます。[5] 国土安全保障省（ＤＨＳ）も概ね同様の定義を使用しています。[6]

実務上の区別

米国における国際テロと国内テロの区分は、単に概念上の相違にとどまらず、実務上も実際の捜査活動等に違いを生じさせています。

米国においては、国際テロに関しては、そうしたテロ行為そのものが犯罪化されており、処罰の対象になっています（米国合衆国法典第18編第２３３２b条）[7]。加えて、国外のテロ組織に対する支援行為等も犯罪化されています（米国合衆国法典第18編第２３３９B条）[8]。その前提として、国務省が「外国テロ組織（FTO：Foreign Terrorist Organization）」の指定を行い、当該リストを公表しています（根拠は移民・国籍法第２１９条及び米国合衆国法典第８編第１１８９条）[9][10]。例えば、アルカイダやISISは当該規定に基づき「外国テロ組織」に指定されています（第６章１⑴）[11]。

これに対して、国内テロに関しては、こうしたテロ行為そのもの及び支援行為等に関する連邦レベルの処罰規定は存在しません。もとより、「国内テロ組織」なるものを公式に指定する手続きも存在しません。こうしたことから、学術理論上は国内テロあるいはその支援行為等に該当するとみられる事案であっても、実務上は殺人、ヘイトクライム（本章コラム）、銃器・爆発物等規制違反等の一般犯罪（すなわち、形式上テロとは必ずしも直接の関係はない犯罪）として捜査、訴追される場合が大半です。この結果、実務上、国際テロの捜査においては一般犯罪の捜査に比較してより強力な捜査手法の利用が認められる場合があるのに対し[12]、国内テロの捜査は原則として一般犯罪と同様の捜査手法によって実施されます。

こうした国際テロと国内テロに対する対応の相違の背景には、合衆国憲法修正第1条（First Amendment to the United States Constitution）で保障されている「表現の自由」への配慮があるとみられます。悲惨な国内テロ事案が発生するたびに「国内テロを連邦レベルの法令によって犯罪化するべき」との議論も生じますが、こうした憲法上の制約もあり実現は容易ではないとみられます。[13]

米国における国内テロは、（そもそも法令上の定義が統一されていないことに加え）前記のとおり実務上テロとは直接の関係のない犯罪として処理される場合が多いことから、国際テロと比較して、事案の発生、検挙件数等に関する正確な統計を得ることが困難となっています。[14] こうした状況は、国内テロに関する学術研究に対しても障害となっています。

(2)「極右テロ」と「極左テロ」

現代の米国における国内テロは一般に、「左翼系の過激主義に関連するテロ（極左テロ）」と「右翼系の過激主義に関連するテロ（極右テロ）」に概ね二分されます。ただし、「左翼（Left Wing）」、「極左（Far Left）」、「右翼（Right Wing）」、「極右（Far Right）」等の用語は、米国においても様々な意味で使用されており、これらの用語の統一的な定義は、学術的にも実務的にも見当たりません（極右に関する更に詳しい説明は本章3(1)）。

２ 極左テロ

(1) 略 史

極左テロとは、端的には「左翼系の過激主義に関連するテロ」と言うことができます。

米国における極左系の活動は、１９５０年代頃から主にアフリカ系マイノリティの権利向上運動（ブラック・パワー運動）、公民権運動、ベトナム反戦運動等として高揚し、１９６０年代後半から１９７０年代前半頃に最高潮に達しました。これらの勢力の中には非暴力主義を掲げるものもありましたが、**ブラックパンサー党**（Black panther party for Self-Defense）、**民主社会を求める学生**（ＳＤＳ：Students for Democratic Society）等がこの時期に頻繁にテロ活動等を実行しました。その後、１９７０年代後半から１９８０年代頃には、ベトナム戦争の終了、当局による取締りの強化等もあり、大規模かつ組織的な極左テロ活動等は概ね下火となりました。[15] こうした動向は、ラポポート（David C. Rapoport）の「４つの波」の中の第3の波「新左翼の波」にほぼ合致すると言えます（第2章5）。

その後の極左テロは、動物の権利擁護、環境保護等の具体・個別の課題に関するものが多くなっています。例えば、**動物解放戦線**（ＡＬＦ：Animal Liberation Front）、**地球解放戦線**（ＥＬＦ：Earth Liberation Front）等は、動物を生体実験に使用する研究施設、リゾート施設等に対する暴力的な攻撃を頻繁に実行しています。これらの活動はいわゆる「**環境テロ**（Eco-Terrorism）」とも呼ばれています。

(2) アンティーファ

近年、後述する極右系の活動に対立するものとして、アンティーファ（Antifa：Anti-Fascist の短縮形）と称される活動がみられるようになっています。アンティーファは「白人至上主義、ネオナチズム、ファシズム等に反対する思想に基づき適宜共同して活動を行う人々の総称」[16]とされ、単一の思想の下に統一された組織等ではありません。活動形態、風体等が伝統的な無政府主義者（アナーキスト）等と類似する点が少なくないこともあり、極右・極左の分類では極左系に分類されます。

アンティーファという概念は第二次大戦直後から米国に存在したとされます。しかし、社会的に注目されるようになったのは、２０１６年の大統領選挙前後、すなわち極右系の活動が注目を集め始めるようになった時期と概ね一致します。[17]極右系勢力との対立の中でアンティーファが過激な暴力行為に及ぶ事例もみられます。２０１７年８月のバージニア州シャーロッツビルにおける「**極右合同デモ**（Unite the Right Rally）」の際には、極右勢力とアンティーファの間で激しい衝突が発生し、アンティーファ側に１人の死者が発生しました。[18]

3　極右テロ

(1)　概念整理

極右テロとは、端的には「右翼系の過激主義に関連するテロ」と言うことができます。ただし、前記のとおり、「右翼（Right Wing）」、「極右（Far Right）」等の用語は、米国においても様々な意味で使用されており、これらの用語の統一的な定義は、学術的にも実務的にも見当たりません。[19] そうした中で、極右テロの根底にある極右系過激主義の基本的な要素（ないしは類型）として主要な学説等の間で概ねコンセンサスが得られているものとしては、**白人至上主義**（White Supremacy）、**保守的なキリスト教アイデンティティ**（Conservative Christian Identity）、**反政府主義**（Anti-Govermantism）、の3点があるとみられます。[20]

白人至上主義は、反マイノリティ、反移民、反ユダヤ、ネオナチ、陰謀史観等と関連しています。このうち、陰謀史観とは、例えば、「ユダヤ系等の非白人が国際機関、米国政府、主要メディア等を事実上『乗っ取る』ことにより、（右翼主義思想からみて）『米国の国益』を損なう政策を推進している」等の見方を指します。[21]

保守的なキリスト教アイデンティティは、反中絶活動、反LGBT活動等と関連しています。実際に、妊娠中絶を行っている医療施設、LGBTの権利擁護のデモ等が攻撃の標的になる事例もあります。

反政府主義は、陰謀史観、反銃規制活動等と関連しています。前記のようなユダヤ系を念頭に置いた陰謀史観に基づくと、白人至上主義者等にとって、（ユダヤ教等に乗っ取られた）政府は「白人の自衛のために打倒すべき対象」とされます。こうした思想の中では、銃規制、徴税等の施策は、政府による「不当な弾圧」と認識されます。[22]

全ての極右系過激主義の思想・活動がこれらの要素を全て揃えている訳ではなく、実際には様々な濃淡があるとみられます。いずれにせよ、極右系過激主義全体に概ね共通して通底する考え方として、「自分たち（白人）のコミュニティの将来が他者に侵される」という強い不安と恐怖感（insecurity and fear）があると考えられます。[23] この背景として、米国における白人の人口比率は、移民の増加等により、２０１５年の62％から２０６５年には46％まで低下するとの推計もあります。[24]

このような思想は、白人至上主義の代表的なスローガンである「我々は、我々の種族の存続と白人の子どもたちの未来を確保しなければならない（We must secure the existence of our people and a future for White children.）」にも端的に表現されています（同スローガンは、語数が14であることから、隠語的に「14語（Fourteen Words）」と称されることもあります）。同スローガンは、白人至上主義の活動家であるレーン（David Lane）が１９８０年代に唱え始めたと言われています。[25] なお、２０１７年8月11日から12日にバージニア州シャーロッツビルで開催された「極右合同デモ（Unite the Right Rally）」の頃からは「**白人の権利は重要だ**（White rights matter.）」、「**我々は取って代わられはしない**（You will not replace us.）」とのスローガンも使用されるようになっています。[26]

(2) 極右テロ略史[27]

19世紀から20世紀前半

米国における極右主義思想、特に白人至上主義は、建国前の植民地時代に始まったアフリカ人奴隷制度の歴史と共に育まれたとみられます。[28] 南北戦争後の1860年代に**クー・クラックス・クラン**（K.K.K.：Ku Klux Klan）が創設された頃には既に極右の組織的なテロが発生していたとみられます。初期のK.K.K.の主目的は、南北戦争に敗北した南部地域の関係者の地位保護、いわゆる「南部文化」（白人至上主義、キリスト教アイデンティティ等）の擁護等にあったとみられます。

初期のK.K.K.の活動は北軍による取締り等により数年で勢いを失ったものの、その後も極右の活動は社会情勢の変化等に応じて盛衰を繰り返しています。19世紀末から20世紀の前半の時期にも、当時の移民の増加、第一次大戦にともなうナショナリズムの高揚等を背景として一時的に勢いを取り戻しました。[29]

20世紀後半以降

20世紀後半以降、具体的には1970年以降の約50年間でみると、極右テロの事案数は、上昇と下降・増減を繰り返している様子がうかがわれます（図表9-2及び9-3）[30]。

第1の盛り上がり：1970年代初頭――

まず1960年代から1970年代初旬にかけての時期には、当時の極左系活動の高揚に対する反動として極右の活動が活発化しました。図表9-2によると、1970年から1971年の極右テロの事案数はいずれも10件以上であり、特に、1970年の事案数は32件を記録しています。

第2の盛り上がり：1980年代中盤から1990年代――

1970年代後半から1990年代の時期には、**ホワイト・アーリアン・レジスタンス**（White Aryan Resistance）、**アーリアン・ネイションズ**（Aryan Nations）、**ナショナル・アライアンス**（National Alliance）等の比較的大規模な組織の活動がみられました。

とりわけ、1990年代前半から中盤にかけては、1992年8月のルビーリッジ（Ruby Ridge）事件（アイダホ州）、1993年2月から4月のウェイコ（Waco）事件（テキサス州）、1995年4月のオクラホマシティ連邦政府ビル爆破事件（オクラホマ州）等の社会の注目を集

図表9-2　米国における国内テロの事案数の推移（1970-2018年）

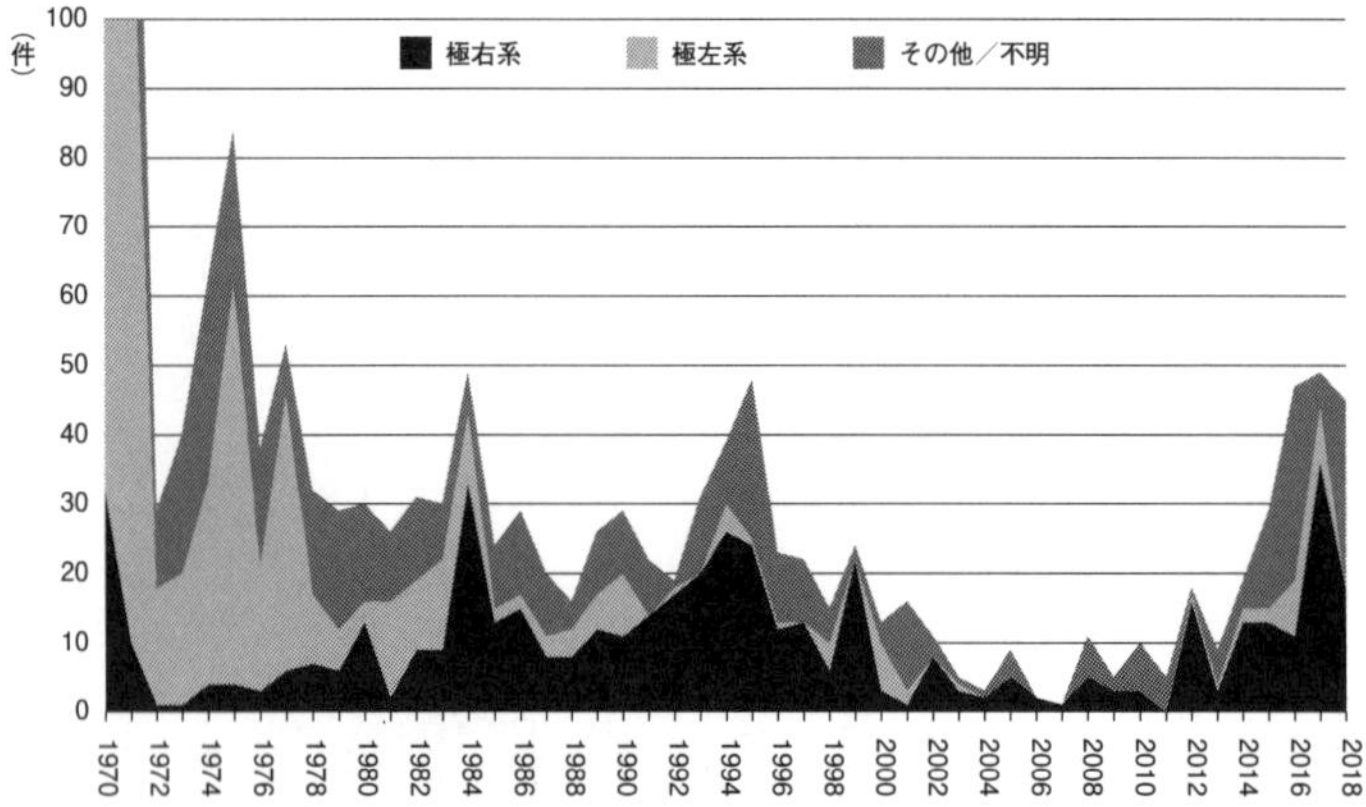

※ 1970年及び1971年の極左系の事案数はそれぞれ244件、120件。

（出典：GTDのデータを基に筆者作成。）

める事案が発生しました。これらの事案に触発されたことが、同時期における極右テロの事案数の増加の一因である可能性があります。

図表9−2によると、1984年から1999年までの16年間は、3年（1987年、1988年、1998年）を除いて毎年の極右テロの事案数は10件以上の水準に達していました。特に、1984年には33件、1993年から1995年の3年間には各20件、26件及び24件の高水準を記録しました（その前の1972年から1983年までの12年間は、1980年を除いて毎年の極右テロの事案数は10件未満であり、いわば「小康期」であったと言えます）。

しかし、こうした組織の活動は、有力な指導者の死亡、組織内の混乱等によりいずれも２０００年代初頭には概ね下火になりました。[31] ２０００年代以降の極右の活動は、大規模な組織によるものはほとんどみられなくなり、細分化された小規模なグループや個人によるものが大半となっています。[32] 図表９-２によると、２０００年から２０１１年の間、毎年のテロの事案数は10件未満の低い水準で推移していました。

第3の盛り上がり：2010年代以降――

その後、２０１２年以降、極右テロの事案数は（２０１３年を除き）再度毎年10件以上に上昇しています（ただし、過去約50年間のスパンで見ると、「前例の無いレベルにまで悪化している」とは現時点では必ずしも言えません）。

こうした近年の動向の背景要因として、第１に、インターネット、ＳＮＳ等のオンラインネットワーク空間の発達・普及により、大規模組織の介在を経なくても過激主義思想や簡便な攻撃手法等の拡散が以前よりも容易になっているとみられます。こうした状況に関しては、イスラム過激派関連のテロをめぐる状況との類似点がみられます。[33] 第２に、２００１年の９１１事件以降、米国の法執行・インテリジェンス機関の最優先課題がイスラム過激派等による国際テロ対策であったため、極右テロを含む国内テロ対策に十分な資源が投入されてこなかった旨も指摘されています。[34] 加えて、前記（本章１⑴）のとおり、合衆国憲法上の制約等により、国内テロに対する法規制等が進展していないことも関連している可能性があります。第３に、

米南部バージニア州シャーロッツビルに集結した白人至上主義者ら
（アメリカ・シャーロッツビル、2017年8月12日）（AFP=時事）

２００８年の大統領選挙における黒人系候補（バラック・オバマ（Barack Obama））の当選が極右系の人々の危機感を刺激した可能性を指摘する見方もあります。[35]

なお、極右テロの増加の一因として、２０１７年に就任したトランプ（Donald Trump）大統領の言動（反移民政策、白人至上主義を非難することに消極的な態度等）の影響を指摘する見方もあります。[36] ただし、近年の極右テロ及びヘイトクライムの事案数の増加はいずれもトランプ候補の当選（２０１６年11月）以前から始まっています。したがって、同大統領の言動等が最近の極右系過激主義の盛り上がりに一定の影響を与えている可能性は有り得るとしても、同大統領の言動等が近年の極右テロ増加の直接の原因であると直ちに結論付けることには慎重であるべきと考えられます。むしろ逆に、極右テロやヘイトクライムの増加を生むような社会的情勢がトランプ候補の当選の要因の一つであった可能性を指摘する見方もあります。[37]

(3) 極右テロの特徴

犯行形態

米国におけるこれまでの主な極右テロ事案としては、前記のルビーリッッジ事件（1992年8月）、ウェイコ事件（1993年2月から4月）、オクラホマシティ連邦政府ビル爆破事件（1995年4月）等があります。このうち前者2件はいわゆる「カルト」集団による組織的な犯行です。背景として、前記のように1990年代までは、比較的大規模な極右集団が存在したことがあると考えられます。

これに対し、2000年代以降の事案の大半は単独犯（ローンウルフ）または小規模グループによる犯行となっています。[38] 背景として、①前記のとおり、近年の極右の活動そのものが大規模組織ではなく細分化された小規模グループ等によるものが中心となっていること、②取締り当局等の注目を引き難くするための戦術として「指導者無き抵抗」の思想が活動家の間に広まっていること、[39] などの要因が考えられます。

死者数

図表9-3は、1970年以降の米国における国内テロによる各年の死者数の推移を示して

図表 9-3　米国における国内テロによる死者数の推移（1970-2018 年）

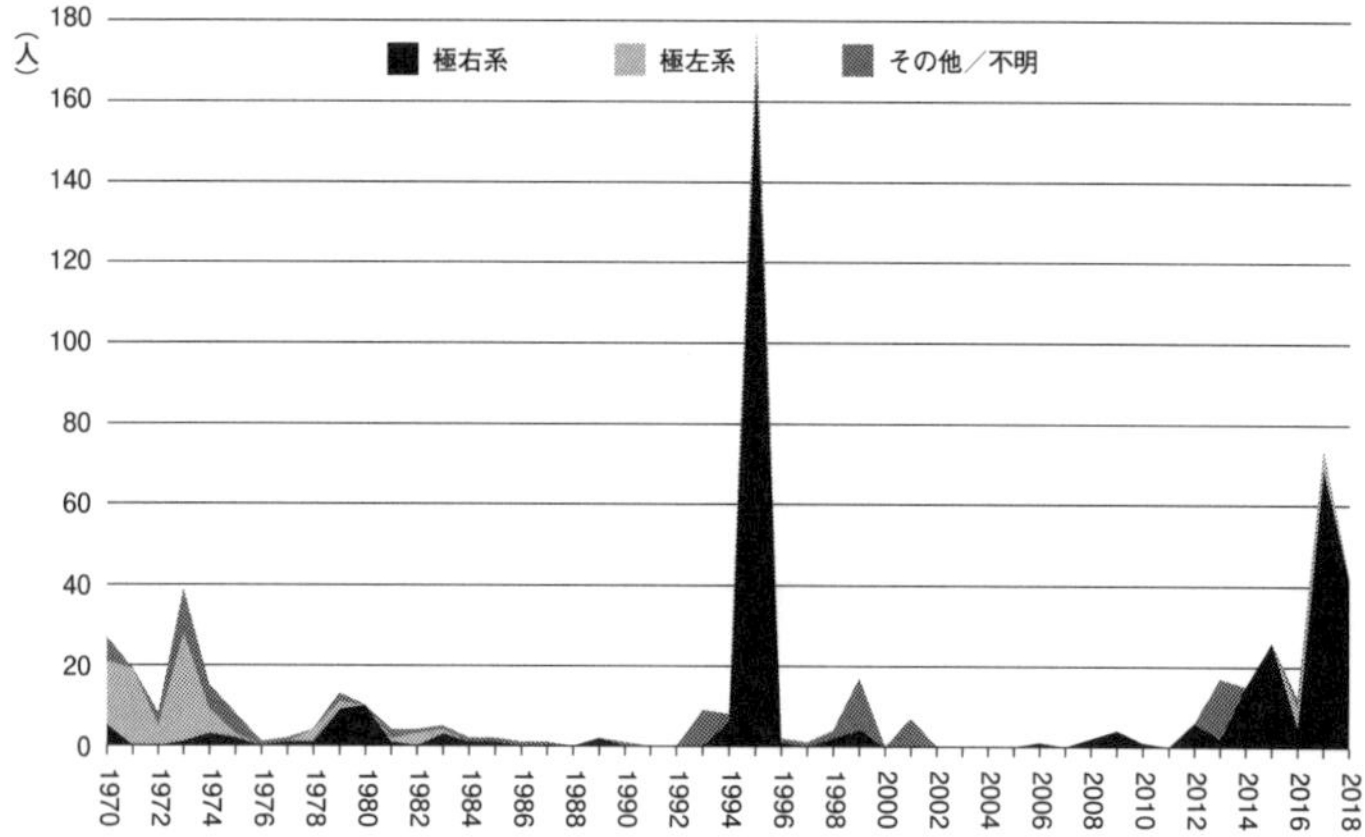

（出典：GTD のデータを基に筆者作成。）

図表 9-4　米国におけるヘイトクライムの事案数の推移（1996-2018 年）

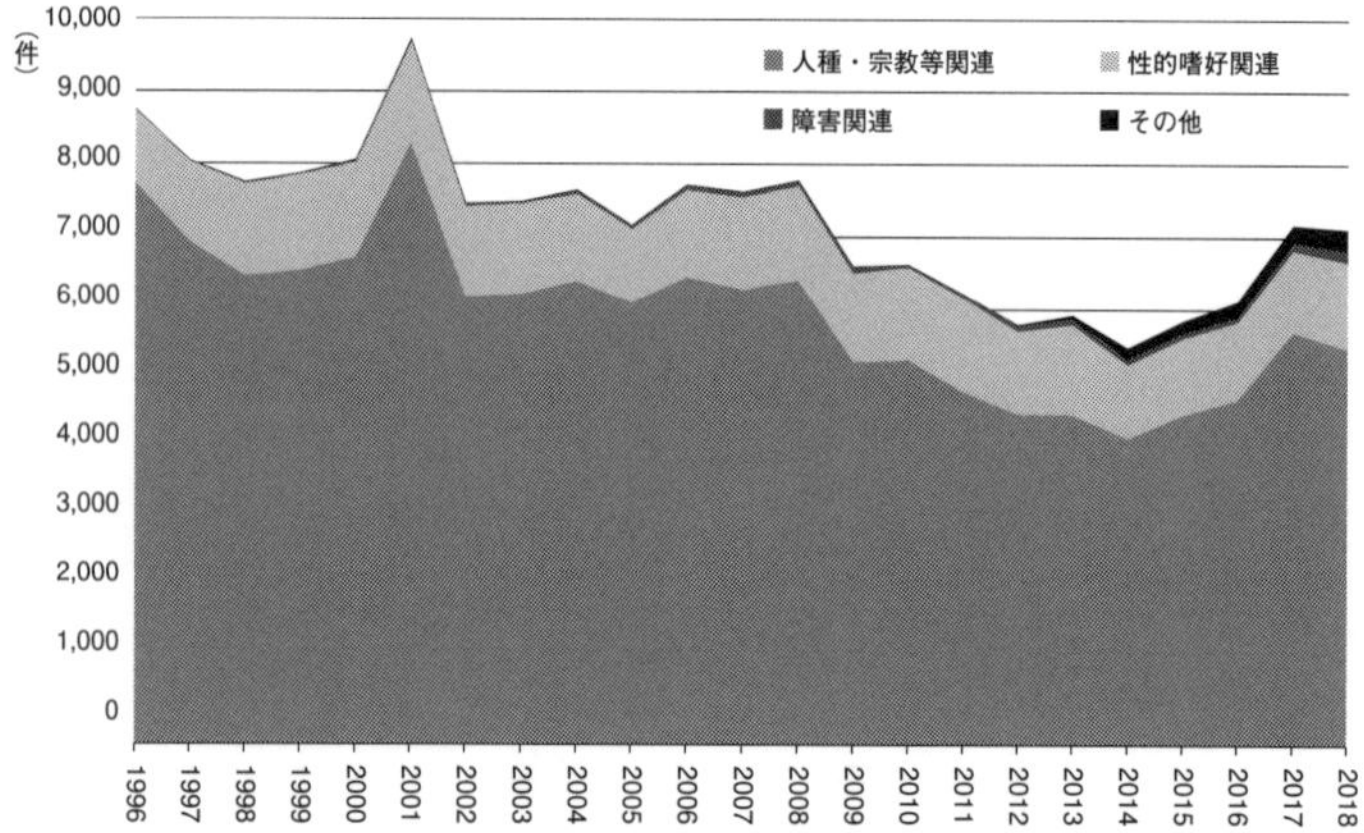

（出典：FBI のデータを基に筆者作成。）

います。１９７０年から２０１８年の約50年間の極右テロの１件当たりの平均死者数は０・８人です。事案全体の99％以上は死者数10人以下であり、約85％は死者数ゼロです。他方、死者が10人を超える事案は６件であり（２０１８年及び19年の事案も含む、図表９-１）、全体の１％以下に過ぎません。

各年の死者数は、２０１３年までの44年間は、２年（１９８０年、１９９５年）を除き10人未満でした。しかし、２０１４年以降の５年間の各年の死者数は２０１６年を除きいずれも10人以上（15人、26人、５人、69人、42人）となっており、以前よりも増加している傾向がみられます。さらに、１９７０年以降の死者数10人を超える極右テロ事案６件のうち５件が２０１７年以降に発生しています（図表９-１）。こうした死者数の増加傾向が今後も継続するのか否かは現時点では不明です。引き続き状況を注視する必要があると考えられます。

使用武器等

１９７０年から２０１７年の間の極右テロの中で主要な武器が銃器（拳銃等）である事案は全体の26％であり、爆発物である事案は22％となっています。極左テロ（銃器14％、爆発物53％）に比較して銃器の割合が高くなっています。極左テロの場合、特に近年は、攻撃の目的は個人の殺傷等ではなく、環境破壊等に関連しているとテロリスト側が認識している企業の施設の破壊等である場合が多いことから、銃器よりも爆発物の割合が高くなっているとみられます。

(4) その他

以上のとおり、米国の国内テロ、とりわけ極右テロの動向は、米国特有の歴史、社会情勢等と深く関連している様子がうかがわれます。

前記のとおり、２０１０年以降は極右テロの事案数及び死者数の増加傾向が続いています。しかし同時に、過去約50年間のスパンで見ると、「前例の無いレベルにまで悪化している」とは、現時点では必ずしも言えません。

また、現段階では、米国の極右系組織が、イスラム過激派系組織（アルカイダやＩＳＩＳ）が行っているようなグローバルなネットワークの構築に積極的に取り組んでいることを示すような状況は把握されていません。ただし、冒頭にも記したとおり、近年の極右系の活動の活発化は、米国のみならず欧米等いわゆる西側先進国において共通の傾向である可能性も否定できません（第7章4(2)）。こうした点に関しては、今後の研究等による解明が期待されています。

なお、こうした極右テロの動向は、ラポポートの「４つの波」には上手く合致しないものです。ただし、ラポポート自身も、全ての「波」（時代）に通底する要素としてナショナリズムの存在を指摘しています[40]（第２章２）。

□本章のエッセンス

- 米国においては、「国内際テロ」と「国内テロ」では、実務上の取扱いに大きな違いがあります。国内テロに対しては、国際テロの場合と比較して、治安当局の取締り権限は限定的なものになっています。背景に、米国合衆国憲法で保障される「表現の自由」とのバランスの問題があるとみられます。
- 米国における国内テロは、概ね「極右テロ」と「極左テロ」に二分されます。米国における極右に関しては必ずしも統一的な定義はありません。ただし、白人至上主義、保守的なキリスト教アイデンティティ、反政府主義の3点が主たる要素と考えられます。その根底には、白人人口比率の低下と、「自分たち（白人）のコミュニティ）の将来が他者に侵される」という強い不安と恐怖感があるとみられます。
- １９７０年代以降、極右テロの事案数は社会情勢等の変化に応じて増減を繰り返しています。２０１０年以降は事案数及び死者数の増加傾向が続いています。今後もこうした増加傾向が継続するか否かが注目されます。
- 極右テロの犯行の形態としては、近年は単独犯あるいは小規模グループによる犯行が大半を占めるようになっています。背景要因の一つとして、インターネット、SNS等のオンラインネットワーク空間の発達・普及等があると考えられます。

【さらに学びたい方のために】

・浜本隆三『アメリカの排外主義』、平凡社、2019年。

本章で扱った事項のうち、特に米国における極右主義の歴史が詳細かつ分かりやすくまとめられています。

ヘイトクライムと極右テロ

米国においてはヘイトクライム（Hate Crime）は、米国合衆国法典第18編第２４９条（U.S. Code, Title 18, Section 249）によって、人種、肌の色、宗教、民族的出自、性別、性的指向、性自認、障害を理由とした故意の傷害及びその未遂、と定義されています[*]。

極右テロとヘイトクライムは同一の概念ではありません。しかし、極右テロの中では白人至上主義等に関連する事案が一定数の割合を占めており、しかもこうした事案は司法手続き的にはヘイトクライムとして処理される場合が少なくありません。こうしたことから、ヘイトクライム、とりわけ人種・宗教等に関連するヘイトクライムの動向を俯瞰することは、極右テロの動向の分析上も有用と考えられます[**]。

図表９-４は、記録が公開されている１９９６年以降２０１８年までの間の米国におけるヘイトクライムの各年の事案数の推移を示しています[***]。２０１８年の人種・宗教等に関するヘイトクライム事案の事案数は約５５００件であり、前年（２０１７年、約５７００件）からは微減したものの、４年前（２０１４年、約４２００件）に比較すると29％の増加となっています。ただし、１９９６年以降の23年間のスパンでみると、２００８年以前の事案数は常に２０１７年の値よりも高いレベルにあり、特に１９９６年の件数（約７７００件）は２０１７年の１・３６倍でした。したがって、「近年の情況は、前例の無いレベルまで悪化している」とは必ずしも言えません。ただし、事案数は、２００８年（約６４００件）以降一貫して減少していましたが、２０１４年（約４２００件）の後は再度（２０１８年を除き）増加傾向に転じています。こうした傾向は、極右テロの事案数の傾向と類似しているとも考えられます。

人種・宗教等に関するヘイトクライムの事案数を主な攻撃対象別にみると、一貫して最も多いのは反黒人・アフリカ系の事案であり、１９９６年以降の全体の52％を占めています。反ユダヤ系は19％、反ヒスパニック系は10％、反モスリム系は３％をそれぞれ占めています。

** 国土安全保障省（ＤＨＳ）の公式文書等においても、白人至上主義に基づく極右テロとヘイトクライムは密接に関連している旨が指摘されています（DHS, "Strategic Framework for Countering Terrorism and Targeted Violence," p. 10）。

*** 米国連邦捜査局（FBI）HP https://ucr.fbi.gov/hate-crime（２０２０年４月１日閲覧）。

* 日本においては、２０１６年５月に制定されたヘイトスピーチ解消法の第２条において、解消されるべき「本邦外出身者に対する不当な差別的言動」（いわゆる「ヘイトスピーチ」）の定義に関し、「専ら本邦の域外にある国若しくは地域の出身である者又はその子孫であって適法に居住するもの（以下この条において「本邦外出身者」という。）に対する差別的意識を助長し又は誘発する目的で公然とその生命、身体、自由、名誉若しくは財産に危害を加える旨を告知し又は本邦外出身者を著しく侮蔑するなど、本邦の域外にある国又は地域の出身であることを理由として、本邦外出身者を地域社会から排除することを煽動する不当な差別的言動」と定めています。

なお、日本では、ヘイトスピーチそのものを直接処罰する法律上の規定はありません。刑法上の侮辱罪、名誉毀損罪、脅迫罪、業務妨害罪等に該当する場合には当該罪名によって処罰されます。地方自治体の条例としては、２０１９年12月12日に神奈川県川崎市議会で可決された「川崎市差別のない人権尊重まちづくり条例」が全国で初めてヘイトスピーチを罰則付きで禁止する条例となっています（第11章３(1)(2)、第10章コラム）。

第10章

日本のテロ情勢の歴史

本章及び次章では、日本における状況を概観します。本書においてこれまで紹介してきたテロに関する各種の学術的な理論や枠組みは、日本の状況を理解するためにも有用なのでしょうか。

第2章では世界のテロ情勢の歴史を概観し、ラポポート（David C. Rapport）による「4つの波」の枠組みを紹介しました。同枠組みによると、19世紀後半以降の世界のテロの趨勢には次の4つの時代区分的な特徴があるとされます。

① 「無政府主義者の波（Anarchist Wave）」：1880年代〜1920年代
② 「反植民地主義の波（Anticolonial Wave）」：1920年代〜1960年代
③ 「新左翼の波（New Left Wave）」：1960年代〜1990年代
④ 「宗教の波（Religious Wave）」：1980年代〜現在

以下では、この「4つの波」の枠組みの視点から、日本におけるテロ情勢の歴史を概観してみます。

1 「4つの波」以前

テロの基本的な要素は、①政治的な動機、②恐怖の拡散、③暴力の使用・暴力による威嚇、の3点と考えられます（第1章2⑴）。「4つの波」が始まるとされる概ね19世紀後半以前の時代においても、こうした基準に則してみるとテロに該当するとみられる出来事は少なくありません。日本においては、例えば、飛鳥時代の乙巳の変（645年7月：中大兄皇子（後の天智天皇）等による蘇我入鹿の殺害）、安土桃山時代の本能寺の変（1582年6月：明智光秀による織田信長の殺害）等もテロと解することが可能です。[1]

2 「無政府主義者の波」——1880年代～1920年代

「4つの波」の枠組みでは、概ね1880年代から1920年代までが「無政府主義者の波」の時代とされます。日本の場合、これよりも少し早い1860年代の幕末期から明治維新直後の時期に社会が不安定化し、著名なテロが比較的多くみられました。

例えば、幕末の桜田門外の変（1860年（安政7年）3月）は尊王攘夷派（現代の視点からは極右主義の範疇に入ると考えられます）による反政府テロ、維新後の紀尾井坂の変（大久保利通内務卿殺害事件）（1878年（明治11年）5月）は不平士族による反政府テロ、とそれぞれ解することが可能です。[2] ただし、これらの事例は必ずしも無政府主義とは関連しておらず、当時の日本に特有な社会情勢（開国の是非や明治維新に伴う社会の分断と対立）を反映したものと解されます。

一方、明治末期の大逆事件（幸徳秋水事件）は、1910年（明治43年）5月、明治天皇暗殺を計画した容疑で多数の社会主義者・無政府主義者が検挙された事案です。当該事件を無政府主義者によるテロ未遂事案とみれば、世界的な「無政府主義者の波」の枠組みに合致する事案と解することができます。

3 「反植民地主義の波」——1920年代〜1960年代

「4つの波」の枠組みでは、概ね第一次世界大戦後の1920年代から1960年代までが「反植民地主義の波」の時代とされます。背景として、第一次世界大戦及び第二次世界大戦を経て欧米諸国（宗主国）の海外植民地に対する支配力が弱まる一方、植民地側において分離独立主義、民族自決、民族ナショナリズム等の思想が高揚したことがあるとみられます（第2章4）。

(1) 反植民地主義の事例

日本は、1910年（明治43年）8月から第二次世界大戦終了直後（1945年（昭和20年）9月）までの間、朝鮮半島の併合・統治を行いました。同時期、主に朝鮮半島においては、日本の統治に反対する運動（例えば三・一独立運動等）がみられました。こうした状況の下、日本国内（いわゆる内地）、朝鮮半島及びその他国外において、日本の統治に反対し、日本の皇族・政府高官、その他の日本権益等を標的としたテロあるいはテロ未遂事案が発生しました。

主な事例としては、併合実行前の1909年（明治42年）10月に中国のハルビンで発生した伊藤博文暗殺事件があります（ただし、当該事案の発生時期は、世界的な「反植民地主義の波」の時代よりも早い時期になります）。この他、未遂事案の検挙事例としては、李王世子暗殺未遂事件（1920年（大正9年）4月）、李奉昌大逆事件（桜田門事件）（1932年（昭和7年）1月）等があります。

なお、これらの事案は、植民地側の視点からはテロや犯罪ではなく、「自由のための闘争」と評価されます。こうした認識の相違の背景には、「テロの概念の相対性」があります（第1章3(1)3）。

(2) その他の事例——右翼関連のテロ

大正末期から昭和初期の時期には、右翼関係者等による政財要人等を標的としたテロがみられました。こうした状況は、当時の日本における経済不況、政治不信等の社会情勢を背景としたものとみられ、世界的な「反植民地主義の波」とは直接の関係はないものとみられます。

他方で、ラポポート自身を含め多くの研究者が、全ての「波（時代）」に通底する要素として、

（時代によって程度の違いはあるものの）ナショナリズムの存在を指摘しています（第２章２及び７）。例えば米国においても、建国期以降、「４つの波」の区分とは必ずしも関係なく、極右関連のテロがほぼ継続的に発生しています（第９章）。したがって、当時の日本の状況（右翼関連テロの発生）は、「４つの波」の枠組みには合致しないものの、国際情勢の中で特殊な状況だったとは必ずしも言えないとみられます。

当該時期における右翼関連テロの主な事例としては、原敬首相暗殺事件（１９２１年（大正10年）11月）、濱口雄幸首相銃撃事件（１９３０年（昭和５年）11月）、血盟団事件（１９３２年（昭和７年）２月～３月）等があります。また、５・１５事件（１９３２年（昭和７年）５月）及び２・２６事件（１９３６年（昭和11年）２月）は、同様の思想を背景とする、軍部内の関係者（すなわち国家主体の一部）による一種のクーデター未遂事案です。前記のとおり、こうした形態の事案をテロに含めるか否かには議論もあります（本章注１）。テロの定義をやや広く解するならば、これらの事案も学術的には右翼関連テロと解することが可能です（戦後の日本における右翼関連のテロ情勢に関しては、本章コラム）。

４　「新左翼の波」——１９６０年代～１９９０年代

(1) 概　観

「４つの波」の枠組みでは、概ね第一次世界大戦後の１９６０年代から１９９０年代までが「新左翼の波」の時代とされます。背景として、米国とソ連の東西冷戦、社会主義・共産主義の躍進等があるとみられます。特に、ベトナム戦争（１９５５年から１９７５年）、キューバ革命（１９５３年から１９５９年）等における左翼勢力の活躍が社会主義・共産主義思想の国際的な伝搬に影響を与えたとみられます（第２章５(1)）。

こうした世界的な動向は、日本にも一定の影響を与えたと考えられます。日米安全保障条約の改定（１９６０年（昭和35年））及び延長（１９７０年（昭和45年））をめぐり、60年安保闘争、70年安保闘争と呼ばれる反政府運動が活発に行われました。こうした中、１９５０年代から70年代頃にかけて、過激な左翼思想の影響を受けた**中核派**、**革マル派**、**革労協**等の極左暴力集団が数多く結成されました。[45] このように、世界的なテロ情勢に関する「４つの波」の枠組みの中では、「新左翼の波」は他の「波（時代）」に比較して日本の状況にも最も合致していたと考えられます。

世界的な「新左翼の波」は、ソ連の崩壊（１９９１年）と東西冷戦の終焉、世界的な共産主義・社会主義の退潮等を背景として、１９９０年代には概ね下火となりました。日本においては、70年安保以降、極左暴力集団の勢力は次第に縮小する一方、活動の先鋭化が進みました。[6] テロ活動は１９９０年代初頭（平成初期）までは適宜発生していましたが、世界的な趨勢と同様にその後は世間の注目を集めるような事案はほとんどみられなくなっています（極左暴力集団の活動そのものは現在でも継続しています）[7]。

(2) 日本国内でのテロ

主に1960年代から1970年代にかけて、日本国内においては、中核派、革マル派、革労協等の極左暴力集団が、警察、政党、大企業等を標的とした様々なテロを実行しました。攻撃手法としては、要人暗殺等よりも、火炎瓶、爆発物、飛翔弾等を利用し、象徴的な施設等を標的とした攻撃が多くみられました。当時の極左暴力集団によるテロは数多くありますが、主な事例は次のとおりです（これらの他、主義主張の異なる組織同士が相手の幹部等を狙って攻撃をし合ういわゆる「内ゲバ」も数多く発生しました）。

警察幹部、警察施設等を標的とした事例としては、警視庁警務部長宅爆破殺人事件（1971年（昭和46年）12月）、警視庁追分派出所クリスマスツリー爆弾事件（同月）、警視庁新宿警察署清和寮爆破殺人事件（1990年（平成2年）11月）等があります。3番目の事案については革労協が犯行声明を出しています。

大企業を標的とした事例としては、三菱重工ビル爆破事件（1974年（昭和49年）8月）[8]を始め翌年までの間に発生した一連の連続企業爆破事件（11件）があります。**東アジア反日武装戦線**が犯行声明を出しています。

政党施設、政党要人等を標的とした事例としては、自民党本部火炎車放火事件（１９８４（昭和59年）年９月）等があります。中核派が犯行声明を出しています。

その他、第四インター日本支部等による新東京国際空港管制塔乱入事件（１９７８年（昭和53年）３月）も社会の注目を集めました。成田空港（新東京国際空港）反対運動は、当時の左翼勢力の重要課題の一つでした。同事件の結果、空港の開港は約２ヵ月間遅れることとなりました。

三菱重工ビル爆破事件
（東京都中央区、1974年8月30日）（時事）

(3) 日本国外でのテロ

極左暴力集団の中には、海外での活動に活路を求めたグループもあります。

「よど号」グループ

１９７０年（昭和45年）３月、共産主義者同盟赤軍派の幹部である故田宮高麿ら９人は、東京発福岡行き日本航空３５１便、通称「よど号」をハイジャックし、北朝鮮に入境しました。（「よど号」ハイジャック事件）。実行犯のうち5人とその家族は現在でも北朝鮮に在住しているとみられます。

なお、同グループの構成員は、１９８０年代初め、欧州における北朝鮮による日本人拉致容疑事案にも関与していたとみられます[9,10]。

日本赤軍

一方、共産主義者同盟赤軍派の重信房子を始めとする別のグループは、１９７１年（昭和46年）に中東のレバノンに拠点を移し、現地のパレスチナ系過激派組織と連携しつつ、日本赤軍を結成しました。日本赤軍は、１９７０年代から80年代にかけて、欧州、東南アジア等において、ハイジャックを含め複数のテロを実行しました。主な事例は次のとおりです。

① テルアビブ空港乱射事件（１９７２年（昭和47年）5月、イスラエル）
② ドバイ日航機乗っ取り事件（１９７３年（昭和48年）7月、アラブ首長国連邦）
③ ハーグ・フランス大使館占拠事件（１９７４年（昭和49年）9月、オランダ）
④ クアラルンプール米大使館領事部・スウェーデン大使館占拠事件（１９７５年（昭和50年）8月、マレーシア）
⑤ ダッカ日航機乗っ取り事件（１９７７年（昭和52年）9月、バングラデシュ）

⑥ジャカルタ日本大使館等手製弾発射事件（１９８６年（昭和61年）５月、インドネシア）
⑦ローマ米・英大使館爆破事件（１９８７年（昭和62年）６月、イタリア）
⑧ナポリ米軍施設前車両爆破事件（１９８８年（昭和63年）４月、イタリア）

このうち、④クアラルンプール事件及び⑤ダッカ事件では、人質と交換に、日本で服役・勾留中の日本赤軍関係者等が釈放されました（第２章５(3)、第４章１(3)、第６章１(1)、第11章２(2)）。その後、重信房子を含む複数のメンバーの検挙等もあり、[11] ２００１年（平成13年）には重信及び組織による解散宣言がなされました。ただし、２０２０年４月現在、７人の構成員が依然として逃亡中であるほか、支持者による集会等も適宜開催されています。[12]

５「宗教の波」――１９８０年代～現在

(1) 概　観

「４つの波」の枠組みでは、概ね１９８０年代以降が「宗教の波」の時代とされます。背景として、１９７９年に発生したイランにおけるイスラム革命、同年のソ連のアフガニスタン侵攻の開始があるとされます。特に後者は、イスラム過激派関係者のアフガニスタンへの集結を促し、後のアルカイダ、イラク・シリアのイスラム国（ＩＳＩＳ）等の結成の素地を提供したとみられます（第2章6⑴、第8章2⑴）。その後、２００１年の９１１事件、米軍によるアフガニスタン攻撃（同年10月）及びイラク戦争の開始（２００３年3月）等を背景に、主に中東・北アフリカ、南アジア、アフリカ（サブサハラ地域）を中心に、イスラム過激派関連のテロが増加しています（第7章）。

欧米諸国においては、中東や南アジア等に比較すると事案数は少ないものの、９１１事件以降も、スペインにおけるマドリッド列車爆破事件（２００４年3月、死者約１９０人）、イギリスにおけるロンドン地下鉄等同時爆破テロ事件（２００５年7月、死者約10人）、フランスにおけるパリ同時多発攻撃事件（２０１５年11月、死者約１３０人）等のイスラム過激派関連の世間の注目を集める（ハイプロファイルな）事案が適宜発生しています（第7章、第8章）。

後述のとおり、日本の国内においては、これまでのところ、イスラム過激派関連のテロはほとんど発生していません。背景に、欧米諸国等に比較して、中東、南アジア等の紛争地から距離的に遠距離であること、国内のイスラム系人口が小規模であること（推計で総人口の約０・15％）[13]等が考えられます。

ただし、後述のとおり、日本国外においては、邦人や日本関連企業の国際的な活動の拡大にともない、邦人や日本関連企業がイスラム過激派関連等のテロに巻き込まれる事例は適宜発生しています（本章5⑶）。

地下鉄サリン事件。サリンで汚染された地下鉄車両を除染する陸上自衛隊化学防護隊（陸上自衛隊提供）（1995年3月20日）（時事）

(2) イスラム過激派関連以外――オウム真理教のテロ

世界的には、「宗教の波」の中心はイスラム過激派関連のテロとされます（第2章6、第8章）。これに対し、日本においては、１９９０年代前半（平成初期）に、オウム真理教による松本サリン事件（１９９４年（平成６年）６月）、地下鉄サリン事件（１９９５年（平成７年）３月）等のテロが発生し、世界的にも注目を集めました（前者は死亡８人及び負傷約１４０人、後者は死者13人及び負傷５８００人以上）[14]。これらの事案は、欧米のテロリズム研究においても次のような理由から注目されています。

・イスラム過激派関連のテロが中心の「宗教の波」の時代において、非イスラム系の組織的な宗教関連のテロであること。

・先進国の大都市の中心部における組織テロにおい

て、化学物質（サリンガス）が使用された稀有な事例であること。

・実行犯を始め組織構成員の多くが高学歴者、医師等社会的地域が高いとされる者であり、[15]「テロの根本原因は貧困や教育水準の低さである」との誤った認識に対する反証の一つとなっていること（第5章コラム）。

同事案の後、教団の創設者の麻原彰晃こと松本智津夫を始め多くの幹部及び構成員が検挙されたこと等もあり、1995年（平成7年）以降は同教団によるテロは確認されていません（麻原に対しては2018年（平成30年）7月6日に死刑が執行されました）。ただし、同教団は、名称変更や分裂を経つつも依然として一定の勢力を維持しています。[16][17] 2000年（平成12年）1月、公安審査委員会は、団体規制法に基づき同教団を公安調査庁長官の観察に付す処分を行いました。当該処分は数回の更新を経て現在も継続されています（第11章2(2)）。

(3) イスラム過激派関連

日本国内での事案

前記のとおり、欧米諸国の場合と異なり、日本の国内においてはこれまでのところ、多数の犠牲者を伴うようなイスラム過激派関連のテロは発生していません。イスラム過激派関連のテロの可能性のある例としては、千代田区内同時爆弾事件（昭和63年3月）[18]、「悪魔の詩」邦訳者殺害事件（1991年（平成3年）7月）[19]、フィリピン航空機内爆発事件（1994年（平成6年）12月）[20] 等があります。

シリアにおける邦人殺害事件（2015年1月～2月）
（YouTubeから）（時事）

日本国外での事案[21][22]

日本国外においては、邦人や日本関連企業の国際的な活動の拡大にともない、邦人や日本関連企業がイスラム過激派関連のテロに巻き込まれる事例は適宜発生しています。

特にイラク、シリア等の紛争地域においては、邦人旅行者、ジャーナリスト等が現地のイスラム過激派勢力に拘束され、組織のプロパガンダ等に利用される事案が発生しています。主な事例としては、次のものがあります。

- イラクにおける邦人人質殺害事件（2004年（平成16年）10月）

イスラム過激派とみられる武装組織が、日本の自衛隊のイラクからの撤退を要求し、人質の邦人旅行者1人を殺害。[23]

・シリアにおける邦人殺害事件（２０１５年（平成27年）1月から2月）

ＩＳＩＳが、シリアにおいて拘束されたとみられる邦人２人の動画をインターネット上に配信するとともに、身代金（2億ドル）を要求。その後、当該邦人２人の殺害動画を順次インターネット上に配信。[24]

この他、必ずしも日本権益が直接の標的となっていた訳ではないものの、現地に在住・勤務する邦人、邦人観光客等が、イスラム過激派関連のテロの巻き添えになる事例も発生しています。２０１０年以前の主な事例としては、エジプトにおけるルクソール観光客襲撃事件（１９９７年（平成9年）11月、邦人10人死亡）、米国における９１１事件（２００１年（平成13年）９月、邦人24人死亡）、インドネシアにおけるバリ島事件（第一次）（２００２年（平成14年）10月、邦人２人死亡）、インドにおけるムンバイ同時多発テロ事件（２００８年（平成20年）11月、邦人１人死亡）等があります。

さらに、比較的最近（２０１０年以降）の主な事例としては、次のものがあります。

・在アルジェリア邦人に対するテロ事件（２０１３年（平成25年）1月）

アルジェリアのイナメナスにおいて、イスラム過激派がガスプラント等を襲撃し、邦人を含む同プラントの職員を拘束。アルジェリア軍による制圧作戦により数日で収束したが、邦人10人を含む40人が死亡。[25]

・バングラデシュ・ダッカにおける襲撃事件（2016年（平成28年）7月）

ダッカ市内において、ISISに関連する現地の武装グループが外国人の多用するレストランを襲撃、飲食客らを拘束。治安部隊の鎮圧により発生翌日には収束したが、邦人7人を含む20人以上が死亡。[26]

6　日本の情勢を分析する上で、理論は有用か？

以上を踏まえ、日本の状況を分析する上で「4つの波」の枠組みが有用か否か、改めて確認をしてみます。「4つの波」の特徴と日本の情勢が上手く合致するか否かについては、「波（時代）」によって濃淡があります。

・「無政府主義者の波」（1880年代〜1920年代）

日本においては、無政府主義関連のテロに加え、幕末から明治維新初期の時期には当時の日本社会に特有な分断状況等を背景としたテロがみられました。

・「反植民地主義の波」（1920年代～1960年代）
日本においても、朝鮮半島の併合・統治に反対するテロがみられました。ただし、発生時期は主に1910年代から40年代前半であり、世界的な「波」の時代とは若干のズレがみられました。
・「新左翼の波」（1960年代～1990年代）
日本においても、極左暴力集団等によるテロが顕著にみられました。さらに、国外においても、日本赤軍等がテロを実行しました。テロが活発であった時期も「波」の時期と概ね一致します。
・「宗教の波」（1980年代～現在）
日本に特有な事例として、1990年代初めにオウム真理教によるテロが発生しました。他方、日本においては、欧米諸国等に比較して、イスラム過激派関連のテロの事案数等は少ないレベルにとどまっています。ただし、国外において邦人、日本関連企業等が現地のイスラム過激派関連のテロに巻き込まれる事例がみられます。
・この他、「4つの波」の区分とは関係なくほぼ全ての時代に通底する事象として、右翼関連のテロが適宜発生しています。こうした状況は他の欧米諸国等でもみられる動向です。

このように、日本におけるテロ情勢は、「4つの波」が示す世界的な趨勢に一定程度合致していることがわかります。同時に、「4つの波」と日本の情勢が必ずしも合致しない部分からは「世界の趨勢の中で日本に特有な点は何なのか」という点が浮き彫りにされます。そうした意味において、ラポポートの「4つの波」の枠組みは、日本のテロ情勢を理解する上でも、一定の有用性があると考えられます。

□本章のエッセンス

- 日本におけるテロ情勢は、「4つの波」が示す世界的な趨勢に一定程度合致しています。特に「新左翼の波」の時代は最も合致しています。
- 同時に、「4つの波」と日本の情勢が必ずしも合致しない部分もあります。こうした部分からは、「世界の趨勢の中で日本に特有な点は何なのか」という点が浮き彫りにされます。
- このように、ラポポートの「4つの波」の枠組みは、日本のテロ情勢を理解する上でも、一定の有用性があると考えられます。

【参考資料】

本章で取り扱った日本におけるテロ情勢に関しては、以下のサイトによってより詳しく知ることが可能です。

〈極左暴力集団、右翼関連〉

- 国家公安委員会・警察庁（2016）『平成28年版　警察白書』（特集：国際テロ対策）
https://www.npa.go.jp/hakusyo/h28/index.html
- 警察庁（2019）「極左暴力集団の現状等」（令和元年1月）

https://www.npa.go.jp/bureau/security/kyokusanogennjoutou.pdf

- 警察庁（２００４）『焦点　第２６９号　警備警察50年―現代警察法施行50数年危険特集号』（平成16年７月）
  https://www.npa.go.jp/archive/keibi/syouten/syouten269/index.htm
- 警察庁（１９８８）『昭和63年版　警察白書』（特集：「テロ、ゲリラ」の根絶を目指して）
  https://www.npa.go.jp/hakusyo/s63/s63index.html

〈オウム真理教関連〉

- 公安調査庁ＨＰ「オウム真理教」
  http://www.moj.go.jp/psia/20140331.aum.top.html
- 警察庁ＨＰ「未曾有のテロ～オウム真理教事件の爪痕～」
  https://www.npa.go.jp/bureau/security/kouan/aum.html
- 警察庁（２０１９）『焦点　第２８８号　平成30年回顧と展望―オウム真理教による一連の凶悪事件と最近の動向』（平成30年３月）
  https://www.npa.go.jp/bureau/security/publications/syouten/288/288.pdf

〈国際テロ関係〉

- 国家公安委員会・警察庁（２０１６）『平成28年版　警察白書』（特集：国際テロ対策）
  https://www.npa.go.jp/hakusyo/h28/index.html
- 公安調査庁ＨＰ「主な邦人被害テロ事件」
  http://www.moj.go.jp/psia/ITH/topic/Japanese_suffer.html

COLUMN

戦後の右翼テロ等

第二次世界大戦後においても、社会における右翼思想の継続等を背景として、右翼関連のテロは適宜発生しています。

政府・政党要人等を標的とした主な事例としては、岸信介首相傷害事件（１９６０年（昭和35年）７月）、浅沼稲次郎社会党委員長殺人事件（同年10月）、本島等長崎市長に対する拳銃発砲殺人未遂事件（１９９０年（平成２年）１月）、金丸信自民党副総裁に対する拳銃発砲殺人未遂事件（１９９２年（平成４年）３月）等があります。財界・企業等を標的とした事例としては、経団連会館襲撃事件（１９７７年（昭和52年）３月）等があります。報道機関を標的とした事例としては、朝日新聞東京本社拳銃発砲人質立てこもり事件（１９９４年（平成６年）４月）等があります。

なお、『警察白書』では、平成26年版（２０１４年に発行）以降、従来からの右翼の活動とは別に、**右派系市民グループ**（極端な民族主義・排外主義的主張に基づき活動する右派系市民グループ）の活動、こうしたグループの言動等を「ヘイトスピーチ」である等として批判する勢力の活動、さらには双方のトラブルの問題に言及しています*。日本においては現在までのところ、こうした動向に関連するテロは発生していません。しかし、近年の欧米諸国における極右テロの動向にかんがみれば（第９章）、今後、注意が必要との指摘もあります**。

* 国家公安委員会・警察庁『平成26年版　警察白書』、１８３頁。なお、日本では、２０１６年（平成28年）５月にヘイトスピーチ解消法が成立し、同法は翌月施行されました（第９章コラム、第11章３(1)(2)）。

** 警察庁『焦点　第２８２号』、２０１３年、22頁。

□第11章□

日本におけるテロの発生を未然防止するための諸施策

テロに関する学術的な理論や枠組みは日本の状況を理解するためにも有用なのでしょうか。本章では、日本におけるテロの発生を未然防止するための諸施策に関し、主に第5章及び第6章で取り扱った理論や枠組みに基づいて概観します。

テロの発生を未然防止するための諸施策は広範にわたります。一般的に馴染みのある政策分野としても、国防、外交、治安（警察、法務等）、通信、金融、社会（教育、福祉、雇用等）、国土建設等の様々な分野に及びます（言うまでもなく、財政政策はこれら全ての分野に関係します）。図表11-1は、第5章及び第6章で利用した「原因と機会」の枠組みに基づき、これらの諸施策を整理したものです。一般的には、これらの中の特に治安分野に関連する施策のみを指して「テロ未然防止策」という場合も少なくありません。本項では便宜上、前者（図表11-1に示された施策の全体）を「広義のテロ未然防止策」、後者（治安分野に関連する施策のみ）を「狭義のテロ未然防止策」とします。

1　政府の施策、体制

以下では、本章2以降の議論の前提として、日本の政府の施策を、主に政府の政策文書に基づいて概観します。

図表 11-1　テロの発生を未然防止する施策の鳥観図

攻撃を実行する側に関する要因に着目した施策		
「攻撃実行の能力」に関する施策	武力的な施策	・軍による攻撃（国防） ・非軍事組織による攻撃（国防、治安）
	非武力的な施策	・テロ組織との交渉（外交、治安） ・武器、危険物、資金等の規制（治安、金融） ・治安機関の権限、組織等の強化（治安）
「攻撃実行の意図」に関する施策	社　会レベル	・[対外] 紛争国等に対する復興支援（外交） ・[国内] 社会の差別、分断等の解消（福祉）
	個　人レベル	・過激思想への接触機会の抑止（通信、教育） ・社会的紐帯の強化（教育、福祉、雇用） ・脱過激化（再犯防止）（治安、教育、福祉、雇用）

攻撃の機会（標的及び環境・現場空間）に関する要因に着目した施策	
ハード面の施策	・リスク低減に向けた都市計画、街づくり（国土建設、治安） ・標的となり得る施設等のセキュリティ強化（治安）
ソフト面の施策	・潜在的被害者にリスク回避行動を促す広報・啓発（治安） ・リスクに関する情報公開（治安）

※カッコ内は、関連する主な政策分野。

（出典：筆者作成。）

(1)　包括的な政策文書

日本政府においては、「広義のテロ未然防止策」を定めた包括的な政策文書等は特段存在しません。背景として、日本においては一般に「テロの未然防止策」と言った場合、治安政策あるいは犯罪対策の一部、すなわち「狭義のテロ未然防止策」と認識される場合が多いとみられることがあります。

「テロの未然防止に関する行動計画」（2004年（平成16年）12月）

日本において比較的早期に作成されたテロの未然防止策に関する政府の政策文書としては、2004年（平成16年）12月10日に政府の国際組織犯罪対策・国際テロ対策推進本部[1]において決定された「テロの未然防止に関する行動計画」があります。[2]

同計画は、重要施策として次の6項目を挙げています。①テロリストを入国させないための対策の強化、②テロリストを自由に活動させないための対策の強化、③テロに使用されるおそれのある物質の管理の強化、④テロ資金を封じるための対策の強化、⑤重要施設等の安全を高めるための対策の強化、⑥テロリスト等に関する情報収集能力の強化等。

同計画は、戦後の日本における初のテロに関する包括的な政策文書です。しかし、その内容は、基本的には治安政策あるいは犯罪対策の範囲の施策、すなわち「狭義のテロ未然防止策」（特に、「攻撃実行の能力」に関する施策（第6章1⑴））となっています。

「『世界一安全な日本』創造戦略」（2013年（平成25年）12月）

犯罪対策に関する政府の包括的な政策文書としては、2013年（平成25年）12月10日に政府の犯罪対策閣僚会議[3]において決定された「『世界一安全な日本』創造戦略」があります。[4]当該文書の策定以前には、前身となる政策文書として「犯罪に強い社会の実現のための行動計画2008」（2008年（平成20年）12月22日、犯罪対策閣僚会議決定）、「犯罪に強い社会の実現のための行動計画」（２００３年（平成15年）12月18日、犯罪対策閣僚会議決定）がありました。２０１３年に策定された「創造戦略」はこれらの前身となる政策文書をアップデートさせたものと言えます。同戦略は７つの施策を柱としています。このうち、第２項目「オリンピック等を見据えたテロ対策、カウンターインテリジェンス等」及び第６項目「安心して外国人と共生できる社会実現に向けた不法滞在対策」がテロの未然防止に関係する施策となっています。

第２項目の施策は、テロの未然防止に直接関連している施策です。具体的な細目は次のとおりです。①２０２０年オリンピック・パラリンピック東京大会等を見据えたテロに強い社会の構築、②原子力発電所等重要施設の警戒警備及び対処能力の強化、③水際対策、④テロの手段を封じ込める対策の強化、⑤情報収集機能とカウンターインテリジェンス機能の強化、⑥国際連携を通じたテロの脅威等への対処、⑦大量破壊兵器等の国境を越える脅威に対する対策の強化、⑧北朝鮮による日本人拉致容疑事案等への対応。

第６項目の施策は主に犯罪のグローバル化に関する施策ですが、内容的には国際テロの未然防止にも関連するものと言えます。具体的な細目は次のとおりです。①水際対策、②不法滞在等対策、③情報収集・分析機能の強化。

このように、両項目の具体的な細目をみると、やはり基本的には「狭義のテロ未然防止策」となっています。

「2020年東京オリンピック競技大会・東京パラリンピック競技大会等を見据えたテロ対策推進要綱」（2017年（平成29年）12月）

2017年（平成29年）12月11日、政府の国際組織犯罪対策・国際テロ対策推進本部において「2020年東京オリンピック競技大会・東京パラリンピック競技大会等を見据えたテロ対策推進要綱」が決定されました。[6]

同要綱は次の7つの施策を柱としています。①情報収集・集約・分析等の強化、②水際対策の強化、③ソフトターゲットに対するテロの未然防止、④重要施設の警戒警備及びテロ対処能力の強化、⑤官民一体となったテロ対策の推進、⑥海外における邦人の安全確保、⑦テロ対策のための国際協力の推進。

同要綱の内容も基本的には前記の「テロの未然防止に関する行動計画」や「『世界一安全な日本』創造戦略」の内容を踏まえたものであり、やはり「狭義のテロ未然防止策」となっています。

(2) 統括組織

前記のとおり、「広義のテロ未然防止策」は国防、外交、治安（警察、法務等）、通信、金融、社会（教育、福祉、雇用等）、国土建設等の広範な分野に及びます。したがって、日本においてこれらの業務を担当する行政組織も多数多岐にわたります。それでは、日本政府の中に、テロの未然防止策の全体を統括する組織やポストは存在するのでしょうか。こうした「広義のテロ未然防止策」に関して、その全体を統括する組織やポストは存在しません[7]。あえて言えば、政府全体を統括する総理大臣や内閣官房長官がそうした任務に当たっていることになります[8]。

ちなみに、米国においては、２００１年の９１１事件以降一貫して、テロ問題は最重要の政策課題の一つに位置付けられています（第１章２⑵）。しかし、そうした米国においてさえも、「広義のテロ未然防止策」の全体を統括するような組織やポストは存在しません[9]。

こうした状況は、テロの未然防止策の広範性・多様性とそれに伴う困難性を改めて浮き彫りにしていると言えます。

テロの発生の未然防止策――理論枠組みに基づく分析

以下では、第６章で示した「原因と機会」の理論的枠組み（図表11-1）に基づき、実際に日本で実施されている様々な施策を整理し、概観します。

2　攻撃を実行する側に関する要因に着目した施策①――「攻撃実行の能力」に関する施策

⑴　武力的な施策

米国の場合、２００１年以降のアフガニスタンにおける軍事活動を始め、中東、アフリカ、南アジア等の様々な地域において、海外のテロ組織に対する武力攻撃を行っています。日本の場合、こうした海外での軍事活動に直接携わることには憲法上の限界があります。こうした中、日本の自衛隊はこれまで、憲法上許容される範囲内で、旧テロ対策特措法及び補給支援特措法に基づき、２００１年（平成13年）11月から２０１０年（平成22年）１月までの間、インド洋においてテロ対策に従事する各国軍艦船への補給等の後方支援活動に従事しました[10]。

(2) 非武力的な施策

テロ組織等との交渉

日本政府は、日本赤軍によるクアラルンプール米大使館領事部・スウェーデン大使館占拠事件（１９７５年（昭和50年）８月）及びダッカ日航機乗っ取り事件（１９７７年（昭和52年）９月）に際し、人質と交換に、日本で服役・勾留中の日本赤軍関係者等の釈放と身代金の支払いを行いました（第２章５(3)、10章４(3)）。一般的に、交渉におけるこうした要求の受け容れは、短期的には人質の解放と事案の収束に資するものです。しかし、中長期的には同種の事案を誘発する可能性もあります（第４章１(3)、第６章１(1)）。

両事案の後も、国外において日本人が人質となる事案は適宜発生しています（第10章５(3)）。２０１８年（平成30年）10月には、シリアにおいて現地のイスラム過激派系テロ組織に長期間拘束されていた邦人ジャーナリストが解放されました。ただし、前記の１９７７年の事例以降は日本政府による身代金の支払いが確認された事例はありません。

テロ組織の活動を制限するための制度・仕組み作り

制度作り――

日本政府はこれまでも、テロ組織等の能力を制限することを目的として、武器、危険物、資金等に関する様々な国際的な取組に参加し、更には国内的な制度の整備等を行っています。

国際的な取組の例としては、核テロリズム防止条約（２００５年４月に国連総会で採択）、爆弾テロ防止条約（１９９７年12月に国連総会で採択）、テロ資金供与防止条約（１９９９年12月に国連総会で採択）等の各種条約の締結、**金融活動作業部会**（ＦＡＴＦ：Financial Action Task Force on Money Laundering）によるマネーロンダリング対策への取組等があります。日本もこれらの取組に参加し、所要の国内法令の整備等を実施しています。２０１７年（平成29年）１月現在、日本が締結しているテロ防止関連の条約は13個にのぼります[11]。例えば、近年の日本国内の金融機関における本人確認の厳格化等は、ＦＡＴＦによる勧告に基づく関係国内法令の整備等と関連しています。また、２０１７年（平成29年）６月、**国連組織犯罪防止条約**締結のための国内法整備の一環として、いわゆる**テロ等準備罪**が新設されました（組織的犯罪処罰法第６条の２）。

国内における取組の例として、１９９５年（平成７年）３月の地下鉄サリン事件の発生を受けて、同年４月にサリン防止法が制定されました。また、１９９９年（平成11年）12月には、オウム真理教を公安調査庁の監視下に置くことを念頭に置いた、団体規制法が制定されました（第10章5(2)）。さらに、２００５年（平成17年）４月には、旅館業法施行規則の改正に基づき、ホテル等宿泊施設における外国人の身分確認が強化されました。このほか、主に一般犯罪防止の目的で適宜実施されている銃刀法の改正に基づく銃器、刃物等に対する規制の強化は、テロの未然防止にも資すると考えられます。

治安機関（インテリジェンス機関、法執行機関等）の権限、組織強化——

インテリジェンス機関及び法執行機関は、個別具体のテロ事案への対処を行います。インテリジェンス機関は主に未然防止のための情報の収集・分析を担う一方、法執行機関は事案の捜査を行い、必要に応じて被疑者の検挙等を行います。

・法執行機関

通信傍受、仮装身分捜査（いわゆる「潜入捜査」）、訴追に関する合意制度（いわゆる「司法取引」）等の先進的な捜査手法は、一般の犯罪捜査のみならずテロ事案の捜査にも有用なものと考えられます。しかし、日本の法執行機関（警察等）に付与されているこうした先進的捜査手法に関する権限は、欧米先進国の諸機関に比較して、限定的なものになっています。[12]

・インテリジェンス機関

政府内のインテリジェンス機関のグループは、一般に、インテリジェンス・コミュニティと呼ばれます。日本のインテリジェンス・コミュニティは、内閣官房（内閣情報調査室）、警察庁（警備局）、法務省（公安調査庁）、外務省（国際情報統括官組織）、防衛省（防衛政策局）を主たる構成組織としています。従前より、欧米先進国のインテリジェンス・コミュニティに比較して規模が小さい、統括機関（内閣情報調査室）の統括権限が弱い等の課題があります。特に、米国の中央情報局（ＣＩＡ）やイギリスの秘密情報部（いわゆるＭＩ６）に相当する対外ヒューミント（人的情報収集）担当機関が無いことが等が課題となっています。

こうした中、インテリジェンス・コミュニティについても、２００８年（平成20年）２月に策定された「官邸における情報機能の強化の方針」[13]等に基づき、様々な機能強化が順次実施されています。背景には、１９９０年代末期以降、北朝鮮による核・ミサイル開発、近隣諸国との領土紛争等の地域情勢の不安定化を背景として、インテリジェンス能力を含む安全保障能力全般の向上の必要性への認識が高まっていることがあるとみられます。

機能強化策の例としては、内閣情報分析官制度の創設（２００８年（平成20年）４月）による分析機能の強化、特定秘密保護法の制定（２０１３年（平成25年）12月）によるカウンターインテリジェンス機能の強化、国際テロ情報収集ユニットの創設（２０１５年（平成27年）12月）による情報収集機能の強化等が実施されています。加えて、２０１３年（平成25年）12月の国家安全保障会議（ＮＳＣ）及び国家安全保障局（ＮＳＳ）の創設は、政策部門からインテリジェンス部門に対する情報要求（リクワイアメント）の強化に資するものと言えます。[14]２０１８年（平成30年）10月にシリアで現地のイスラム過激派系テロ組織に拘束されていた邦人ジャーナリストが解放された事案に関し、同月24日、菅義偉官房長官は記者会見において、国際テロ情報収集ユニットの活動の成果である旨を発言しました[15]。

なお、こうした治安機関の権限・体制の強化はテロの未然防止には資するものです。しかし同時に、「安全と権利自由のバランス」の観点から懸念を示す意見もあります。例えば、特定秘密保護法の制定（２０１３年（平成25年）12月）やテロ等準備罪の新設（２０１７年（平成29年）6月）をめぐる国会審議に際しては、各地で反対デモ等もみられました。

3　攻撃を実行する側に関する要因に着目した施策②——「攻撃実行の意図」に関する施策

(1)　社会レベルの問題に着目した施策

社会レベルの問題に着目した施策とは、テロの背景にあるとみられる社会的な不満等の軽減・解消を目的とする諸施策です。これらの諸施策は必ずしも「狭義のテロ未然防止策」には含まれず、対外的には外交政策、国内的には社会政策（福祉、教育、雇用等）の分野に含まれる場合が一般的です。

対外的な施策

対外的な施策としては、テロの温床となっている国や地域（一般には、紛争等によって荒廃している場所である場合が多い）に対する復興支援等があります。例えば、日本の自衛隊は、イラク人道復興支援特措法に基づき、2003年（平成15年）12月から2009年（平成21年）2月までの間、イラク、クウェート等において、医療、給水、公共施設の復旧・整備、関連物資等の輸送等の人道復興支援活動に従事しました。[16]

また、自衛隊が参加している各種の国連平和維持活動（国連PKO：United Nations Peacekeeping Operations）の中には、テロの未然防止策に資するとみられるものもあります。具体的には、ゴラン高原における国連兵力引き離し監視隊（UNDOF）への参加（1996年（平成8年）2月～2013年（平成25年）1月）等の例があります。[17]

さらに、外務省による政府開発援助（ODA）等を通じて、発展途上国におけるテロ対策能力向上等に関する支援も行われています。[18]

国内的な施策

国内的には、社会の差別、分断等の解消に向けた諸施策がみられます。こうした諸施策は必ずしも直接にはテロの未然防止には関連していません。前記の「狭義のテロ防止策」に関する政策文書等にも基本的には余り触れられてはいません。しかし、欧米諸国における過去の状況等にかんがみると、これらの施策は、テロの発生の未然防止にも資するものと考えられます。

例えば、外国人との共生の問題に関し、日本では、２０１８年（平成30年）12月に外国人材の受入れ拡大を目的とする入管法の改正が行われました（施行は２０１９年（平成31年）４月）。これに伴い、同月25日、外国人材の受入れ・共生に関する関係閣僚会議[19]は、「外国人材の受入れ・共生のための総合的対応策」を決定しました（２０１９年（令和元年）12月12日に改訂）[20]。この中には、日本の地域社会における生活者としての外国人を支援するための施策として、次のような項目が含まれています。①暮らしやすい地域社会づくり、②生活サービス環境の改善等、③円滑なコミュニケーションの実現（日本語教育の充実）、④外国人の子供に係る対策、⑤留学生の就職等の支援、⑥適正な労働環境等の確保、⑦社会保険への加入促進等。

また、２０１６年（平成28年）５月には人権擁護の観点からヘイトスピーチ解消法が成立し、同法は翌月施行されました[21]。地方自治体の中には、ヘイトスピーチの規制に関して罰則付きの条例を設ける例もみられます（２０１９年（平成30年）12月：神奈川県川崎市）（第９章コラム、第10章コラム）。

(2) 個人レベルの問題に着目した施策

過激主義思想への接触機会の抑止

諸外国においては、宗教施設等における過激主義思想の宣伝、インターネットやＳＮＳ等のオンラインネットワーク空間における過激主義思想の宣伝の拡散等に対する規制が実施されている例があります。私企業である運営管理者（フェイスブック、ツイッター、ユーチューブ等）が独自の運用指針として過激主義思想等の削除を明示している場合もあります。[22] 他方で、こうしたオンラインネットワーク空間に対する規制は、「安全と権利自由のバランス」の観点から複雑・繊細な問題を孕んでいます。

日本においては、テロの未然防止を直接の目的としたネット上の規制（例えばテロに関連する過激主義思想を含む内容の記事の強制削除等）は、現在までのところ特段実施されてはいません。ただし、ネット上の記事等の内容が別途何らかの違法行為（威力業務妨害、偽計業務妨害、脅迫、名誉毀損等）を構成する場合には、取締り・処罰の対象となり得ます（例：爆破予告）。

なお、青少年インターネット環境整備法[23]（２００８年（平成20年）６月成立）は、青少年の健全育成の観点から、青少年有害情報に対するフィルタリングの制度を定めています。したがって、テロや過激主義思想に関連するネット上の記事等が同法の定める青少年有害情報に該当すると解釈される場合には、同法の規制の対象となる可能性があります。また、法務省は、人権擁護の観点から、ヘイトスピーチ解消法の定めるヘイトスピーチに該当する記事等の削除要請をプロバイダーに対して行っています。

これらの諸施策は必ずしも直接にはテロの未然防止には関連していませんが、実質的に、過激主義思想への接触機会の抑止にもある程度資するものと考えられます。

抑止力としての社会的紐帯の強化

犯罪学における社会的紐帯理論は、社会（地域社会、家庭、学校・職場等）における絆（紐帯）が各個人の逸脱行動を防止しているとの考えに基づき、こうした地域社会における社会的紐帯の強化が個人の犯罪への関与の抑止に資するとしています。こうした考え方に基づく施策は、日本においては、必ずしもテロの発生の未然防止に特化した施策ではなく、犯罪全般の抑止、とりわけ少年の非行防止を目的とした施策として実施されている場合が少なくありません。しかし、欧米諸国における過去の状況等にかんがみると、これらの施策は、テロの未然防止にも資するものと考えられます（第5章2(2)、第6章1(2)）。

政府の施策としては、2003年（平成15年）12月に犯罪対策閣僚会議の決定した「犯罪に強い社会の実現のための行動計画」において、「社会全体で取り組む少年犯罪の抑止」が5つの重点項目の中の一つに位置付けられています。[24][25] これらの諸施策は、警察等の治安当局のみならず、学校、教育委員会、児童相談所、保護観察所等の関係機関の他、地域社会、ボランティア等の幅広い主体の協働によって担われるべきものとされています。

4 攻撃実行の機会（標的及び環境・現場空間）に関する要因に着目した施策

攻撃の機会に着目した施策は、「潜在的な犯罪者にとって、犯行に都合の悪い状況」を作り出すことによって、犯行のリスクを低減しようとするものです（第5章3、第6章2）。日本においては、必ずしもテロの未然防止に特化した施策ではなく、犯罪全般の抑止を目的とした「安全・安心な街づくり」策等の一部として実施されるのが一般的です。これらの施策は、テロの未然防止にもある程度資するものと考えられます。

政府の施策としては、２００３年（平成15年）12月に犯罪対策閣僚会議の決定した「犯罪に強い社会の実現のための行動計画」において、「地域連帯の再生と安全で安心なまちづくりの実現」が重要施策の一つに位置付けられています。[26,27]

ハード面の施策としては、犯罪の発生しにくい道路、公園、駐車場、店舗、事業所、住居等の普及等が実施されています。ソフト面の施策としては、各地域における防犯ボランティア活動等の推進、国民の防犯意識を向上させるための広報啓発活動、国民への犯罪情報・地域安全情報の提供等が実施されています。警備員の配置、防犯灯の設置、街頭防犯カメラの設置等もこうした施策の中に位置付けられます。近年の海空港における水際対策の強化（顔認証システムの導入等）、空港セキュリティの強化（透視スキャナーの導入等）等もこうした施策に含まれると考えられます。なお、これらの諸施策は、警察等の治安機関のみならず、地域社会、私企業、NPO等の幅広い主体の協働によって担われるべきものとされています。

□本章のエッセンス

- 「原因と機会」の枠組みを利用することにより、現在の日本におけるテロの未然防止策の全体像を俯瞰することが可能となります。あわせて、日本の諸施策の特徴点が改めて浮き彫りにされます。
- 第1に、理論上必要とされるほぼ全ての分野において一応何らかの施策が実施されていることが確認できます。
- 第2に、しかし同時に、分野によって濃淡があることも改めて確認できます。特に、日本においてはテロに特化した施策は必ずしも多くはありません。諸施策の多くが、一般犯罪の抑止のための施策を始め他の目的の施策の等の中に組み込まれています。

【さらに学びたい方のために】

・大沢秀介・荒井誠・横大道聡（編著）『変容するテロリズムと法―各国における〈自由と安全〉法制の動向』弘文堂、2017年。

※第1章末尾の参考文献欄を参照。

第III部

総　括——テロに関する学術理論は将来をどのように見るのか？

第12章

テロ研究とテロ対策の将来

本章では、本書のまとめとして、「テロに関する学術研究の主要論点の全体像」を改めて俯瞰してみます。その上で、「これからの社会におけるテロ対策」に関する2つの論点に触れます。

1 テロに関する学術研究の主要論点

本書では、テロの歴史に関する「4つの波」（第2章）、テロの発生の未然防止に関する「原因と機会」の枠組み等紹介しました。テロに関する学術研究は、こうしたもののみならず、様々な論点をカバーしています。では、テロに関する学術研究の最先端の論点にはどのようなものがあるのでしょうか。以下では、代表的な2つの例を紹介します。

(1) ジャクソン等の見方

ニュージーランドの研究者であるジャクソン（Richard Jackson）等が2018年に出版した『テロに関する現在の論争（Contemporary Debates on Terrorism）第2版』は、主に欧米における最近のテロに関する学術研究の主要な論点を紹介し、論じています。当該書籍の目次内容は次のとおりです。

第1章：（テロの）定義とテロ研究
1．「テロ」は現在でも有意義な分析上の概念なのか。それとも、もはや不要な概念なのか。
2．「批判的テロ研究」は有意義な研究アプローチなのか。
第2章：テロの類型
3．「新たな形態のテロ」というものは存在するのか。
4．国家はテロの主体たり得るのか。
第3章：テロの脅威
5．テロは、国際・国家安全保障上の深刻な脅威なのか。
6．大量破壊兵器を利用したテロの脅威は今後高まるのか。
7．「サイバーテロ」は真の脅威なのか。
8．アルカイダによるテロは依然として深刻な脅威なのか。
9．「外国人戦闘員」は、出身国へ帰国後、各地でテロリストとなるのか。
第4章：テロの原因
10．テロは、貧困や社会的排除を根本的な原因として発生するものなのか。
11．宗教的過激主義はテロの原因なのか。
第5章：テロ対策
12．取締りや軍事力に基づくテロ対策は有効なのか。
13．ドローンは、テロ対策の道具として役に立つものなのか。
14．過激化防止は、テロ対策として有効なのか。
15．大規模な大衆監視は、テロ対策として有効なのか。

16．９１１事件以降における、テロと政治暴力の抑止に向けた世界的な取組は果たして有効だったのだろうか。

これらの論点はいずれも依然として学術的な論争が継続しており、必ずしも明確な決着は付いていません。当該書籍では、それぞれの論点に関して肯定・否定の両方の立場からの主張が紹介されています。

(2) シュミッド、フォレスト等の見方

オランダで発行されているテロ問題を専門とする学術誌「Perspectives on Terrorism」第12巻第4号（２０１８年8月）は、欧米の約20人の研究者の意見に基づき、同誌の編集者であるオランダ人研究者・シュミッド（Alex Schmid）と米国人研究者・フォレスト（James Forest）の連名で「研究上の論争：テロリズム・テロ対策の研究分野において、研究が尽くされていない（あるいは研究途上の）１５０個の論点：新たなリスト（Research Desiderata：150 Un- and Under-Researched Topics and Themes in the Field of (Counter-) Terrorism Studies – a New List）」と題する論文を掲載しました。同論文は１５０個の論点を次の14の類型に分類しています。[2]

1. テロ組織とテロ組織員（25個）
2. 過激化と脱過激化（7個）
3. テロの原因（10個）
4. 宗教とテロ（10個）
5. インターネット、ソーシャルメディアとテロ（15個）
6. テロと一般大衆、世論（6個）
7. 戦争とテロ（6個）
8. 国家によるテロ（2個）
9. 国、地域ごとの研究（6個）
10. テロ、暴力的過激主義の抑止及び対策（10個）
11. 国家及び国際機関によるテロ対策（37個）
12. 被害者に関する諸問題（7個）
13. （テロの）概念に関する諸問題（4個）
14. テロ研究及びテロ対策研究の様々な分野（5個）

こうしたシュミッドとフォレストによる分類は、前記のジャクソンン等による分類と類似している部分も少なくありません。シュミッド等による14分類をジャクソン等による5分類に基づいてまとめてみると以下のようになります（図表12－1）。

図表 12-1　テロ研究の主要論点：ジャクソンン等による分類と
シュミッド等による分類の対比

		シュミッド等による分類
ジャクソンン等による分類	（テロの）定義とテロ研究	⑥ テロと一般大衆、世論、 ⑭ テロ研究及びテロ対策研究の様々な分野
	テロの類型	⑬（テロの）概念に関する諸問題、 ⑧ 国家によるテロ
	テロの脅威	① テロ組織とテロ組織員、 ⑤ インターネット、ソーシャルメディアとテロ、 ⑨ 国、地域ごとの研究
	テロの原因	② 過激化と脱過激化、③ テロの原因、 ④ 宗教とテロ、⑦ 戦争とテロ
	テロ対策	⑩ テロ、暴力的過激主義の抑止及び対策、 ⑪ 国家及び国際機関によるテロ対策、 ⑫ 被害者に関する諸問題

（出典：筆者作成。）

(3)　通底する課題

これらの論点の幾つかは本書の中でも触れられています。各論点に通底する背景としては、本書の中でも指摘した**「テロの概念の多様性、相対性及び主観性」**（第1章3(1)）と**「テロが発生する要因の複雑性」**（第4章）があるとみられます。

すなわち、日常的に私たちはテロに関する報道等を目にすると、「テロ対策をもっと徹底すべきだ」、「より効果的なテロ対策は何なのか」等の素朴な感想を直観的に抱くことが少なくありません。しかし、学術的には「そもそもテロとは何か」という概念定義すらも必ずしも明確ではないという問題があります（ジャクソンン等による第2の論点）。こうした学術研究上の「根幹部分」が不安定であることから、その先にある「テロの脅威はどの程度なのか」、「テロの発生要因は何なのか」、「テロ対策は有効なのか」等の論点（ジャクソン等による第3、第4及び第5の論点）に関して議論や評価を行う作業も、必ずしも容易ではないものとなっています。その結果として、「そもそも『テロ』という概念は分析上の役に立つものなのか」という問題（ジャクソン等による第1の論点）にも繋がっているとみられます。

日常生活等においては、そこまで思考することは決して多くはないと思います。しかし、折に触れ、こうした学術研究上の諸課題、とりわけ「テロの概念の多様性、相対性及び主観性」や「テロが発生する要因の複雑性」に関わる問題について考えてみることは、今後の「テロ対策の在り方」等を思考する上でも有意義とみられます。特に、前記のとおり「欧米諸国等における主たるテロの脅威は、自国内のホームグローンのテロリストによる少人数又は単独犯（ローンウルフ）の形態の犯行に変容しつつある」、「その結果、完全な未然防止は一層困難になっている」（第4章3(4)、第7章4(2)等）等の状況の下での「テロ対策の在り方」を検討する際には、こうした思考はより重要になると考えられます（本章2及び3）。

2　ホームグローンとローンウルフの時代のテロの未然防止
――「安全と権利自由の両立」は可能か？

(1)　欧米諸国における近年のテロの脅威

欧米諸国におけるテロの脅威、特にイスラム過激派関連のテロの脅威は、従来は、アルカイダによる９１１事件（２００１年、米国）やイラク・シリアのイスラム国（ＩＳＩＳ）によるパリ同時多発攻撃事件（２０１５年11月、フランス）に代表されるような「外国から送り込まれて来た練度の高いテロリストのグループによる組織的犯行」が中心でした。これに対し、近年の脅威は、「自国内のホームグローンのテロリストによる少人数又は単独犯（ローンウルフ）の形態の犯行」が中心となりつつあります。こうした犯行は一般に、練度が低く素人的であり、凶器も簡便なもの（車両、刃物、簡易爆発物等）であることから、従来型の組織的犯行に比較すると成功率が低く、被害規模も小さいものとなります[3]（第４章３(4)、第７章４(2)等）。

しかし同時に、治安機関等から見ると、こうした犯行は、従来型の組織的犯行に比較して、その動向を事前に把握して発生を未然防止することは非常に困難であるとみられます。近年の欧米諸国におけるイスラム過激派関係のテロの中には、実行犯は警察等治安当局にまったく把握されていなかったという例も少なくありません。したがって、テロの発生を１００％完全に未然防止することは、むしろ従来よりも困難になっていると言えます。こうした状況下にけるテロの未然防止を「学校における学科試験」に喩えるならば、「最近の試験は、昔の試験に比較して平均点は上昇した（全般的な難易度は低下した）ものの、満点をとれる人数は減った」という状況と言えます。

(2) 問題の所在――「両立」の実現の困難さ

こうした「満点を取り難い」状況下において引き続き「満点を目指す」、すなわち、テロの発生の未然防止を確実にするためにはどうすれば良いのでしょうか。

一般的な施策としては、治安機関（法執行機関、インテリジェンス機関等）の権限強化や高性能資機材の導入を通じ、市民一人一人に対する監視をより確実にすることが考えられます。例えば、ＡＩ等の高度科学術に基づく顔認証技術等と連動した街頭防犯カメラの増設、通信傍受の要件の緩和、オンラインネットワーク空間に対する監視権限の強化、その他各種の個人情報に対するアクセス権限の付与等が考えられます。ただし、日本の場合、現状では治安機関に認められている各種権限は、欧米諸国の治安機関等に比較して弱いものとなっています（第11章2(2)）。他方で、こうした治安機関の権限強化等に対しては、権利自由の侵害の可能性（治安当局による権限の濫用等）を懸念する声が生じる可能性があります。例えば、米国においては、前記のとおり、９１１事件後に治安機関の様々な権限が強化されました。しかし、世論からの批判等を受けてその後見直しが図られています（第6章1(1)）。日本においても、特定秘密保護法の制定（2013年（平成25年）12月）やテロ等準備罪の新設（2017年（平成29年）6月）をめぐる国会審議に際しては、各地で反対デモ等がみられました（第11章2(2)）。

では、こうした状況下において「安全と権利自由の両立」を図る、すなわち「テロの未然防止を万全にする（満点を目指す）と同時に、権利自由の侵害も防止する」ためには、具体的にはどのような方法が考えられるでしょうか。例えば日本においては従来、法律学的なアプローチ、すなわち、治安機関に権限を付与する根拠法令の立法に際して可能な限り制限を加えるというアプローチが多くみられます。しかし、こうしたアプローチは、治安機関が任務遂行のために本来必要とする権限が十分に付与されなくなる可能性を孕みます。換言すると、従来からの法学的アプローチのみでは「安全か権利自由のどちらかの二者択一」となるきらいがあり、結果として、安全と権利自由の「両立」は実現できなくなる（あるいは両者が共倒れとなる）可能性があります。

(3) 治安機関に対する民主的統制制度の充実

こうした場合、欧米諸国においては、治安機関（特にインテリジェンス機関）に対する民主的な統制制度を設けることにより、安全と権利自由の「二者択一」ではなく「両立」を図るアプローチが採られる例が少なくありません。すなわち、治安機関に対して任務遂行に必要な然るべき権限を与える一方で、治安機関が権限を濫用・逸脱を起こさないようにその動向を監督する民主的な制度を構築するというアプローチです。こうしたアプローチの背景には、「民主的統制機関による適切な監督に服することにより、治安機関による強い権限行使に一定の正統性（Legitimacy）が与えられる」との考え方です。

欧米諸国におけるインテリジェンス機関に対する民主的統制制度の実際の例としては、米国における連邦議会上院の情報特別委員会（Select Committee on Intelligence）及び下院の常任特別情報委員会（Permanent Select Committee on Intelligence）、イギリスにおける議会情報保安委員会（The Intelligence and Security Committee of Parliament（ISC））、ドイツの議会監視委員会（Parliamentary Oversight Panel（PKG））、カナダの保安情報監督委員会（Security Intelligence Review Committee）等があります。米国、イギリス、ドイツの組織は議会組織である一方、カナダの組織はいわゆる独立行政委員会に近いものです。

日本の場合、現時点では、こうした欧米諸国における民主的統制機関に相当する組織、すなわち、インテリジェンス機関に対する民主的監督を専門的に担当している組織は存在しません。（警察に対する民主的統制機関としては公安委員会があります。）ただし、２０１４年12月の特定秘密保護法の施行に合わせて国会の衆参両院にそれぞれ設置された情報監視審査会は、欧米諸国におけるインテリジェンス機関に対する民主的統制組織に部分的に類似している点があります。[4]

今後、日本及び欧米諸国において、治安機関の更なる権限強化等を図るに当たっては、併せ

図表 12-2 「安全と権利自由の関係」のイメージ

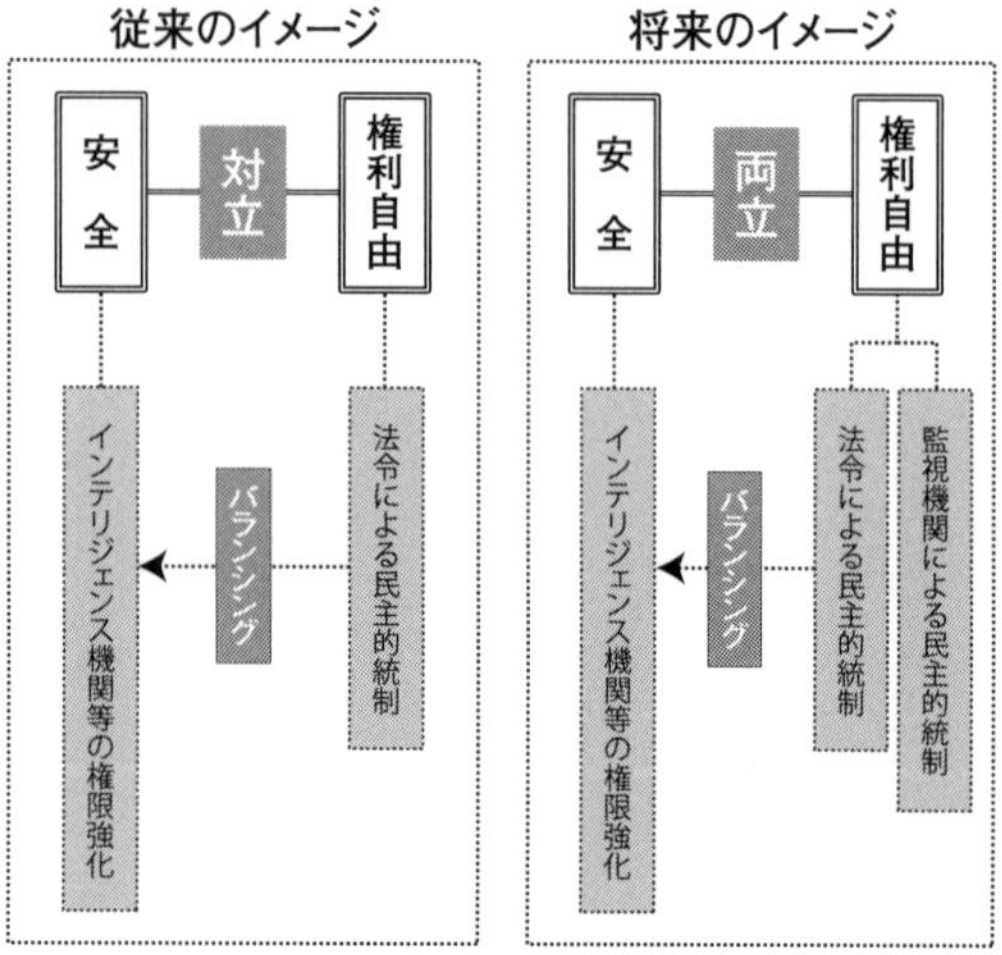

（出典：筆者作成。）

てこうしたインテリジェンス機関等に対する民主的統制の制度の整備・強化が一層求められる可能性があります。日本の場合、現時点ではこうした制度が存在しないことから、具体的にどのような制度を構築すべきか、という点から検討が必要となります。例えば、現在の衆参両院の情報監視審査会を発展させるなどして、米国等と同様に「議会に設置された監視委員会」とすることが考えられます。あるいは、カナダのように、議会からも一定の距離を置いた「独立行政委員会的な形態の組織」とすることも考えられます。理論的には、前者の形態の方がより民主的統制のレベルは高くなります。他方、後者の形態はより政治的中立性の確保に優れています。ある特定のモデルが普遍的に正しいとは限らず、それぞれの国の社会的、政治的特徴に応じて最も相応しいモデルを構築することが求められます。[5]

さらに、「安全と権利自由の両立」が実現されるためには、こうした監督制度が構築されるのみならず、当該制度が実際に効果的に運用されることが必要です。そのためには、国民自身が、こうした組織の運用状況に興味を持ち、場合によってはその運用に積極的に関与することが肝要です。すなわち、こうした制度の運用への積極的な関与は、民主主義社会における「安全と権利自由の両立」の実現のために国民自身が負担すべきコストであると言い得ます。ただし、日本の場合、こうした政治プロセスへの積極的な参画に関する国民の関心は、欧米諸国に比較してやや低いとみられます。こうした点の克服が将来的な課題となる可能性があります。

3 そもそも「テロ対策」の目的とは何なのか？
――テロに対する社会の心理的強靭性（レジリエンス）の強化

本書ではここまで、「テロ対策」の成功と「テロの発生の未然防止」及び「（テロが発生した際の）物理的被害（犠牲者数、その他の各種被害の金銭評価額等）の最小化」がほぼ同義であるとの暗黙の前提で議論を進めてきました。しかし、そもそもこうした前提は適切なのでしょうか。

(1) テロリストの真の目的は何か?

前記（第1章2(1)）のとおり、テロの基本的要素には「政治的な動機を持つこと」、「（直接の被害者等のみならず）より多くの聴衆に対する『恐怖の拡散』を狙っていること」があると考えられます。したがって、テロリストの視点から見ると、テロ行為の成否は単純に物理的被害（犠牲者数、その他の各種被害の金銭評価額等）のみならず、「社会に対してどれだけの恐怖を拡散できたか」、「それによって（政府の施策に影響を与えるなどして）どれだけ政治的目的を達成し得たか」等によって評価されることとなります（第1章2(2)）。

極論をすれば、実際にテロ行為が実行されなくても、市民の間に「テロが起こるかもしれない」との恐怖が拡散され、その結果として国民の行動様式や政府の施策等に何らかの影響が生じれば、テロリスト側とすれば一定の成果があがっていると評価し得ます。その意味で、テロリストにとっての短期的な目的は、物理的被害の最大化よりもむしろ、社会におけるパニックや分断の惹起、それらに伴う政府の権威失墜、その前提としての組織や実行犯自身の売名等である場合が少なくないとみられます（第1章2(2)）。

(2) 「テロ対策」の真の目的とは何か?

これを政府等の防御側の視点からみると、「テロ対策」の成否とはどのような基準によって判断されるべきなのでしょうか。本書でこれまで論じてきた「テロの発生の未然防止」及び

「(テロが発生した際の) 物理的被害の最小化」が重要であることは言うまでもありません。しかし、それらのみならず、**「社会に流布される恐怖の最小化」**及び**「恐怖がもたらす影響の最小化」**によっても評価されるべきと考えられます。具体的には、**社会におけるパニックや分断の抑止**等が重要と考えられます。

このように、「そもそもテロとは何か」という問題に遡って「テロ対策」の意義を改めて考えてみると、「テロ対策」とはテロの発生の未然防止よりも広い概念であると言えます。

ちなみに、社会におけるパニックや分断の抑止に失敗するとどうなるのでしょうか。一般的に、社会におけるパニックや分断(宗教、人種、国籍等の異なったグループ間の対立)の高揚は、世論として政府に対する政治的圧力となります。民主主義社会においては、たとえそうした政治的圧力が客観的にみて不合理な内容だとしても、政府として全くこれを無視することは困難である場合が少なくありません。したがって、こうした政治的圧力は、政府自身による特定のグループ(宗教、人種、国籍等)に対する圧力の強化、「テロ対策」の更なる強化等に繋がる可能性があります。こうした場合の「テロ対策」は、財政の過剰支出、権利自由の過度な制限等に繋がる可能性もあります。こうした状況が社会の分断と不満の更なる深化に繋がる場合には、言わば**パニックや分断の「負のスパイラル」**の発生が懸念されます。

(3) テロに対する社会の心理的強靱性（レジリエンス）の強化

こうした社会におけるパニックや分断の抑止、更には「負のスパイラル」の抑止という側面に着目した施策は、「テロに対する社会の心理的強靱性（レジリエンス）の強化策」と称することができます。[6] すなわち、「テロに関する恐怖に対して誤った過剰反応に陥らないようにする」という意味において、社会全体のレベルと個々人のレベルの双方においてテロに対する心理的な強靱性（レジリエンス）を備えることが必要とされます。

社会の分断を抑止するための施策としては、平素より、特定のグループ（宗教、人種、国籍等）に対する誤解や偏見の解消等に向けた諸施策を推進することが有用と考えられます。パニックを抑止するための施策としては、平素より、客観的なテロ情勢、緊急時の避難方法等に関して個々人が一定の知識を身に付けておくことが肝要と考えられます。そのためには、治安機関を始め政府側としても、「テロは発生し得る」ことを前提として、平素より可能な限り正確な関連情報を国民に提供することが必要となります[7]（こうした考え方については、大規模災害等に関する危機管理研究、リスク・コミュニケーション研究等の分野において既に一定の学術研究の蓄積があります）。

その上で、実際にテロが発生してしまった際（あるいはテロ発生の蓋然性が高まってきた場合）には、治安機関を始め政府側としてのメッセージ発信、情報提供等のレベルをより上昇させることが効果的と考えられます。場合によっては、責任のある立場の指導者によるメッセージの発信等が効果的となる場合もあります。例えば、2005年7月のアルカイダによるロンドン地下鉄等同時爆破テロ事件の直後のリビングストン（Ken Livingstone）ロンドン市長の演説（同年7月8日）は、「パニックや分断に陥ることはテロリストの思うつぼだ」との旨をロンドン市民に強く訴えるものでした。オランダの研究者であるバッカー（Edwin Bakker）は同演説を、テロ対策におけるリスク・コミュニケーションの優れた事例と評価しています。[8] また、2019年3月のニュージーランドにおけるクライストチャーチ・モスク銃乱射事件後のアーダーン（Jacinda Ardern）首相の議会演説（同年3月19日）は、「テロリストの売名行為には組みしない」としてテロリストの実名に言及することを避けるとともに、社会の連帯を強く訴えるものでした。

前記のとおり、日本を含む欧米諸国においては、近年のテロの脅威は「自国内のホームグローンのテロリストによる少人数又は単独犯（ローンウルフ）の形態の犯行」が中心となりつつあり、その結果、テロの発生の未然防止は一層困難になっています。こうした状況下では、「テロ対策」の内容として、従来からの「発生の未然防止」のみならず、こうした「テロは発生し得る」ことを前提とした「テロに対する社会の心理的強靱性の強化」という視点が一層重要になってくると考えられます。[9]

4 終わりに

第2章で指摘したとおり、ラポポートの「4つの波」の枠組みは、「各時代のテロ情勢には、連続性と変化の両方の特徴がある」旨を改めて浮き彫りにしています。すなわち、「社会における不満の蓄積と暴力を正当化する思想の結び付き」というテロ発生のメカニズムには各時代（波）に共通する一定のパターンがみられます。他方で、そうした思想と社会情勢、攻撃の手法等には、時代（波）ごとに変化がみられます。

こうした視点からみると、残念ながら、テロという現象は今後も容易には無くならないものと考えられます。第5章で検討した「テロの発生のメカニズム」からも同様の結論が導かれます。他方で、「4つの波」の枠組みが示唆するように攻撃の手法等は時代によって変化するものであり、したがって、対策面においても、そうした変化への柔軟な対応が必要と考えられます。

前記のとおり、欧米諸国等におけるテロの脅威の質が変化しつつあり、「100点満点の未然防止」が一層困難になる中、本章で指摘した「安全と権利自由の『両立』」（そのための治安機関に対する権限付与と民主的統制の強化）及び「テロに対する社会の心理的強靱性（レジリエンス）の強化」という視点は、「テロ対策」を実施する側に求められている変化なのかもしれません。

□本章のエッセンス

・最近のテロに関する学術研究上の主要な論点は、「テロの定義」、「テロの脅威評価」、「テロの原因」、「テロ対策の効果の評価」等の分野になります。各論点に通底する背景としては、本書の中でも指摘した「テロの概念の多様性、相対性及び主観性」（第1章3⑴）と「テロが発生する要因の複雑性」（第4章）があるとみられます。

・日本を含む欧米諸国においては、近年のテロの脅威は「自国内のホームグローンのテロリストによる少人数又は単独犯（ローンウルフ）の形態の犯行」が中心となりつつあり、その結果、テロの発生の未然防止は一層困難になっています。

・こうした中、今後の重要な論点として、第一に、テロの発生の未然防止における「安全と権利自由の両立」の検討が挙げられます。具体的には、インテリジェンス機関に対する民主的統制制度の整備、当該制度への国民の積極的な参画等が重要な課題となります。

・第二に、テロ対策における「テロに対する社会の心理的強靱性（レジリエンス）の強化」の検討が挙げられます。前提として、「恐怖の拡散」や「社会におけるパニック、分断の惹起」等を目的とするというテロの本質にかんがみ、「テロ対策」の意義を「発生の未然防止」よりも広く理解することが有用と考えられます。

【さらに学びたい方のために】

- Schmid, Alex P., and James J. Forest. “Research Desiderata; 150 Un- and Under-Researched Topics and Themes in the Field of (Counter-) Terrorism Studies – a New List.” *Perspectives on Terrorism*, vol. 12, no. 4, 2018, pp. 68-76.

本文の中で紹介した*Perspectives on Terrorism*に掲載されているシュミッドとフォスターによる「150個の研究上の論点」に関する論文です（2018年8月刊行）。当該論文はインターネット上でもアクセス可能です（https://www.universiteitleiden.nl/binaries/content/assets/customsites/perspectives-on-terrorism/2018/issue-4/05---un--and-under-researched.pdf（2020年4月1日閲覧））。

もし余裕があれば、オリジナルの論文に当たることをお勧め致します。

本書注——

【第1章注】

1　Congressional Research Service (CRS), "Domestic terrorism: An Overview," August 21, 2017, pp. 5-8.

2　国際連合（国連）の場においても、統一的なテロの定義付けはなされていません。こうしたこともあり、国連においては、統一的なテロの厳格な定義を必要とするような包括的なテロ関連条約等の締結には至っていません。ただし、（テロそのものの定義付けを必要とはしない）テロに関連する個別の類型の行為等を規制する条約はこれまでに10以上締結されています。例えば、テロ資金供与防止条約、爆弾テロ防止条約、核テロリズム防止条約等があります（第6章1）。

3　警察庁組織令第40条第1項ではテロリズムを「広く恐怖又は不安を抱かせることによりその目的を達成することを意図して行われる政治上その他の主義主張に基づく暴力主義的破壊活動をいう」と定義しています。このように日本の各種法令の中でも若干の相違がみられます。なお、国会議員からの質問主意書に対する2017年3月の政府の答弁は、「『テロリズム』とは、一般には、**特定の主義主張に基づき、国家等にその受入れ等を強要し、又は社会に恐怖等を与える目的で行われる人の殺傷行為等**をいうと承知している」とした上で、「一般に、法令の定義規定は、定義される用語を当該法令の規定において用いる場合における特定の意義を明らかにするものであり、**各法令の趣旨、目的等により、同一の用語について法令ごとに異なる定義がされることもあり得る**と考えられる」と述べています（衆議院議員逢坂誠二君提出テロリズムの定義などに関する質問に対する答弁（平成29年3月21日付内閣衆質193第125号）。

4　[U.S. Code, Title 18, Section 2331] "activities that involve violent acts or acts dangerous to human life that are a violation of the criminal laws....（略）....appear to be intended (i) to intimidate or coerce a civilian population; (ii) to influence the policy of a government by intimidation or coercion; or (iii) to affect the conduct of a government by mass destruction, assassination, or kidnapping;...（略）"（同条（1）（A）（B）及び（5）（A）（B））.

5　例えば、合衆国法典第22編（国務省設置法に概ね相当します）の第2656f条（d）、では、「政治的動機に基づく意図的な暴力であり、非国家的グループ又は秘密工作員によって非戦闘員に対して実行されるもの（"premeditated, politically motivated violence perpetrated against noncombatant targets by subnational groups or clandestine agents")」と定義されています（U.S. Code, Title 22, Section 2656F(d))。

米国の主要な各機関のテロの定義については、Hoffman, Bruce. *Inside Terrorism (Third Edition)*. Columbia University Press, New York, 2017, pp. 32-35. を参照。

6　"the deliberate creation and exploitation of fear through violence or the threat of violence in the pursuit of political change" (Hoffman, *Inside Terrorism*, pp. 43-44).

7　"a tool, a mechanism or an instrument for spreading fear by the use of violence against one group of people to impact on politics and society as a whole" (Bakker, Edwin. *Terrorism and Counterterrorism Studies - Comparing Theory and Practice*. Leiden University Press, 2015, p. 43).

8　片山善雄『テロリズムと現在の安全保障―テロ対策と民主主義』亜紀書房、２０１６年、20頁。

9　Martin, Gus. *Essentials of Terrorism – Concepts and Controversies (Fifth Edition)*. SAGE, Thousand Oaks, 2018, pp. 7-8; Hoffman, *Inside Terrorism*, p. 43; Bakker, *Terrorism and Counterterrorism Studies*, pp. 38-42. なお、テロの定義に関する主要な学説を詳細に検証したものとしてオランダの研究者であるシュミッド（Alex Schmid）の研究があります（Schmid, Alex P. "The Definition of Terrorism." *The Routledge Handbook of Terrorism Research*. Edited by Alex P. Schmid. Routledge, London and New York, 2011, pp. 39-98)。

10　例えば、１９６８年に米国のケネディ（Robert Kennedy）上院議員が大統領選挙キャンペーン期間中に暗殺された事件に関しては、個人的怨恨に基づくものであり学術的にはテロに該当しないとの見方もあります（Hoffman, *Inside Terrorism*, p. 39)。

11　Forest, James J. F. *The Terrorism Lectures: A Comprehensive Collection for the Student of Terrorism, Counterterrorism, and National Security (Third Edition)*. Nortia Press, Montgomery, 2019, pp. 102-107.

12　Hoffman, *Inside Terrorism*, pp. 38-39. さらに進んで、テロ組織と一般犯罪組織の区別が曖昧化しているとの指摘もあります(Forest, *Terrorism Lectures*, pp. 104-107)。また、コロンビアのコロンビア革命軍（ＦＡＲＣ）やペルーのセンデロ・ルミノソは従来左翼系のテロ組織であったものの、現在の実態はほぼ一般犯罪組織化しているとも考えられます（第２章５)。

13　一般にテロ組織と認識されている組織が専ら経済的利得目的で行ったとみられる犯罪行為（誘拐、強盗等）はテロと言えるのでしょうか。例えば、日本に近い地域では、フィリピン南部で活動しているアブサヤフ・グループは身代金目的誘拐を活発に行っています（第7章コラム）。当該行為自体には政治的目的が希薄であっても、当該行為を通じて獲得した資金がテロ行為に利用される可能性が高い場合には、そうした資金獲得目的活動もテロに含まれると考えられます。実際、テロに関する多くのデータベース（第7章コラム）においてもそうした扱いがなされています。

14 “As Economic Concerns Recede, Environmental Protection Rises on the Public's Policy Agenda,” *Pew Research Center*, February 13, 2020, https://www.people-press.org/2020/02/13/as-economic-concerns-recede-environmental-protection-rises-on-the-publics-policy-agenda/（2020年4月1日閲覧）。2020年1月の調査では、各事項に関して回答者が「政権、議会の最優先課題と思う」と応えた比率は次のとおり。①テロ対策74%、②経済力強化67%、③医療費削減67%、④教育改革67%、⑤環境保護64%、⑥社会保険制度改革63%、⑦貧困対策57%、⑧犯罪対策56%、⑨移民政策改革55%、⑩財政赤字削減53%、⑪気候変動対策52%、⑫薬物中毒対策50%、⑬インフラ整備49%、⑭雇用確保49%、⑮軍事力強化46%、⑯銃器対策46%、⑰人種問題対策44%、⑱国際貿易問題42%。

15 例えばバッカーは、①そもそもテロという概念が主観的な側面を有していること、②テロの定義は実務上に大きな影響を有するものであること、③実際にテロと称されている行為には様々な形態があること、④テロという用語の意義は時代とともに変遷していること、の4点を指摘しています（Bakker, *Terrorism and Counterterrorism Studies*, pp. 31-35）。

16 *Ibid.*, pp. 31-33.

17 例えば、1972年のミュンヘン・オリンピック事件（パレスチナ系過激派組織が選手村を襲撃し、イスラエルの選手等が殺害された事件）の後の国連総会の議論では、当該行為を非難する欧米諸国等とパレスチナ系の武装組織の活動に理解を示すアラブ諸国等の間で議論が紛糾しました（Hoffman, *Inside Terrorism*, pp. 24-25）。

18 Jackson, Richard, and Daniela Pisoiu, editors. *Contemporary Debates on Terrorism*. Routledge, New York, 2018, pp. 11-27.

19 Bakker, *Terrorism and Counterterrorism Studies*, pp. 35-37.

20 Martin, *Essentials of Terrorism*, pp. 89-95; Hoffman, *Inside Terrorism*, pp. 14-16.

21 Hoffman, *Inside Terrorism*, pp. 26-29.

22 *Ibid.*, pp. 14-16 & p .40; Bakker, *Terrorism and Counterterrorism Studies*, p. 34.

【第2章注】

1 Rapoport, C. D. "Modern Terror: The Four Waves." *Attacking Terrorism: Elements of a Grand Strategy.* Edited by Audrey K. Cronin, and James M. Ludes. Georgetown University Press, Washington D.C., 2004, pp. 46-50.

2 *Ibid.*, p. 47.

3 Forest, James J. F. *The Terrorism Lectures: A Comprehensive Collection for the Student of Terrorism, Counterterrorism, and National Security (Third Edition).* Nortia Press, Montgomery, 2019, p. 29.

4 Rapoport, "Modern Terror," pp. 48-49; Forest, *The Terrorism Lectures*, pp. 29-30; Bakker, Edwin. *Terrorism and Counterterrorism Studies - Comparing Theory and Practice.* Leiden University Press, 2015, pp. 49-51. ノーベルによるダイナマイトの発明が爆発物によるテロの増加に拍車をかけたとの指摘もあります（Forest, *Terrorism Lectures*, p. 30）。

5 Rapoport, "Modern Terror," pp. 50-52; Bakker, *Terrorism and Counterterrorism Studies,"* pp. 50-51; Forest, *Terrorism Lectures*, p. 29.

6 Bakker, *Terrorism and Counterterrorism Studies,"* p. 52; Forest, *Terrorism Lectures*, pp 30-31.

7 Rapoport, "Modern Terror," pp. 54-55; Bakker, *Terrorism and Counterterrorism Studies,"* pp. 51-53; Forest, *Terrorism Lectures*, p. 32.

8 Bakker, *Terrorism and Counterterrorism Studies,"* p. 52.

9 Rapoport, "Modern Terror," p. 56; Bakker, *Terrorism and Counterterrorism Studies,"* p. 53; Forest, *Terrorism Lectures*, p. 33.

10 Forest, *Terrorism Lectures*, pp. 177-179. 加えて、1980年代から1990年代には西側先進国の治安機関による対策や連携が発達したことも指摘されています（Rapoport, "Modern Terror," p. 60）。

11 Rapoport, "Modern Terror," p. 58; Bakker, *Terrorism and Counterterrorism Studies,"* pp. 53-58.

12 Rapoport, "Modern Terror," p. 58; Bakker, *Terrorism and Counterterrorism Studies,"* p. 54.

13 Forest, *Terrorism Lectures*, p. 36.

14　*Ibid.*, p. 177.
15　*Ibid.*, p. 42.
16　Rapoport, "Modern Terror," pp. 61-62; Bakker, *Terrorism and Counterterrorism Studies,"* p. 58; Forest, *Terrorism Lectures*, pp. 37-39.
17　保坂修司『ジハード主義―アルカイダからイスラーム国へ』岩波書店、2017年、13頁。なお、宗教に関連するテロの場合、背景にあるイデオロギーが故に、反植民地主義や左翼主義に関連するテロに比較して、他者への不寛容度が高いとの指摘もあります（Forest, *Terrorism Lectures*, pp. 205-208)。
18　Forest, *Terrorism Lectures*, p. 208.
19　Bakker, *Terrorism and Counterterrorism Studies,"* pp. 59-60.
20　フォレストは、こうした主に民族ナショナリズムに基づくテロ組織は、第2の波、第3の波のいずれにも完全には該当しない旨を指摘しています（Forest, *Terrorism Lectures*, pp. 41-42)。
21　Bakker, *Terrorism and Counterterrorism Studies,"* pp. 45-47; Forest, *Terrorism Lectures*, p. 42.

【第3章注】
1　"A subnational collective of individuals who pursue a common political goal through the practice of terrorist acts" (Sandler, Todd. *Terrorism – What Everyone Needs to Know*. Oxford University Press, New York, 2018, p. 46).
2　"Asymmetric warfare involves conflict between two unevenly matched adversaries...." (Sandler, *Terrorism*, p. 95).
3　*Ibid.*, p. 99 & pp. 105-106.
4　*Ibid.*, p. 100.
5　*Ibid.*, pp. 100-102.
6　2001年の911事件の準備・実行に際してアルカイダが負担したコストの推定値は、事前の飛行訓練や渡航に要した費用等も含めて50万米ドル（約5500～6000万円）程度だったとの見方もあります（*Ibid.*, p. 102)。
7　*Ibid.*, p. 111.
8　2012年の米国映画「Zero Dark Thirty」では「水責め」の状況が描写されています。

9 Raphael, Sam, and Ruth Blakeley. "Rendition in the "war on Terror"." *Routledge Handbook of Critical Terrorism Studies*. Edited by Richard Jackson. Routledge, New York, 2016, pp. 181-189.

10 ただし、テロ組織等も、例えばテロの手法が残忍に過ぎるなどして支持者の理解を得られないような場合には、手法の見直し等を迫られる場合が有り得ます。その意味で、テロ組織等も一定の政治的コストを負っていると言えます。例えば、近年、中東、アフリカ、南アジア地域等におけるアルカイダの関連組織は、現地の部族等からの支持を得るため、他宗派等との無用の軋轢や殺傷を当面は控える戦術をとっているとみられます（第8章4）。

11 Sandler, *Terrorism*, p. 94.

12 Hoffman, Bruce. *Inside Terrorism (Third Edition)*. Columbia University Press, New York, 2017, pp. 14-16, pp. 26-29 & p. 40; Bakker, Edwin. *Terrorism and Counterterrorism Studies - Comparing Theory and Practice*. Leiden University Press, 2015, p. 34.

【第4章注】

1 The International Centre for the Study of Radicalisation (ICSR), "Caliphate in Decline: An Estimate of Islamic State's Financial Fortunes," February 17, 2017, p. 9, https://icsr.info/wp-content/uploads/2017/02/ICSR-Report-Caliphate-in-Decline-An-Estimate-of-Islamic-States-Financial-Fortunes.pdf（２０２０年４月１日閲覧）.

2 "The Richest Terror Organizations in the World," *Forbes International*, January 24, 2018, https://www.forbes.com/sites/forbesinternational/2018/01/24/the-richest-terror-organizations-in-the-world/#137da0d97fd1（２０２０年２月11日閲覧）. ６位〜10位までの順位は次のとおり。⑥ＰＫＫ（１・８億ドル）、⑦カタイブ・ヒズボラ（１・５億ドル）、⑧パレスチナ・イスラミック・ジハード（ＰＩＪ）（１億ドル）、⑨ラシュカレ・タイバ（ＬｅＴ）（０・７５億ドル）、⑩真のＩＲＡ（０・６億ドル）。

なお、当該記事はイスラエルからの配信記事です。したがって、イスラエルと敵対するイランと関係の深いヒズボラ、ハマス、カタイブ・ヒズボラ、ＰＩＪに関しては、より脅威を煽る評価になっている可能性も否定できません。

3 Forest, James J. F. *The Terrorism Lectures: A Comprehensive Collection for the Student of Terrorism, Counterterrorism,*

and National Security (Third Edition). Nortia Press, Montgomery, 2019, 2019, p. 101.

4 *Ibid.*, p. 102.

5 The United Nations Security Council (UNSC), "Twenty-second report of the Analytical Support and Sanctions Monitoring Team submitted pursuant to resolution 2368 (2017) concerning ISIL (Da'esh), Al-Qaida and associated individuals and entities (S/2018/705)," July 27, 2018, p. 8.

6 Forest, *Terrorism Lectures*, pp. 102-107.

7 "Afghanistan: How does the Taliban make money?" *BBC News*, December 22, 2018.

8 The Institute for Policy Analysis of Conflict (IPAC), "Stopping Abu Sayyaf Kidnappings: An Indonesian-Malaysian Case Study," March 27, 2020, p.1 & p. 16.

9 GTDについては第7章を参照。

10 "intentional killings of oneself for the purpose of killing others in the service of a political or ideological goal" (Forest, *Terrorism Lectures*, p. 345).

11 *Ibid.*, pp. 347-348.

12 *Ibid.*, pp. 346-347.

13 *Ibid.*, p. 359.

14 *Ibid.*, pp. 348-349.

15 *Ibid.*, pp. 350-352.

16 *Ibid.*, p. 335.

17 *Ibid.*, pp. 352-357.

18 すなわち、自殺攻撃は精神疾患等を持つ個人による不合理な現象であるとの認識は必ずしも正しくないと考えられます（*Ibid.*, p. 360）。

19 *Ibid.*, p. 315.

20 *Ibid.*, p. 334.

21 *Ibid.*, p. 317 & p. 335.

22 *Ibid.*, p. 336.

23 国家公安委員会・警察庁『令和元年版　警察白書』、2020年、33頁。
24 Forest, *Terrorism Lectures*, p. 336.
25 グループ犯の例としては、ボストンマラソン爆破事件（2013年4月）の他、2004年3月のマドリッド列車爆破事件（スペインのマドリッドにおけるイスラム過激派系関係者による列車に対する爆発物攻撃）、2005年7月のロンドン地下鉄等同時爆破テロ事件（イギリスのロンドンにおけるイスラム過激派関係者による地下鉄等に対する爆発物攻撃）等があります。
26 当該データは、イスラム過激派関連のみならず、全てのカテゴリーのテロを対象としたものです。
27 Forest, *Terrorism Lectures*, p. 327.

【第5章注】

1 越智啓太「テロリズムへの心理学的アプローチ」越智啓太（編著）『テロリズムの心理学』誠信書房、2019年、17-20頁。
2 Bakker, Edwin. *Terrorism and Counterterrorism Studies - Comparing Theory and Practice*. Leiden University Press, 2015, pp. 17-20.
3 Sandler, Todd. *Terrorism – What Everyone Needs to Know*. Oxford University Press, New York, 2018, p.26; Bakker, *Terrorism and Counterterrorism Studies*, pp. 75-81.
4 Forest, James J. F. *The Terrorism Lectures: A Comprehensive Collection for the Student of Terrorism, Counterterrorism, and National Security (Third Edition)*. Nortia Press, Montgomery, 2019, pp. 45-61; 小林良樹『犯罪学入門—ガバナンス・社会安全政策のアプローチ』慶應義塾大学出版会、2019年、15-25頁。
5 小林『犯罪学入門』、15-25頁。**犯罪機会論**とは「犯罪の機会を与えないことが犯罪の予防（未然防止）の核心である」とする考え方です。すなわち、「犯罪者と非犯罪者との差異はほとんどなく、犯罪性が低い者でも犯罪機会があれば犯罪を実行し、犯罪性が高い者でも犯罪機会がなければ犯罪を実行しない」との前提に基づき、「犯罪対策とは犯行に都合の悪い状況を作り出すことである」とする視点が犯罪機会論の特徴と言い得ます（大谷實『刑事政策講義』培風館、2009年、3-4頁）。
　こうした犯罪機会論の考え方の前提には「合理的選択理論」、すなわち「犯罪者は『犯罪から得る利益（ベネフィット）を最大にすること』と『犯罪が失敗した時の損失（コスト）を最小にすること』を考慮し、犯罪の有無、方法、場所等を合理的に選択している」との考え方があります（瀬川晃『犯罪学』成文堂、１９９８年、１１９頁、１２９頁）。

6　本章で紹介する枠組みはあくまで様々な見解の中の一つであり、それが唯一絶対の正解というものではありません。例えば、宮坂直史は、テロの原因を次の５つに分けて整理しています。①素因：「テロ組織なりテロリストが生まれやすい土壌、社会環境の特徴」、②主因：「テロという行為を厭わずに計画する個々人の気質、心性」、③誘因：「テロ行為を実行しやすい状況」、④引き金：「個別の（１つの）テロ事件を引き起こす動機、つまりその時点に特有のテロリストの状況認識としての引き金（トリガー）」、⑤潮流（トレンド）：「世界的なテロの頻発という時代の流れに触発されて個々のテロが活発になる」（宮坂直史「テロリズムの原因と対策」渡邊啓貴・福田耕治・首藤もと子（編著）『グローバル・ガバナンス学Ⅱ』法律文化社、２０１８年、２２７-２３１頁）。こうした見方は、本書の整理の仕方とは異なる部分もありますが、全体として見れば必ずしも相容れないものではありません。

7　例えば、２０１５年から２０１６年頃のＩＳＩＳの動向に関し、シリアと欧州を繋ぐ「出入り口」であるトルコに対する攻撃を意図的に控えているのではないかとの見方がありました。

8　Forest, *Terrorism Lectures*, pp. 87-91.

9　*Ibid.*, pp. 49-51 & pp. 117-134.

10　Martin, Gus. *Essentials of Terrorism – Concepts and Controversies (Fifth Edition)*. SAGE, Thousand Oaks, 2018, p. 46.

11　Forest, *Terrorism Lectures*, pp. 45-51.

12　*Ibid*, p. 46; Martin, *Essentials of Terrorism*, p. 46.

13　Ross, Jeffrey I. "Structural Causes of Oppositional Political Terrorism: Towards a Causal Model." *Journal of Peace Research*, vol. 30, no. 3, 1993, p. 325.

14　Forest, *Terrorism Lectures*, p. 199; Martin, *Essentials of Terrorism*, p. 191.

15　Bjørgo, Tore, and Andrew Silke. "Root Causes of Terrorism." *Routledge Handbook of Terrorism and Counterterrorism*. Edited by Andrew Silke. Routledge, New York, 2018, p. 62; Forest, *Terrorism Lectures*, p. 45.

16　Martin, *Essentials of Terrorism*, pp. 56-59.

17　例えば、越智啓太（編著）『テロリズムの心理学』誠信書房、２０１９年。

18　Martin, *Essentials of Terrorism*, p. 49; Lindekilde, Lasse. "Radicalization, De-Radicalization, and Counter-Radicalization." *Routledge Handbook of Critical Terrorism* Studies. Edited by Richard Jackson. Routledge, New York, 2016, pp. 251-252.

19　過激主義の定義、過激主義とテロの関係等に関して第１章のコラム「テロリズムと過激主義」参照。

20　Lindekilde, "Radicalization, De-Radicalization, and Counter-Radicalization," pp. 251-255.

21　ただし、過激主義思想に感化された者が全て実際にテロ攻撃の実行に加担する訳ではありません。「思想面での過激化」と更に深化した「実行に至る過激化」は区別して分析すべきとの指摘もあります（McCauley, Clark, and Sophia Moskalenko. "Understanding Political Radicalization: The Two-Pyramids Model." *American Psychologist*, vol. 72, no. 3, 2017, pp. 205-216）。

22　Martin, *Essentials of Terrorism*, p. 48; 縄田健悟「テロリズム発生における社会心理学的メカニズム」越智啓太（編著）『テロリズムの心理学』誠信書房、２０１９年、35-36頁。

23　米国の国家テロ対策センター（ＮＣＴＣ：National Counterterrorism Center）は、「過激化は、各個人が、政治的又は社会的変革を実現する手段として暴力の使用を『必要』あるいは『容認し得る』と認識する時に生じる」とした上で、個人の過激化に影響を与える５つの主な要素を指摘しています。①個人的要因（Personal Factors：各個人の持つ様々な背景事情の影響）、②グループ的要因（Group Factors：家族や友人グループなど各個人が所属している集団の影響）③地域社会的（Community Factors：地域社会における孤立等の影響）、④政治社会的要因（Sociopolitical Factors：社会における集団的な不満等の影響）⑤イデオロギー的要因（Ideological Factors：暴力の使用を正当化するような価値観・信念等の影響）。同時に、過激化のプロセスは各個人によって異なるとも指摘しています（The National Counterterrorism Center (NCTC), "Radicalization and Mobilization Dynamics of Violent Extremists," May 16, 2019）。こうした見解は、本章の本文で紹介した見解と概ね一致するものです。

24　Martin, *Essentials of Terrorism*, pp. 44-59.

25　Lösel, Friedrich, et al. "Protective Factors Against Extremism and Violent Radicalization: A Systematic Review of Research." *International Journal of Developmental Science*, vol. 12, no. 1-2, 2018, pp. 89-102.

26　Marchment, Zoe, and Paul Gill. "Modelling the Spatial Decision Making of Terrorists: The Discrete Choice Approach." *Applied Geography*, vol. 104, 2019, pp. 21-31; Gill, Paul, et al. "Terrorist Decision Making in the Context of Risk, Attack Planning, and Attack Commission." *Studies in Conflict & Terrorism*, vol. 43, no. 2, 2020, pp. 145-160.

27　高木大資・辻竜平・池田謙一「地域コミュニティによる犯罪抑制：地域内の社会関係資本および協力行動に焦点を当てて」『社会心理学研究』第26巻１号、２０１０年、36頁。

28　山内宏太朗・渡邉泰洋・守山正「コミュニティ再生と犯罪統制：集合的効力（collective efficacy）をめぐって」『白百合女子大学研究紀要』第51巻、２０１５年12月、２頁。

29　小俣謙二・島田貴仁（編著）『犯罪と市民の心理学―犯罪リスクに社会はどうかかわるか』北大路書房、２０１１年、１５７-１６０頁。

社会関係資本や集合的効力が地域の犯罪抑止に及ぼす効果に関する先行研究としては、Sampson, Robert J. "Networks and Neighborhoods: The Implications of Connectivity for Thinking about Crime in the Modern City." *Network Logic: Who Governs in an Interconnected World?* Edited by Helen McCarthy, Paul Miller, and Paul Sidmore. London, Demos, 2004, pp, 157-166 等があります。

我が国に関するものとしては、山内等「コミュニティ再生と犯罪統制：集合的効力(collective efficacy)をめぐって」；島田貴仁「住民の相互信頼は犯罪を抑制するか―集合的効力感からのアプローチ」『青少年問題』第57巻(春季号)、２０１０年４月、14-19頁；高木等「地域コミュニティによる犯罪抑制：地域内の社会関係資本および協力行動に焦点を当てて」、等があります。

【第６章注】

１　Cutler, Leonard. *President Obama's Counterterrorism Strategy in the War on Terror: An Assessment*. Palgrave Pivot, New York, 2017.

２　Rogers, Paul. "A Critical Perspective on the Global War on Terror." *Routledge Handbook of Critical Terrorism Studies*. Edited by Richard Jackson. Routledge, New York, 2016, pp. 225-236; 片山善雄『テロリズムと現代の安全保障―テロ対策と民主主義』亜紀書房、２０１６年、１８８-１９４頁。

３　２０１２年の米国映画「Zero Dark Thirty」では「水責め」の状況が描写されています。

4 Raphael, Sam, and Ruth Blakeley. "Rendition in the "war on Terror"." *Routledge Handbook of Critical Terrorism Studies*. Edited by Richard Jackson. Routledge, New York, 2016, pp. 181-189.

5 米国のランド研究所（RAND Cooperation）の調査によると、１９６８年から２００６年までの間に活動していた約６５０のテロ組織のうち約23%が、独立の実現、政治プロセスの参加等の一定の目的を実現したとみられます（Sandler, Todd. *Terrorism – What Everyone Needs to Know*. Oxford University Press, New York, 2018, pp. 59-61; Jones, Seth G., and Martin C. Libicki. *How Terrorist Groups End: Lessons for Countering Al Qa'Ida*. RAND Corporation, Santa Monica, 2008）。

6 米国国務省ＨＰ：https://www.state.gov/foreign-terrorist-organizations/（２０２０年４月１日閲覧）。

7 Sandler, *Terrorism*, pp. 90-91.

8 The Institute for Policy Analysis of Conflict (IPAC), "Stopping Abu Sayyaf Kidnappings: An Indonesian-Malaysian Case Study," March 27, 2020, p.1 & p. 16.

9 Sandler, *Terrorism*, pp. 85-87.

10 The Institute for Policy Analysis of Conflict (IPAC), "Pro-ISIS Groups in Mindanao and their Links to Indonesia and Malaysia," October 25, 2016, pp. 1-2 & p. 24; The Institute for Policy Analysis of Conflict (IPAC), "Protecting the Sulu-Sulawesi Seas from Abu Sayyaf Attacks," January 9, 2019; The Institute for Policy Analysis of Conflict (IPAC), "Stopping Abu Sayyaf Kidnappings: An Indonesian-Malaysian Case Study," March 27, 2020.

11 Greenberg, Ivan, and Jesse P. Lehrke. "Is Mass Surveillance a Useful Tool in the Fight Against Terrorism?" *Contemporary Debates on Terrorism*. Edited by Richard Jackson, and Daniela Pisoiu. Routledge, New York, 2018, pp. 226-240.

12 Sandler, *Terrorism*, pp. 81-82.

13 Martin, Gus. *Essentials of Terrorism – Concepts and Controversies (Fifth Edition)*. SAGE, Thousand Oaks, 2018, p. 220.

14 ９１１事件以降の米国によるアフガニスタンやイエメンに対するテロ対策を目的とした財政支援等は、かえって現地のイスラム過激派勢力の延命に繋がっているとの指摘もあります（Sandler, *Terrorism*, pp. 84）。

15 "Countering the rise of radicalism in private Islamic schools in Indonesia," *The Coversation*, May 17, 2018; "Radicalisation risk at six Muslim private schools, says Ofsted," *The BBC*, November 21, 2014; "State to regulate

madrassas in efforts against radicalization - Supreme Council of Kenya Muslims rejects the idea that extremist teaching happens in madrassas," *Star*, November 12, 2019.

16 "European police attack Islamic State's online presence," *Euronews*, November 26, 2019, https://www.euronews.com/2019/11/26/european-police-attack-islamic-states-online-presence)（2020年4月1日閲覧）.

17 "Twitter bans accounts linked to Hamas, Hezbollah terrorist groups," *American Military News*, November 5, 2019.

18 社会的紐帯理論（社会統制理論）では、「犯罪・非行や逸脱行為は、個人と社会を結びつけている『社会的絆（social bond）』の弱体化によって発生する」とされます。こうした「社会的絆（社会への個人の結び付き）」には、①愛着（attachment）の絆、②関与（commitment）の絆、③巻き込み（involvement）の絆、④規範意識（belief）の絆、の4種類があるとされます。第1の「愛着の絆」とは、家族や身近な仲間等への愛着を指します。すなわち「家族や仲間に迷惑をかけたくない」という心情が犯罪・非行や逸脱行為に対する抑止力になると考えられます。第2の「関与の絆」とは、「価値や行為目標への功利的な繋がり」あるいは「それまで行ってきたことや投資してきたことを失うことへの恐れや思い入れ」を指します。すなわち「犯罪・非行や逸脱行為にともなう利益損失を比較考量したうえで、それまでの生活で得たものを失うことを恐れる心情」が犯罪・非行や逸脱行為に対する抑止力になると考えられます。第3の「巻き込みの絆」とは、いわゆる「小人閑居して不善を為す」という状況を指します。すなわち「仕事や学業等の合法的な活動に没頭し、犯罪・非行や逸脱行為に陥る時間の無いような状況」が犯罪・非行や逸脱行為に対する抑止力になると考えられます。第4の「規範意識の絆」とは、「社会ルールに従わなければならない」という規範意識を指します。すなわち、ある犯罪や逸脱行為に対する罪の意識が強い場合、そうした意識が当該犯罪・非行や逸脱行為に対する抑制力になると考えられます（小林良樹「危機状況下における警察官の意識について―なぜ、福島の警察官は原発事故の際にも現場で任務を遂行し続けることができたのか」『警察学論集』第66巻第2号、2013年2月、8-9頁；藤本哲也『犯罪学原論』日本加除出版、2003年、267-294頁；瀬川晃『犯罪学』成文堂、1998年、111-113頁）。

19 「コミュニティ・ポリシング」とは、「法執行活動だけではなく、住民の参加、協力を求めつつ、住民と一体となった警察活動を行おうとするもの」とされます（国家公安委員会・警察庁『平成6年版　警察白書』）。

20 Lindekilde, Lasse. "Radicalization, De-Radicalization, and Counter-Radicalization." *Routledge Handbook of Critical Terrorism Studies*. Edited by Richard Jackson. Routledge, New York, 2016, pp. 255-256.

21　Lindekilde, "Radicalization, De-radicalization, and Counter-radicalization," pp. 255-256.
　なお、社会的紐帯理論に基づく犯罪抑止に関しては、各種先行研究によって一定の危険因子の抽出がなされていています。しかし、具体的な施策の段階においては、コストの割に効果が不明瞭である等の課題が指摘されています（岡本英生・松原英世・岡邊健『犯罪学リテラシー』法律文化社、２０１７年、85頁）。

22　Horgan, John, and Mary Altier. "The Future of Terrorist De-Radicalization Programs." *Georgetown Journal of International Affairs*, vol. 13, no. 2, 2012, pp. 83-90; Horgan, John, and Kurt Braddock. "Rehabilitating the Terrorists?: Challenges in Assessing the Effectiveness of De-Radicalization Programs." Terrorism and Political Violence, vol. 22, no. 2, 2010, pp. 267-291. 我が国においては、近年はテロ関連事案の検挙者が少ないことから、テロ関連の脱過激化教育等は実施されていません。薬物犯罪、性犯罪等の一部の受刑者に対しては、認知行動療法等に基づく再犯防止教育が実施されています。これらのプログラム受講者は、非受講者に比較して再犯率が低下していることが確認されています（岡本等『犯罪学リテラシー』、１１３-１１９頁）。

23　大谷實『刑事政策講義』培風館、２００９年、３１４頁。

24　こうした環境整備は、「どのような要素が犯罪を抑止するのか」という観点から、「領域性」、「監視性」、「抵抗性」という３つの観点から整理されることもあります。これらの３要素がそれぞれハード面とソフト面の双方を含みます（小宮信夫『犯罪は「この場所」で起こる』光文社、２００５年、44-75頁；小宮信夫『なぜ「あの場所」は犯罪を引き寄せるのか』青春出版社、２０１５年、56-74頁）。

25　Freilich, Joshua, Steven Chermak, and Henda Hsu. "Deterring and Preventing Terrorism." *Routledge Handbook of Terrorism and Counterterrorism*. Edited by Andrew Silke. Routledge, New York, 2018, pp. 436-439; Marchment, Zoe, and Paul Gill. "Modelling the Spatial Decision Making of Terrorists: The Discrete Choice Approach." *Applied Geography*, vol. 104, 2019, pp. 21-31; Gill, Paul, et al. "Terrorist Decision Making in the Context of Risk, Attack Planning, and Attack Commission." *Studies in Conflict & Terrorism*, vol. 43, no. 2, 2020, pp. 145-160.

26　小俣謙二・島田貴仁（編著）『犯罪と市民の心理学―犯罪リスクに社会はどうかかわるか』北大路書房、２０１１年、１６１-１８０頁。なお、我が国における地域の防犯ボランティア活動等に関しては、担い手となる人材、資金の確保等が課題となっているとの指摘もあります（小俣等『犯罪と市民の心理学』、１３８-１４８頁）。

27 Freilich et al., "Deterring and Preventing Terrorism," pp. 436-439.
28 Greenberg et al., "Is mass surveillance a useful tool in the fight against terrorism?" pp. 233-239.
29 "Washington State Signs Facial Recognition Curbs Into Law; Critics Want Ban," *The Washington Post*, March 31, 2020.

【第7章注】

1 ２００１年は９１１事件（死者数は約３０００人）の影響により数値が高くなっていると考えられます。

2 出典は警察庁ＨＰ：https://www.npa.go.jp/。

3 Forest, James J. F. *The Terrorism Lectures: A Comprehensive Collection for the Student of Terrorism, Counterterrorism, and National Security (Third Edition)*. Nortia Press, Montgomery, 2019, pp. 412-413.

4 *Ibid.*, pp. 410-411.

5 The Institute for Economics and Peace, "Global Terrorism Index 2019," November, 2019, pp. 46-51.

6 事案数に関しては、近年は右翼関連の攻撃の方がイスラム過激派関連の攻撃を上回っているとする調査研究もあります（Forest, *Terrorism Lectures*, p. 411）。

【第8章注】

1 保坂修司『ジハード主義―アルカイダからイスラーム国へ』岩波書店、２０１７年、17頁。なお、保坂によれば、ジハード主義との語がいつ頃から議論されるようになったかは不明です（保坂『ジハード主義』、23頁）。

2 ワッハービズムという語は、18世紀のアラビア半島のイスラム法学者であるムハンマド・ビンアブドゥルワッハーブの名前に由来するとされます。同人は、当時のアラビア半島のイスラムを腐敗堕落したものとし、「正しい」イスラムへの回帰を呼び掛けたとされます（保坂『ジハード主義』、24-25頁）。

3 十字軍とは、中世に西欧のカトリック系諸国等が、聖地エルサレムをイスラム教から奪還することを目的に派遣した遠征軍です。

4 こうした思想故に、イスラム過激派のテロは、反植民地主義や新左翼に関連するテロに比較して、他者への不寛容度が高いとの指摘もあります（Forest, James J. F. *The Terrorism Lectures: A Comprehensive Collection for the Student of Terrorism, Counterterrorism, and National Security (Third Edition)*. Nortia Press, Montgomery, 2019, pp. 205-

208)。

5 The U. S. State Department, "Country Report on Terrorism 2018," November 1, 2019, p. 316.

6 １９７９年のイランにおけるイスラム革命は、まさに「米国に支援された政権を打倒し、イスラム法に基づくイスラム共和体制を築いた革命」です。同革命はイスラム教シーア派によるものでスンニ派によるものではありませんが、広くイスラム過激派に影響を与え、テロの「第４の波（宗教の波）」のきっかけの一つとなったとみられます（第２章６、第８章２）。

7 ムジャヒディーンとはアラビア語で「ジハードを戦う人たち」という意味です（保坂『ジハード主義』、39頁、２－２頁）。

8 U.S. State Department, "Country Report on Terrorism 2018," p. 316.

9 Rapoport, C. D. "Modern Terror: The Four Waves." *Attacking Terrorism: Elements of a Grand Strategy*. Edited by Audrey K. Cronin, and James M. Ludes. Georgetown University Press, Washington D.C., 2004, pp. 46-73 & pp. 61-62; Forest, *Terrorism Lectures*, pp. 37-39; Bakker, Edwin. *Terrorism and Counterterrorism Studies - Comparing Theory and Practice*. Leiden University Press, 2015, p. 58.

10 U.S. State Department, "Country Report on Terrorism 2018," p. 316.

11 ９１１事件に関わる「**テロとの闘い**（War on Terror）」との語句が米国の公式文書の中で初めて使用されたのは、同事件直後の２００１年９月20日、ブッシュ米大統領の米国連邦議会における演説です。https://georgewbush-whitehouse.archives.gov/news/releases/2001/09/20010920-8.html（２０２０年４月１日閲覧）。

12 Congressional Research Service (CRS), "Al Qaeda and U.S. Policy: Middle East and Africa," February 5, 2018, p. 2.

13 The Director of National Intelligence (DNI), "Worldwide Threat Assessment of the US Intelligence Community (Statement for the Record)," January 29, 2019, p. 11.

14 U.S. State Department, "Country Report on Terrorism 2018," pp. 317-318.

15 *Ibid.*, p. 312.

16 *Ibid.*, p. 318.

17 *Ibid.*, p. 320.

18 *Ibid.*, p. 325.

19 *Ibid.*, p. 319.

20 DNI, "Worldwide Threat Assessment (2019)," p. 12.

21 *Ibid.*, p. 12.

22 "Boston Suspects Are Seen as Self-Taught and Fueled by Web," *The New York Times*, April 23, 2013.

23 U.S. State Department, "Country Report on Terrorism 2018," p. 290.

24 ＩＳＩＳの呼称については、ＩＳＩＬ（イラク・レバントのイスラム国（The Islamic State of Iraq and the Levant））が使用されることもあります。国連の公式文書ではＩＳＩＬが利用されています。米国政府機関の公式文書ではオバマ政権まではＩＳＩＬが使用されていましたが、トランプ政権以降はＩＳＩＳが使用されています。

25 U.S. State Department, "Country Report on Terrorism 2018," p. 290.

26 *Ibid.*, p. 290.

27 公安調査庁ＨＰ「イラク・レバントのイスラム国（ＩＳＩＬ）」http://www.moj.go.jp/psia/ITH/organizations/ME_N-africa/ISIL.html（２０２０年４月１日閲覧）。

28 当時、ＩＳＩＳはシリアへの進出に当たり、シリアにおけるアルカイダの関連組織であるヌスラ戦線と合併し、同国内での活動における主導権を握ろうとしたとみられます。しかし、そうした方針はシリアにおけるヌスラ戦線の存在を重視するアルカイダ中枢の方針に反するものであったとみられます（CRS, "Al Qaeda and U.S. Policy: Middle East and Africa", pp. 4-5; "Al Qaeda Breaks With Jihadist Group in Syria Involved in Rebel Infighting," *The New York Times*, February 3, 2014; "Al-Qaeda disavows any ties with radical Islamist ISIS group in Syria, Iraq," *The Washington Post*, February 3, 2014）。

29 "Islamic State Territory Down 60 Percent and Revenue Down 80 Percent on Caliphate's Third Anniversary, IHS Markit Says," *IHS Markit*, June 29, 2017.

30 米国のシンクタンクであるソウファン・グループ（Soufan Group）は、２０１７年10月に発表した調査報告書において「１１０カ国以上から４万人以上の外国人がイラク・シリアに渡航してＩＳＩＳに加入したと推定される」旨を指摘しました（The Soufan Group, "Beyond the Caliphate: Foreign Fighters and the Threat of Returnees," October 2017, p. 7）。国別ではロシア（約３４００人）、サウジアラビア（約３２００人）、ヨルダン（約３０００人）、チュニジア（約２９００人）、フランス（約１９００人）が多く、地域別では旧ソ連圏（約８７００人）、中東（約７０００人）、西欧（約５７００人）、北アフリカ（マグレブ諸国）（約５３００人）が多いとされています（Soufan Group, "Beyond the Caliphate," pp. 9-13）。

31 The United Nations Security Council (UNSC), "Tenth report of the Secretary-general on the threat posed by ISIL (Da'esh) to international peace and security and the range of United Nations efforts in support to Member States in countering the threat (S/2020/95)," February 4, 2020, p. 2.

32 The U.S. State Department, "Terrorist Designation of ISIS Leader Amir Muhammad Sa'id Abdal-Rahman al-Mawla," march 17, 2020, https://www.state.gov/terrorist-designation-of-isis-leader-amir-muhammad-said-abdal-rahman-al-mawla/（２０２０年４月１日閲覧）.

33 DNI, "Worldwide Threat Assessment (2019)," p. 11.

34 Institute for the Study of War, "Baghdadi Leaves Behind a Global ISIS Threat," October 27, 2019, http://iswresearch.blogspot.com/2019/10/baghdadi-leaves-behind-global-isis.html（２０２０年４月１日閲覧）.

35 UNSC, "Tenth report of the Secretary-general on the threat posed by ISIL (Da'esh), p. 3.

36 *Ibid.*, p. 3.

37 DNI, "Worldwide Threat Assessment (2019)," p. 11.

38 Congressional Research Service (CRS), "The Islamic State and U.S. Policy," February 2, 2017, pp. 5-6.

39 *Ibid.*, pp. 26-32.

40 CRS, "Al Qaeda and U.S. Policy: Middle East and Africa,", pp. 12-13.

41 *Ibid.*, p. 12.

【第９章注】

1 浜本隆三『アメリカの排外主義』、平凡社、２０１９年、８-１１頁。

2 [U.S. Code, Title 18, Section 2331] "activities that（略）...occur primarily outside the territorial jurisdiction of the United States, or transcend national boundaries in terms of the means by which they are accomplished, the persons they appear intended to intimidate or coerce, or the locale in which their perpetrators operate or seek asylum...（略）"

(同条（1）（c）).

3 [U.S. Code, Title 18, Section 2331] "activities that（略）..occur primarily within the territorial jurisdiction of the United State...（略）"（同条（5）（c））.

4 "International terrorism: Perpetrated by individuals and/or groups inspired by or associated with designated foreign terrorist organizations or nations (state-sponsored)." "Domestic terrorism: Perpetrated by individuals and/or groups inspired by or associated with primarily U.S.-based movements that espouse extremist ideologies of a political, religious, social, racial, or environmental nature."（米国連邦捜査局（ＦＢＩ）ＨＰ：https://www.fbi.gov/investigate/terrorism（２０２０年４月１日閲覧））.

5 ＦＢＩ等による区分に基づいても、例えば、いわゆるネオナチ思想に関連するテロの場合、当該思想は米国外に由来するものである点に着眼して国際テロと論じることも論理的には可能です。しかしこれらの思想は既に十分に「米国オリジナル化」しているとの認識の下、当該思想に関連するテロは実務上国内テロとして取り扱われているのが一般的です。

6 The U.S. Department of Homeland Security (DHS), "Strategic Framework for Countering Terrorism and Targeted Violence," September 2019, p. 10.

7 [U.S. Code, Title 18, Section 2332b] Acts of terrorism transcending national boundaries

8 [U.S. Code, Title 18, Section 2339B] Providing material support or resources to designated foreign terrorist organizations

9 Section 219 of the Immigration and Nationality Act

10 [U.S. Code, Title 8, Section 1189] Designation of foreign terrorist organizations

11 米国国務省ＨＰ：https://www.state.gov/foreign-terrorist-organizations/（２０２０年４月１日閲覧）。

12 例えば、国際テロに関しては、対外インテリジェンス監視法（ＦＩＳＡ：Foreign Intelligence Surveillance Act）に基づき、通信傍受等が一般犯罪の捜査よりも比較的容易に利用し得ます。また、行政令状の一種であるナショナル・セキュリティ・レター（National Security Letter）に基づき私企業に対して関係者の個人情報等の提出を求めることが可能です。

13 Congressional Research Service (CRS), "Domestic terrorism: Some Considerations," August 12, 2019, pp. 2-3; "What

Could a Domestic Terrorism Law Do?" *The New York Times*, August 7, 2019.

14 Congressional Research Service (CRS), "Domestic terrorism: An Overview," August 21, 2017, pp. 2-10.

15 例外として、１９９９年にはシアトルにおいて第３回世界貿易機関（ＷＴＯ）閣僚会議に対する反グローバリゼーションを唱える活動家等による大規模な抗議活動がありました。

16 "Examining Whether the Terrorism Label Applied to Antifa," *STRATFOR*, August 27, 2019; "What is Antifa? Explaining the Movement to Confront the Far Right," *The New York Times*, July 2, 2019.

17 *Ibid.*

18 日本においても、近年、いわゆる右派系市民グループ（極端な民族主義・排外主義的主張に基づき活動する右派系市民グループ）の活動、こうしたグループの言動等を「ヘイトスピーチ」である等として批判する勢力の活動、さらには双方のトラブルの問題が発生しています（国家公安委員会・警察庁『平成26年版　警察白書』、１８３頁）（本章コラム、第10章コラム）。

19 Freilich, Joshua D., et al. "Patterns of Fatal Extreme-Right Crime in the United States." *Perspectives on Terrorism*, vol. 12, no. 6, 2018, pp. 38-51. なお、「Far Right」、「Extreme Right」、「Racial Right」、「Alt Right」、「Cultural Nationalism」、「Ethnic Nationalism」、「Racial Nationalism」等の概念整理を試みているものとしては次があります。The International Centre for Counter-Terrorism (ICCT), "Extreme-Right Violence and Terrorism: Concepts, Patterns, and Responses" September 23, 2019.

20 Forest, James J. F. *The Terrorism Lectures: A Comprehensive Collection for the Student of Terrorism, Counterterrorism, and National Security (Third Edition)*. Nortia Press, Montgomery, 2019, pp. 185-190; Freilich, et al., "Patterns of Fatal Extreme-Right Crime in the United States"; Sweeney, Matthew M., and Arie Perliger. "Explaining the Spontaneous Nature of Far-Right Violence in the United States." *Perspectives on Terrorism*, vol. 12, no. 6, 2018, pp. 52-71.

21 Martin, Gus. *Essentials of Terrorism – Concepts and Controversies (Fifth Edition)*. SAGE, Thousand Oaks, 2018, pp. 189-190.

22 １９７８年にピアス（Willian Pierce）が出版したネオナチ思想・反政府主義思想等の啓蒙書『ターナー日記(The Turner Diaries)』には、黙示録思想等に基づき、政府との最終戦争の状況が描かれています。ピアスはナショナル・アライアンス（１９７４年創設のネオナチ系白人至上主義団体）の創設者であり、同書は当時及びその後の右翼系過激主義の活動に大きな影響を与えたとされています（Hoffman, Bruce. *Inside Terrorism (Third Edition)*. Columbia University Press, New York, 2017, pp. 121-122）。

23　Forest, *Terrorism Lectures*, p. 203.

24　"Future immigration will change the face of America by 2065," *Pew Research Center*, October 5, 2015, https://www.pewresearch.org/fact-tank/2015/10/05/future-immigration-will-change-the-face-of-america-by-2065/（２０２０年４月１日閲覧）.

25　Martin, *Essentials of Terrorism*, p. 191.

26　"White Supremacists Adopt New Slogan: "You Will Not Replace Us," *Anti-Defamation League (ADL)*, June 9, 2017, https://www.adl.org/blog/white-supremacists-adopt-new-slogan-you-will-not-replace-us（２０２０年４月１日閲覧）.

27　19世紀から20世紀の右翼系過激主義の活動の盛衰と各時代における経済不況、移民政策の変動、戦争等との間には一定の関係があると指摘されています（Hoffman, *Inside Terrorism*, p. 109）。

28　Martin, *Essentials of Terrorism*, p. 191.

29　各時期にK.K.K.を称する組織等の活動がみられましたが、各時期のK.K.K.の間には必ずしも厳密な組織的継続性は維持されていないとみられます（Martin, *Essentials of Terrorism*, pp. 192-193）。

30　米国メリーランド大学のＧＴＤに基づき筆者が作成（ＧＴＤについては第7章参照）。なお、ＧＴＤのデータは国内テロ・国際テロの区分はなされていますが、右翼系・左翼系等の区分はなされていません。本書においては、ＧＴＤに含まれる米国の「国内テロ」のデータに関し、各事案の内容等を踏まえて前記の定義等に基づき、独自に「極右系・極左系・その他」の分類を行いました。

31　Martin, *Essentials of Terrorism*, pp. 192-193; CRS, "Domestic terrorism: An Overview," p. 19.

32　例外的に比較的活発な組織としては、**ソルベン・シチズンズ**（Sovereign Citizens）、**アトムワフン・デビジョン**（Atomwaffen Division (AWD)）等があります（The International Centre for Counter-Terrorism (ICCT), "Siege: The Atomwaffen Division and Rising Far-Right Terrorism in the United States," July 9, 2019.）。

33　Forest, *Terrorism Lectures*, p. 208; Center for Strategic and International Studies (CSIS), "The Rise of Far-Right Extremism in the United States," November 7, 2018, pp. 3-4; "Terrorism, Social Media, and the El Paso Tragedy," *Council on Foreign Relations*, August 6, 2019, https://www.cfr.org/blog/terrorism-social-media-and-el-paso-tragedy（２０２０

年４月１日閲覧）.
なお、２０１６年時点でツイッター上の白人至上主義関係の記事はイスラム過激主義関連の記事の数を上回っていたとの指摘もあります（CRS, "Domestic terrorism: An Overview,", pp. 48-49）。

34 Stevenson, Jonathan. "Right-Wing Extremism and the Terrorist Threat." *Survival*, vol. 61, no. 1, 2019, pp. 233-244.

35 *Ibid.*, pp. 235-236; CSIS, "The Rise of Far-Right Extremism in the United States," p. 4; Hoffman, *Inside Terrorism*, p. 109; Forest, *Terrorism Lectures*, p. 191.

36 Hawley, George. *The Alt-Right - What Everyone Needs to Know.* Oxford University Press, New York, 2019, pp. 172-184.

37 各種の先行研究では、２０１６年の選挙における、「各選挙民の性差別・人種差別等に関する認識とトランプ候補への投票動向」、「トランプ候補の選挙活動と当該地域におけるヘイトクライムの発生動向」等にそれぞれ一定の相関関係がある旨が示されています。ただし、原因と結果の因果関係については十分な検証はなされていません（Schaffner, Brian F., Matthew Macwilliams, and Tatishe Nteta. "Understanding White Polarization in the 2016 Vote for President: The Sobering Role of Racism and Sexism." *Political Science Quarterly*, vol. 133, no. 1, 2018, pp. 9-34; Hooghe, Marc, and Ruth Dassonneville. "Explaining the Trump Vote: The Effect of Racist Resentment and Anti-Immigrant Sentiments." *Political Science& Politics*, vol. 51, no. 3, 2018, pp. 528-534; "Trump and racism: What do the data say?" *The Brookings Institution*, August 14, 2019, https://www.brookings.edu/blog/fixgov/2019/08/14/trump-and-racism-what-do-the-data-say/（２０２０年４月１日閲覧））。

38 DHS, "Strategic Framework for Countering Terrorism and Targeted Violence," p. 10; Forest, *Terrorism Lectures*, p.191.

39 「指導者無き抵抗（Leaderless Resistance）」の戦術は、１９９２年にアーリアン・ネイションズの活動家で元K.K.K.活動家であるビーンズ（Louis Beans）が発案したとされます。前記の『ターナー日記』（１９７８年出版）にも同様の思想がみられます（Martin, *Essentials of Terrorism*, pp. 196-197; Hoffman, *Inside Terrorism*, pp. 122-123; CRS, "Domestic terrorism: An Overview," pp. 50-52）。

40 Rapoport, C. D. "Modern Terror: The Four Waves." *Attacking Terrorism: Elements of a Grand Strategy.* Edited by Audrey K. Cronin, and James M. Ludes. Georgetown University Press, Washington D.C., 2004, p. 47.

【第10章注】

1　ただし、テロの定義をめぐる学術上の議論の中で、こうした政権内部からのクーデターに伴う権力者の暗殺をテロに含めるか否かについては議論が分かれます。多くの学説は、「国家主体による攻撃」はテロには含まれないと解しています。この背景には、攻撃側と防御側の戦力の非対称性（特に、戦力的に攻撃側の方が防御側より著しく劣ること）がテロの重要な特徴であるとの考え方があります（第1章の4、第3章の3）。かかる条件を厳格に適用する場合、政権内部からのクーデターに伴う権力者の暗殺等は、攻撃側（反乱軍等）も国家主体の一部であることから、テロには該当しないとの理解になります。これに対し、攻撃側と防御側の間に実質的に非対称性が認められる（すなわち、戦力的に攻撃側の方が防御側より著しく劣る）場合であればテロに含め得るとする立場からは、政権内部からのクーデターに伴う権力者の暗殺等についてもテロに含まれる場合が有り得ると解されます。

2　幕末の池田屋事件（1864年（元治元年）7月）を始め新選組（徳川幕府の一組織）による尊王攘夷派に対する襲撃等は、国家主体による反体制派の鎮圧活動と解されます。「国家主体による攻撃」はテロには含まれないと解する立場からは、これらの事案はテロには含まれないと解されます。

3　伊藤博文暗殺の実行犯である安重根に関し、2014年1月20日付の韓国政府の報道官声明は「安重根義士は大韓民国の独立と東洋の真の平和を守るために身をささげた偉人として、韓国はもちろん、国際的にも尊敬を受けている英雄である」としています（駐日大韓民国大使館HP：http://overseas.mofa.go.kr/jp-ja/brd/m_1055/view.do?seq=704230（2020年4月1日閲覧））。

同人に関する日本政府の公式見解は「内閣総理大臣や韓国統監を務めた伊藤博文を殺害し、死刑判決を受けた人物であると承知している」というものです（2015年（平成27年）6月22日付参議院議員和田政宗君提出安重根をたたえる記念館等に関する質問主意書、2014年（平成26年）2月4日付衆議院議員鈴木貴子君提出中国黒竜江省に安重根記念館が建設されたことに関する質問主意書に対する政府答弁書）。テロリストか否かという点については直接には言及していません。

4　2019年1月の警察庁の資料によると、極左暴力集団とは「社会主義革命・共産主義革命を目指し、平和な民主主義社会を暴力で破壊することを企てている集団」と定義され、「昭和30年代初頭、路線対立等の理由から、日本共産党を除名されたり、離党した者が中心となって誕生した組織等、成立の経緯や指導理論等から多数のセクト（党派）が存在」、「勢力は約2万人」とされています（警察庁『極左暴力集団の現状』（令和元年1月）https://www.npa.go.jp/bureau/security/kyokusanogenjoutou.pdf（2020年4月1日閲覧））。

5 前記の2019年1月の警察庁の資料によると、主要組織の勢力等は次のとおりです。

・**中核派**：正式名称は革命的共産主義者同盟全国委員会。1963年（昭和38年）2月、革マル派と分裂し発足。勢力は約4700人。

・**革マル派**：正式名称は日本革命的共産主義者同盟革命的マルクス主義派。1963年（昭和38年）2月、中核派と分裂し発足。勢力は約5500人。

・**革労協**：正式名称は革命的労働者協会。1974年（昭和44年10月）発足。1999年（平成11年）に主流派、反主流派に分裂。勢力は約400人。

6 極左暴力集団の勢力縮小の背景として、①70年安保闘争により関係者が大量に検挙されたこと、②闘争方針や指導責任をめぐる内部の対立、分裂が激化したこと、③連合赤軍によるあさま山荘事件（1972年（昭和47年）2月）、大量リンチ殺害事件（1971年（昭和46年）12月から1972年（昭和47年）2月）等により社会からの支持離れに拍車がかかったとみられること、などがあるとみられます（警察庁『焦点　第269号』、2004年、19頁）。

7 『警察白書』では、昭和59年（1984年）版以降、その時々の治安上の重要課題に関して特集記事を掲載しています。極左暴力集団に関しては、昭和63年（1988年）版に特集が組まれています。しかし、その後は同様の課題を扱った特集はありません。

8 同事件では、時限式爆弾により、通行人等の死亡8人、負傷者380人の被害を出しました。一般人が無差別かつ大量に被害にあったことから、同事件等を契機として1980年（昭和55年）5月に犯罪被害者等給付金支給法が制定されました（翌年1月施行）。当該制度は、現在の犯罪被害者支援制度の先駆けともいえます。

9 国家公安委員会・警察庁『令和元年版　警察白書』、23頁。

10 『警察白書』等では、北朝鮮による拉致容疑事案は国際テロとして位置付けられています。しかし、前記（第1章の4、第3章の3）のとおり、多くの学説は、「国家主体による攻撃」は学術的にはテロには含まれないと解しています。こうした立場からは、北朝鮮による拉致容疑事案はテロには含まれないと解されます。

11 重信房子は2000年（平成12年）11月に日本国内で潜伏中のところを逮捕。2010年（平成22年）8月に懲役20年の判決が確定しました。

12　国家公安委員会・警察庁『令和元年版　警察白書』、22-23頁：公安調査庁ＨＰ「日本赤軍」http://www.moj.go.jp/psia/ITH/organizations/ES_E-asia_oce/nihon-seki-gun.html（２０２０年４月１日閲覧）。

13　店田廣文によると、２０１７年現在のＧ７諸国（日本を除く）におけるイスラム系人口の総人口に対する比率の推計は次のとおりです。イギリス４・４％（２９１万人）、ドイツ４・３％（３５３万人）、フランス４・３％（２７９万人）、カナダ３・２％（１１７万人）、イタリア２・０％（１１９万人）、米国１・６％（５１９万人）。他方、２０１８年６月現在の日本におけるイスラム系人口の推計は約20万人（外国人ムスリム約15万７千人、日本人ムスリム約４万３千人）で、総人口の約０・15％です（店田廣文「資料：世界と日本のムスリム人口　２０１８年」『人間科学研究』第32巻第２号、２０１９年９月、２５３-２６２頁）。

14　警察庁ＨＰ「未曾有のテロ〜オウム真理教事件の爪痕〜」https://www.npa.go.jp/bureau/security/kouan/aum.html（２０２０年４月１日閲覧）。

15　警察庁『焦点　第２６９号』、２００４年、50頁。

16　２０１９年８月現在、主流派（「Ａｌｅｐｈ」の名称を用いる集団、「Ａｌｅｐｈ」と一定の距離を置いて活動する「山田らの集団」）と上祐派（「ひかりの輪」の名称を用いる集団）を中心として活動しています。信徒数は約１６５０人、施設数は15都道府県下に拠点32カ所、資産総額は約12億８０００万円とみられます（公安調査庁ＨＰ「オウム真理教の危険性」http://www.moj.go.jp/content/001304970.pdf（２０２０年４月１日閲覧））。

17　１９９７年10月、米国の国務長官は、移民・国籍法（Immigration and Nationality Act）に基づきオウム真理教を「外国テロ組織（ＦＴＯ：Foreign Terrorist Organization）」に指定しました。現在、日本の組織でＦＴＯの指定を受けているのはオウム真理教のみです。過去には日本赤軍も１９９７年10月から２００１年10月までの間、ＦＴＯの指定を受けていました。

18　東京都千代田区の建物前で時限式爆発物が爆発し、建物内に所在するサウジアラビア航空事務所に被害が生じた事案。なお、同時刻頃、同区内所在のイスラエル大使館付近においても時限の爆発物が爆発しました（国家公安委員会・警察庁『令和元年版　警察白書』、28頁）。

19　茨城県つくば市内の筑波大学構内において、小説「悪魔の詩」（サルマン・ラシュディ著）の邦訳者である同大学教員が、刃物で切り付けられるなどして殺害された事案。「悪魔の詩」をめぐっては、イスラム教を冒とくする内容であるとの批判がありました（同前、29頁）。

20　マニラ発セブ経由成田行きのフィリピン航空機内において、座席下に設置された爆発物が爆発し、乗客の邦人1人が死亡した事案。当該事案は、アルカイダによる航空機を利用した米国攻撃計画（ボジンガ計画）のテストであったとみられています（同前、29頁）。

21　日本国外で邦人等がテロに巻き込まれた事案であってイスラム過激派ではない主体による事案としては、**在ペルー日本国大使公邸占拠事件**（1996年12月〜1997年4月）等があります。同事案では、ペルーの左翼テロ組織であるトゥパク・アマル革命運動（MRTA）の関係者が、天皇誕生日祝賀レセプションを開催中の在ペルー日本国大使公邸を襲撃し、大使館員、招待客等を人質として約4カ月間にわたって立てこもりました（国家公安委員会・警察庁『平成28年版　警察白書』、13頁）。

22　日本国外で邦人等がテロに巻き込まれた事案の記録に関しては、公安調査庁の公式HPに詳細な資料があります（本章【参考資料】参照）。

23　国家公安委員会・警察庁『平成28年版　警察白書』、13頁。

24　国家公安委員会・警察庁『令和元年版　警察白書』、32頁。

25　同前、32頁。

26　同前、33頁。

【第11章注】

1　2001年（平成13年）7月10日の閣議決定に基づき設置。本部長は内閣官房副長官、副本部長は国家公安委員長、本部員は内閣官房副長官（政務及び事務）、法務副大臣、外務副大臣、財務副大臣、厚生労働副大臣、経済産業副大臣、国土交通副大臣（総理大臣官邸HP：https://www.kantei.go.jp/jp/singi/hanzai/（2020年4月1日閲覧））。

2　総理大臣官邸HP：https://www.kantei.go.jp/jp/singi/sosikihanzai/kettei/041210kettei.pdf（2020年4月1日閲覧）。

3　2003年（平成15年）9月2日の閣議口頭了解に基づき設置。内閣総理大臣が主宰し、全閣僚が構成員（総理大臣官邸HP：https://www.kantei.go.jp/jp/singi/hanzai/（2020年4月1日閲覧））。

4　総理大臣官邸HP：https://www.kantei.go.jp/jp/singi/hanzai/kettei/131210/honbun.pdf（2020年4月1日閲覧）。

5　7つの項目は次のとおり。①世界最高水準の安全なサイバー空間の構築、②オリンピック等を見据えたテロ対策、カウンターインテリジェンス等、③犯罪の繰り返しを食い止める再犯防止対策の推進、④社会を脅かす組織犯罪への対処、⑤活力ある社会を支える安全・安心の確保、⑥安心して外国人と共生できる社会実現に向けた不法滞在対策、⑦「世界一安全な日本」創造のための治安基盤の強化。

6　総理大臣官邸HP：https://www.kantei.go.jp/jp/singi/sosikihanzai/20171211honbun.pdf（2020年4月1日閲覧）。

7　宮坂直史「日本のテロ対策」武田康祐、神谷万丈（編）『新訂第5版　安全保障学入門』亜紀書房、2018年、476頁。

8　1995年（平成7年）3月の地下鉄サリン事件等を受け、1998年（平成10年）4月、内閣官房に**内閣危機監理監**が創設されました。内閣危機監理監の所掌事務は、内閣官房の所掌事務のうち「危機管理（国民の生命、身体又は財産に重大な被害が生じ、又は生じるおそれがある緊急の事態への対処及び当該事態の発生の防止をいう（中略））に関するもの（国の防衛に関するものを除く。）を統理する」こととされています（内閣法第15条第2項）。

　ここで言う**危機管理**の中にはテロも含まれると解されます。他方、同ポストの「統理」の中から「防衛に関するものは除く」旨が法令上明記されています。また、同ポストが実態として担っている役割は、「緊急事態に対し、内閣として必要な措置について第一次的に判断（すること）」、「初動措置について、内閣官房各部を指揮するとともに、自ら関係省庁を総合調整（すること）」と解されます（内閣官房「我が国の危機管理について」（2013年（平成25年）3月13日付：国家安全保障会議の創設に関する有識者会議第2回会議資料 https://www.kantei.go.jp/jp/singi/ka_yusiki/dai2/gijisidai.html（2020年4月1日閲覧））。

　すなわち、当該ポストが担っている事務は、主にテロを含む緊急事態が実際に生じた際の初動措置の総括であり、「広義のテロ未然防止策」を総括している訳ではないと解されます。

9　9・11事件直後の2001年9月、ホワイトハウス（大統領府）に国土安全保障担当大統領補佐官（Assistant to the President for Homeland Security）が創設されました。同ポストはその後、国土安全保障・テロ対策担当（Assistant to the President for Homeland Security and Counterterrorism）に改められました。しかし、国務長官、国防長官、国家安全保障担当大統領補佐官等との間での実際の力関係等にかんがみると、同ポストが「広義のテロ防止策」の全体を実質的に統括しているとは言えません（なお、時期によっては、同ポストは、副補佐官(Deputy Assistant）級に格下げされていました)。

10　防衛省・自衛隊ＨＰ：https://www.mod.go.jp/j/approach/kokusai_heiwa/list_sonota.html（２０２０年４月１日閲覧)。

11　外務省ＨＰ「日本の国際テロ対策協力」https://www.mofa.go.jp/mofaj/gaiko/terro/kyoryoku_04.html（２０２０年４月１日閲覧)。

12　小林良樹『犯罪学入門―ガバナンス・社会安全政策のアプローチ』慶應義塾大学出版会、２０１９年、１４７-１４８頁。

13　総理大臣官邸ＨＰ：https://www.kantei.go.jp/jp/singi/zyouhou/080214kettei.pdf（２０２０年４月１日閲覧)。

14　小林良樹『インテリジェンスの基礎理論　第二版』立花書房、２０１４年、２０３-２１０頁；Kobayashi, Yoshiki. "The Intelligence Community in Japan: Small Intelligence of Economic Superpower - Reform in Progress." *Intelligence Communities and Cultures in Asia and the Middle East: A Comprehensive Reference*. Edited by Bob de Graaff. Lynne Rienne, 2020, pp.149-162.

15　総理大臣官邸ＨＰ：https://www.kantei.go.jp/jp/tyoukanpress/201810/24_a.html（２０２０年４月１日閲覧)。

16　防衛省・自衛隊ＨＰ：https://www.mod.go.jp/j/approach/kokusai_heiwa/terotoku/iraq/index.html（２０２０年４月１日閲覧)。

17　防衛省・自衛隊ＨＰ：https://www.mod.go.jp/j/approach/kokusai_heiwa/list_pko.html; 外務省ＨＰ https://www.mofa.go.jp/mofaj/gaiko/peace_b/genba/pko.html（２０２０年４月１日閲覧)。

18　外務省ＨＰ「日本の国際テロ対策協力」https://www.mofa.go.jp/mofaj/gaiko/terro/kyoryoku_06.html（２０２０年４月１日閲覧)。

19　２０１８年（平成30年）７月24日の閣議口頭了解に基づき設置。議長は内閣官房長官と法務大臣（総理大臣官邸ＨＰ：https://www.kantei.go.jp/jp/singi/gaikokujinzai/（２０２０年３月１日閲覧))。

20　総理大臣官邸ＨＰ：https://www.kantei.go.jp/jp/singi/gaikokujinzai/kaigi/pdf/taiosaku_kaitei_honbun.pdf（２０２０年４月１日閲覧)。

21　法務省ＨＰ「ヘイトスピーチに焦点を当てた啓発活動」http://www.moj.go.jp/JINKEN/jinken04_00108.html（２０２０年４月１日閲覧)。

22　ツイッター社HP "Terrorism and violent extremism policy," March 2019, https://help.twitter.com/en/rules-and-policies/violent-groups（2020年4月1日アクセス）。

23　青少年有害情報の定義に関し、同法第2条第3項は「インターネットを利用して公衆の閲覧（視聴を含む）に供されている情報であって青少年の健全な成長を著しく阻害するもの」と定めています。さらに、同条第4項で次を例示しています。「犯罪若しくは刑罰法令に触れる行為を直接的かつ明示的に請け負い、仲介し、若しくは誘引し、又は自殺を直接的かつ明示的に誘引する情報」、「人の性行為又は性器等のわいせつな描写その他の著しく性欲を興奮させ又は刺激する情報」、「殺人、処刑、虐待等の場面の陰惨な描写その他の著しく残虐な内容の情報」

24　総理大臣官邸HP：https://www.kantei.go.jp/jp/singi/hanzai/kettei/031218keikaku.pdf（2020年4月1日閲覧）。

25　こうした施策は、現在の政府の包括的な犯罪対策である『世界一安全な日本』創造戦略」（2013年（平成25年）12月決定）においても、「3 犯罪の繰り返しを食い止める再犯防止対策の推進」の中に位置付けられています。

26　総理大臣官邸HP：https://www.kantei.go.jp/jp/singi/hanzai/kettei/031218keikaku.pdf（2020年4月1日閲覧）。

27　こうした施策は、現在の政府の包括的な犯罪対策である『世界一安全な日本』創造戦略」（2013年（平成25年）12月決定）においても、「5 活力ある社会を支える安全・安心の確保」の中の「（4）公共空間における街頭犯罪や住宅等における侵入犯罪等への対策の推進」として位置付けられています。

【第12章注】

1　Jackson, Richard, and Daniela Pisoiu, editors. *Contemporary Debates on Terrorism*. Routledge, New York, 2018, pp. vii-xi.

2　Schmid, Alex P., and James J. Forest. "Research Desiderata: 150 Un- and Under-Researched Topics and Themes in the Field of (Counter-) Terrorism Studies – a New List." *Perspectives on Terrorism*, vol. 12, no. 4, 2018, pp. 68-76.

3　Forest, James J. F. *The Terrorism Lectures: A Comprehensive Collection for the Student of Terrorism, Counterterrorism, and National Security (Third Edition)*. Nortia Press, Montgomery, 2019, p. 412. もちろん例外もあります。例えば、オーランド銃撃事件（2016年6月、米国、死者50人以上）及びニース事件（2016年7月、フランス、死者

80人以上）はホームグローンの単独犯（ローンウルフ）による犯行でしたが、いずれも多数の死者を出しています。なお、米国においては銃器の入手が他の先進国に比較して容易であることから、被害規模は比較的大きくなる傾向があるとみられます。

4 衆参両院の情報監視審査会は、政府の各機関による特定秘密保護法の運用状況（特定秘密の指定情況等）を監視することを任務としています（国会法第102条の13）。監督し得る業務が特定秘密保護法の運用に関する事項に限定されていることから、欧米諸国におけるインテリジェンス機関に対する議会の監督組織とは大きく異なっています。

5 小林良樹『インテリジェンスの基礎理論　第二版』立花書房、2014年、195-198頁。

6 Bakker, Edwin. *Terrorism and Counterterrorism Studies - Comparing Theory and Practice*. Leiden University Press, 2015, pp. 204-221.

7 こうした、「事態の未然防止のみならず、事態が発生する場合も想定しつつ、社会全体としてトータルな損害の最小化を図る」との考え方は、自然災害や大規模事故を念頭に置いた危機管理・防災や一般犯罪対策の分野においては決して珍しいものではありません。例えば、多くの地方自治体において、地震、津波等の災害の発生を前提とした防災マップ等が作成・公開されており、住民個々人が自助の意識を持って生活することが期待されています。犯罪対策の分野においても、ひったくり等の街頭犯罪や交通事故に関しては多くの警察署において犯罪発生マップ等が公表されており、一般市民一人一人が犯罪や交通事故のリスクを踏まえつつ、冷静に日常生活を営むことが期待されています。

8 Bakker, *Terrorism and Counterterrorism Studies*, pp. 214-217.

9 *Ibid.*, pp. 204-221.

引用文献一覧――

【日本語の書籍、学術論文】


安部川元伸『国際テロリズム　その戦術と実態から抑止まで』原書房、2017年。

大沢秀介・荒井誠・横大道聡（編著）『変容するテロリズムと法―各国における〈自由と安全〉法制の動向』弘文堂、2017年。

大谷實『刑事政策講義』培風館、2009年。

岡本英生・松原英世・岡邊健『犯罪学リテラシー』法律文化社、2017年。

越智啓太（編著）『テロリズムの心理学』誠信書房、2019年。

越智啓太「テロリズムへの心理学的アプローチ」越智啓太（編著）『テロリズムの心理学』誠信書房、2019年、1-33頁。

小俣謙二・島田貴仁（編著）『犯罪と市民の心理学―犯罪リスクに社会はどうかかわるか』北大路書房、2011年。

片山善雄『テロリズムと現代の安全保障―テロ対策と民主主義』亜紀書房、2016年。

国末憲人『テロリストの誕生　イスラム過激派テロの虚像と実像』草思社、2019年。

小林良樹「危機状況下における警察官の意識について―なぜ、福島の警察官は原発事故の際にも現場で任務を遂行し続けることができたのか」『警察学論集』第66巻第2号、2013年2月、3-44頁。

小林良樹『インテリジェンスの基礎理論　第二版』立花書房、2014年。

小林良樹『犯罪学入門―ガバナンス・社会安全政策のアプローチ』慶應義塾大学出版会、2019年。

小宮信夫『犯罪は「この場所」で起こる』光文社、2005年。

小宮信夫『なぜ「あの場所」は犯罪を引き寄せるのか』青春出版社、2015年。

島田貴仁「住民の相互信頼は犯罪を抑制するか―集合的効力感からのアプローチ」『青少年問題』第57巻（春季号）、2010年4月、14-19頁。

白戸圭一『ボコハラム』新潮社、2017年。

瀬川晃『犯罪学』成文堂、1998年。

高木大資・辻竜平・池田謙一「地域コミュニティによる犯罪抑制：地域内の社会関係資本および協力行動に焦点を当てて」『社会心理学研究』第26巻1号、2010年、36-45頁。

店田廣文「資料：世界と日本のムスリム人口 2018年」『人間科学研究』第32巻第2号、2019年9月、253-262。

縄田健悟「テロリズム発生における社会心理学的メカニズム」越智啓太（編著）『テロリズムの心理学』誠信書房、2019年、34-49頁。

浜本隆三『アメリカの排外主義』平凡社、2019年。

原田隆之『入門　犯罪心理学』筑摩書房、2015年。

藤本哲也『犯罪学原論』日本加除出版、2003年。

保坂修司『ジハード主義―アルカイダからイスラーム国へ』岩波書店、2017年。

宮坂直史「テロリズムの原因と対策」渡邊啓貴、福田耕治、首藤もと子（編著）『グローバル・ガバナンス学Ⅱ』法律文化社、2018年、221-239頁。

宮坂直史「日本のテロ対策」武田康祐・神谷万丈（編）『新訂第5版　安全保障学入門』亜紀書房、2018年、475-477頁。

山内宏太朗・渡邉泰洋・守山正「コミュニティ再生と犯罪統制：集合的効力（collective efficacy）をめぐって」『白百合女子大学研究紀要』第51巻、2015年12月、1-27頁。

【日本語の「白書」、レポート、報告書等】

警察庁『平成6年版　警察白書』、1994年。

国家公安委員会・警察庁『平成26年版　警察白書』、2014年。

国家公安委員会・警察庁『平成28年版　警察白書』、2016年。

国家公安委員会・警察庁『令和元年版　警察白書』、2020年。

警察庁『焦点　第269号』、2004年、https://www.npa.go.jp/archive/keibi/syouten/syouten269/index.htm（2020年4月1日閲覧）。

警察庁『焦点　第282号』、2013年、

https://www.npa.go.jp/archive/keibi/syouten/syouten282/index.html （２０２０年４月１日閲覧）。

【欧文書籍、学術論文】

Bakker, Edwin. *Terrorism and Counterterrorism Studies - Comparing Theory and Practice*. Leiden University Press, 2015.

Bjørgo, Tore, and Andrew Silke. "Root Causes of Terrorism." *Routledge Handbook of Terrorism and Counterterrorism*. Edited by Andrew Silke. Routledge, New York, 2018, pp. 57-65.

Cutler, Leonard. *President Obama's Counterterrorism Strategy in the War on Terror: An Assessment*. Palgrave Pivot, New York, 2017.

Forest, James J. F. *The Terrorism Lectures: A Comprehensive Collection for the Student of Terrorism, Counterterrorism, and National Security (Third Edition)*. Nortia Press, Montgomery, 2019.

Freilich, Joshua D., et al. "Patterns of Fatal Extreme-Right Crime in the United States." *Perspectives on Terrorism*, vol. 12, no. 6, 2018, pp. 38-51.

Freilich, Joshua, Steven Chermak, and Henda Hsu. "Deterring and Preventing Terrorism." *Routledge Handbook of Terrorism and Counterterrorism*. Edited by Andrew Silke. Routledge, New York, 2018, pp. 434-443.

Gill, Paul, et al. "Terrorist Decision Making in the Context of Risk, Attack Planning, and Attack Commission." *Studies in Conflict & Terrorism*, vol. 43, no. 2, 2020, pp. 145-160.

Greenberg, Ivan, and Jesse P. Lehrke. "Is Mass Surveillance a Useful Tool in the Fight Against Terrorism?" *Contemporary Debates on Terrorism*. Edited by Richard Jackson, and Daniela Pisoiu. Routledge, New York, 2018, pp. 226-240.

Hawley, George. *The Alt-Right - What Everyone Needs to Know*. Oxford University Press, New York, 2019.

Hoffman, Bruce. *Inside Terrorism (Third Edition)*. Columbia University Press, New York, 2017.

Hooghe, Marc, and Ruth Dassonneville. "Explaining the Trump Vote: The Effect of Racist Resentment and Anti-Immigrant Sentiments." *Political Science& Politics*, vol. 51, no. 3, 2018, pp. 528-534.

Horgan, John, and Mary Altier. "The Future of Terrorist De-Radicalization Programs." *Georgetown Journal of International Affairs*, vol. 13, no. 2, 2012, pp. 83-90.

Horgan, John, and Kurt Braddock. "Rehabilitating the Terrorists?: Challenges in Assessing the Effectiveness of De-

Radicalization Programs." *Terrorism and Political Violence*, vol. 22, no. 2, 2010, pp. 267-291.

Jackson, Richard, and Daniela Pisoiu, editors. *Contemporary Debates on Terrorism*. Routledge, New York, 2018.

Jones, Seth G., and Martin C. Libicki. *How Terrorist Groups End: Lessons for Countering Al Qa'Ida*. RAND Corporation, Santa Monica, 2008.

Kobayashi, Yoshiki. "The Intelligence Community in Japan: Small Intelligence of Economic Superpower - Reform in Progress." *Intelligence Communities and Cultures in Asia and the Middle East: A Comprehensive Reference*. Edited by Bob de Graaff. Lynne Rienne, 2020, pp.149-162.

Lindekilde, Lasse. "Radicalization, De-Radicalization, and Counter-Radicalization." *Routledge Handbook of Critical Terrorism Studies*. Edited by Richard Jackson. Routledge, New York, 2016, pp. 248-259.

Lösel, Friedrich, et al. "Protective Factors Against Extremism and Violent Radicalization: A Systematic Review of Research." *International Journal of Developmental Science*, vol. 12, no. 1-2, 2018, pp. 89-102.

Marchment, Zoe, and Paul Gill. "Modelling the Spatial Decision Making of Terrorists: The Discrete Choice Approach." *Applied Geography*, vol. 104, 2019, pp. 21-31.

Martin, Gus. *Essentials of Terrorism – Concepts and Controversies (Fifth Edition)*. SAGE, Thousand Oaks, 2018.

McCauley, Clark, and Sophia Moskalenko. "Understanding Political Radicalization: The Two-Pyramids Model." *American Psychologist*, vol. 72, no. 3, 2017, pp. 205-216.

Raphael, Sam, and Ruth Blakeley. "Rendition in the "war on Terror"." *Routledge Handbook of Critical Terrorism Studies*. Edited by Richard Jackson. Routledge, New York, 2016, pp. 181-189.

Rapoport, C. D. "Modern Terror: The Four Waves." *Attacking Terrorism: Elements of a Grand Strategy*. Edited by Audrey K. Cronin, and James M. Ludes. Georgetown University Press, Washington D.C., 2004, pp. 46-73.

Rogers, Paul. "A Critical Perspective on the Global War on Terror." *Routledge Handbook of Critical Terrorism Studies*. Edited by Richard Jackson. Routledge, New York, 2016, pp. 225-236.

Ross, Jeffrey I. "Structural Causes of Oppositional Political Terrorism: Towards a Causal Model." *Journal of Peace Research*, vol. 30, no. 3, 1993, pp. 317-329.

Sampson, Robert J. "Networks and Neighborhoods: The Implications of Connectivity for Thinking about Crime in the M odern City." *Network Logic: Who Governs in an Interconnected World?* Edited by Helen McCarthy, Paul Miller, and Paul Sidmore. London, Demos, 2004, pp, 157-166.

Sandler, Todd. *Terrorism – What Everyone Needs to Know.* Oxford University Press, New York, 2018.

Schaffner, Brian F., Matthew Macwilliams, and Tatishe Nteta. "Understanding White Polarization in the 2016 Vote for President: The Sobering Role of Racism and Sexism." *Political Science Quarterly*, vol. 133, no. 1, 2018, pp. 9-34.

Schmid, Alex P. "The Definition of Terrorism." *The Routledge Handbook of Terrorism Research.* Edited by Alex P. Schmid. Routledge, London and New York, 2011, pp. 39-98.

Schmid, Alex P., and James J. Forest. "Research Desiderata; 150 Un- and Under-Researched Topics and Themes in the Field of (Counter-) Terrorism Studies – a New List." *Perspectives on Terrorism*, vol. 12, no. 4, 2018, pp. 68-76.

Stevenson, Jonathan. "Right-Wing Extremism and the Terrorist Threat." *Survival*, vol. 61, no. 1, 2019, pp. 233-244.

Sweeney, Matthew M., and Arie Perliger. "Explaining the Spontaneous Nature of Far-Right Violence in the United States." *Perspectives on Terrorism*, vol. 12, no. 6, 2018, pp. 52-71.

【欧文レポート、報告書等】

Center for Strategic and International Studies (CSIS), "The Rise of Far-Right Extremism in the United States," November 7, 2018, https://www.csis.org/analysis/rise-far-right-extremism-united-states（２０２０年４月一日閲覧）.

Congressional Research Service (CRS), "The Islamic State and U.S. Policy," February 2, 2017.

Congressional Research Service (CRS), "Domestic terrorism: An Overview," August 21, 2017.

Congressional Research Service (CRS), "Al Qaeda and U.S. Policy: Middle East and Africa," February 5, 2018.

Congressional Research Service (CRS), "The Islamic State and U.S. Policy," September 25, 2018.

Congressional Research Service (CRS), "Domestic terrorism: Some Considerations," August 12, 2019.

The Director of National Intelligence (DNI), "Worldwide Threat Assessment of the US Intelligence Community (Statement for the Record)," January 29, 2019, https://www.odni.gov/index.php/newsroom/congressional-testimonies/item/1947-statement-for-the-record-worldwide-threat-assessment-of-the-us-intelligence-community（２０２０年４月一日閲覧）.

The Institute for Economics and Peace, "Global Terrorism Index 2019," November, 2019, http://visionofhumanity.org/app/

uploads/2019/11/GTI-2019web.pdf（２０２０年４月一日閲覧）.

The Institute for Policy Analysis of Conflict (IPAC), “Pro-ISIS Groups in Mindanao and their Links to Indonesia and Malaysia,” October 25, 2016.

The Institute for Policy Analysis of Conflict (IPAC), “Protecting the Sulu-Sulawesi Seas from Abu Sayyaf Attacks,” January 9, 2019.

The Institute for Policy Analysis of Conflict (IPAC), “The Ongoing Problem of Pro-ISIS Cells in Indonesia,” April 29, 2019.

The Institute for Policy Analysis of Conflict (IPAC), “Stopping Abu Sayyaf Kidnappings: An Indonesian-Malaysian Case Study,” March 27, 2020.

The International Centre for the Study of Radicalisation (ICSR), “Caliphate in Decline: An Estimate of Islamic State’s Financial Fortunes,” February 17, 2017, https://icsr.info/wp-content/uploads/2017/02/ICSR-Report-Caliphate-in-Decline-An-Estimate-of-Islamic-States-Financial-Fortunes.pdf（２０２０年４月一日閲覧）.

The International Centre for Counter-Terrorism (ICCT), “Siege: The Atomwaffen Division and Rising Far-Right Terrorism in the United States,” July 9, 2019, https://icct.nl/publication/siege-the-atomwaffen-division-and-rising-far-right-terrorism-in-the-united-states/（２０２０年４月一日閲覧）.

The International Centre for Counter-Terrorism (ICCT), “Extreme-Right Violence and Terrorism: Concepts, Patterns, and Responses” September 23, 2019, https://icct.nl/publication/extreme-right-violence-and-terrorism-concepts-patterns-and-responses/（２０２０年４月一日閲覧）.

The International Crisis Group (ICG), “Jihadism in Southern Thailand: A Phantom Menace,” November 8, 2017, https://www.crisisgroup.org/asia/south-east-asia/thailand/291-jihadism-southern-thailand-phantom-menace(２０２０年４月一日閲覧).

The National Counterterrorism Center (NCTC), “Radicalization and Mobilization Dynamics of Violent Extremists,” May 16, 2019, https://www.infragard-la.org/wp-content/uploads/2019/05/Radicalization-and-Mobilization-Dynamics-of-Violent-Extremists_Final-Sourced-PDF.pdf (２０２０年４月一日閲覧).

The Soufan Group, “Beyond the Caliphate: Foreign Fighters and the Threat of Returnees,” October 2017, https://thesoufancenter.org/wp-content/uploads/2017/11/Beyond-the-Caliphate-Foreign-Fighters-and-the-Threat-of-

Returnees-TSC-Report-October-2017-v3.pdf（２０２０年４月１日閲覧）.
The United Nations Security Council (UNSC), "Twenty-second report of the Analytical Support and Sanctions Monitoring Team submitted pursuant to resolution 2368 (2017) concerning ISIL (Da'esh), Al-Qaida and associated individuals and entities (S/2018/705)," July 27, 2018.
The United Nations Security Council (UNSC), "Twenty-fifth report of the Analytical Support and Sanctions Monitoring Team submitted pursuant to resolution 2368 (2017) concerning ISIL (Da'esh), Al-Qaida and associated individuals and entities (S/2020/53)," January 20, 2020.
The United Nations Security Council (UNSC), "Tenth report of the Secretary-general on the threat posed by ISIL (Da'esh) to international peace and security and the range of United Nations efforts in support to Member States in countering the threat (S/2020/95)," February 4, 2020.
The U.S. Department of Homeland Security (DHS), "Strategic Framework for Countering Terrorism and Targeted Violence," September 2019.
The U. S. State Department, "Country Report on Terrorism 2018," November 1, 2019.

写真出典――

【第１章】

・「ヤーセル・アラファトとカダフィ（ムアンマル・アル＝カッザーフィー）」（パブリック・ドメイン、出典：https://www.mirror.co.uk/news/uk-news/gaddafi-confirmed-dead-his-private-and-public-275378; Author: Rex Features、１９７７年撮影）
・「チェ・ゲバラ」（パブリック・ドメイン、出典：Museo Che Guevara, Havana Cuba; Author: Alberto Korda、１９６０年５月撮影）

【第2章】

・「ミハイル・バクーニン」（パブリック・ドメイン、出典：The New York Public Library（https://digitalcollections.nypl.org/items/510d47dd-f91c-a3d9-e040-e00a18064a99）、撮影日不明）

・「コロンビア革命軍（FARC）創設者マヌエル・マルランダ」（FILES-COLOMBIA-FRANCE-FARC-MARULANDA）（AFP＝時事、撮影地：LOS POZOS、2001年3月7日撮影）

【第3章】

・「図表3-1　『ガリバー旅行記』（スウィフト、1735年）挿絵」（パブリック・ドメイン、出典：The British Library; Gordon Browne. "It Tickled My Nose Like a Straw, and Made Me Sneeze Violently." *Gulliver's Travels*, Blackie & Son, 1886 [1885]）

【第4章】

・「焼却処分されるヘロイン448キロ、アヘン1135キロ、ハッシシ825キロなど6・5トン」（AFP＝時事、撮影地：カブール、2009年4月26日撮影）

【第6章】

・「対テロ戦争で、米中央情報局（CIA）が運用する無人攻撃機MQ9「リーパー」」（時事、出典：米空軍提供、撮影日不明）

【第8章】

・「オサマ・ビン・ラディン」（Hamid Mir氏インタビュー時の写真、出典：http://www.canadafreepress.com/; Author: Hamid Mir、1997年3月〜1998年5月頃撮影）

・「ISISの指導者バグダディとされる男」（EPA＝時事、出典：EPA FILE/ISLAMIC STATE、撮影日不明）

【第9章】

・「米南部バージニア州シャーロッツビルに集結した白人至上主義者ら」（US-VIOLENT-CLASHES-ERUPT-AT-"UNITE-THE-RIGHT"-RALLY-IN-CHARLOTTE）（AFP＝時事、出典：GETTY IMAGES NORTH AMERICA、撮影地：シャーロッツビル、2017年8月12日撮影）

【第10章】

・「三菱重工ビル爆破事件」（時事、撮影地：東京都中央区丸の内、1974年8月30日撮影）

・「地下鉄サリン事件。サリンで汚染された地下鉄車両を除染する陸上自衛隊化学防護隊」（時事、出典：陸上自衛隊提供、撮影地：東京都、1995年3月20日撮影）
・「シリアにおける邦人殺害テロ事件」（時事、出典：YouTube「The Islamic State: A MESSAGE TO THE GOVERNMENT AND PEOPLE OF JAPAN」、撮影日不明）

初出――

第5章　テロ発生のメカニズム――テロはなぜ発生するのか？
第6章　テロの発生を未然防止するための諸施策
小林良樹「テロ対策の理論的枠組みの再考―『原因論と機会論の統合理論』の視点から」『ガバナンス研究』第16巻、2020年4月、73-100頁の一部を加筆、修正。

あとがき

本書の脱稿の時期は、世界が新型コロナウイルス感染症（COVID-19）の問題に向き合う時期と重なることとなりました。筆者は医療や経済政策の専門家ではないので、本件に関する直接的なコメントは差し控えたいと思います。ただし、COVID-19の問題とテロの問題は、幾つかの類似の課題を共有していると考えられます。

第一は「安全と権利自由の『両立』」をめぐる課題です。COVID-19の問題をめぐっては、日本においては強制的な外出制限が課されないなど、欧米諸国に比較して政府の権限が少ないことが浮き彫りとなりました。すなわち、欧米諸国においては、日本に比べて自由主義や民主主義が発達しているとのイメージがある一方で、実際には安全確保の目的で日本よりも強い権限が政府に認められている場合が少なくありません。こうした状況は、「安全と権利自由は『二者択一』の関係にある」との前提に立つと、やや理解し難い状況です。しかし、「安全と権利自由は『両立』し得る」との前提に立てば、必ずしも矛盾するものではありません。本書の中でも指摘したとおり、「テロ対策」に関しても同様のことが言えます（第12章2）。

第二は「社会のレジリエンスの強化」をめぐる課題です。COVID-19の問題をめぐっては、ウイルスを完全に撲滅するというよりは「上手く共生するという覚悟が必要」との指摘もなされています。とりわけ、感染症に関する正しい知識を持ち、無用のパニックや社会分断に陥らないことの必要性がしばしば指摘されています。これは換言すると、「感染症の問題に関する社会全体のレジリエンスを高める」という考え方であり、本書で取り上げた「テロの問題に関する社会全体のレジリエンスを高める」という考え方とも通じるものです（第12章3）。根底に、感染症の問題もテロの問題も、「見えない恐怖に向き合う」という点において、共通の課題を抱えていることがあると考えられます。

テロの未然防止が以前に比較して一層困難になる中、こうした「安全と権利自由の『両立』」や「社会のレジリエンスの強化」という視点は、「テロ対策」において今後一層重要になると考えられます（第12章4）。COVID-19の問題を通じ、そうした状況が改めて浮き彫りになったと考えられます。

本書の内容は、現在筆者が勤務している明治大学公共政策大学院（専門職大学院）ガバナンス研究科において担当しているテロに関する講義の資料がベースになっています。筆者の講義やゼミに参加してくれた学生諸君との議論がなければ本書は執筆できなかったと思います。同研究科にはイスラム教の国やいわゆる「非民主的国家」からの留学生も少なくなく、そうした諸君の前で「欧米原産」のテロリズム理論の話をするのは少々緊張を強いられる作業でもありました。しかし結果的には、そうした場における率直な議論を通じて、本書の中でも触れた「テロの概念の相対性・主観性」を改めて実感することができたと感じています。

筆者が２０１４年から２０１５年の間に米国ボストンに滞在していた際にご指導を頂いた故アーサー・ハルニック（Arthur S. Hulnick）先生（ボストン大学名誉教授）には、本書の執筆のヒントを多数頂戴しました。同先生は中央情報局（ＣＩＡ）の分析官として大統領ブリーファー等を務められた後に研究職に転じられ、インテリジェンス研究における「実務家出身研究者」の「草分け」の一人として、「実務と学術理論の連接」の視点から多数の優れた研究業績を残されました。残念ながら同先生は２０１８年に他界されました。謹んでご冥福をお祈りするとともに、改めて深く感謝を申し上げたいと思います。

宮坂直史先生（防衛大学校人文社会科学群国際関係学科教授）及び小谷賢先生（日本大学危機管理学部教授）には本書の草稿に眼を通して頂き、有意義かつ丁寧なコメントを多数頂戴しました。両先生はそれぞれテロリズム研究、インテリジェンス研究における我が国における第一人者であり、筆者が実務に携わっていた当時から折に触れ様々なご指導を頂いております。時間や紙面の制約上、今回頂戴したご指摘の全てにお応えすることはできませんでしたが、今後別の機会に可能な限り対応をさせて頂きたいと思います。

この他、これまで筆者が勤務した様々な職場における上司や同僚の方々の存在無しには本書の執筆は実現しなかったと思います。また、出版をお認め下さった慶應義塾大学出版会、前の拙著に続き筆不精な筆者に辛抱強くお付き合い下さった同編集部の岡田智武氏にも多大なるご支援を賜りました。その他紙面の都合上この場では言及できない方々を含め、この本の出版は非常に多くの方々に支えられています。この場をお借りして改めて深く感謝を申し上げる次第です。

２０２０年６月

著　者

や行

ら行

わ行

ま行

は行

た行

な行

さ行

か行

あ行

索　引

数字

欧文・略称等

小林 良樹（こばやし よしき）

明治大学公共政策大学院（専門職大学院）ガバナンス研究科 特任教授。

早稲田大学博士（学術）、ジョージワシントン大学修士（MIPP）。香港大学修士（MIPA）。トロント大学修士（MBA）。

1964年東京都生まれ。1987年、東京大学法学部卒業後に警察庁入庁。警察庁警備局外事第一課課長補佐、在香港日本国総領事館領事、在米国日本国大使館参事官、警察庁国際組織犯罪対策官、慶應義塾大学総合政策学部教授、高知県警本部長等を歴任。2016年3月からは内閣情報調査室の内閣情報分析官（国際テロ担当）として、テロ情勢分析に従事。2019年3月、内閣官房審議官（内閣情報調査室・内閣情報分析官）を最後に退官。同年4月より現職。

専門はインテリジェンス、テロリズム、社会安全政策等。

主要著書に『インテリジェンスの基礎理論（第2版）』（立花書房、2014）、“Assessing Reform of the Japanese Intelligence Community,” *International Journal of Intelligence and Counterintelligence*, 28(4), August 2015, pp. 717-733、『犯罪学入門―ガバナンス・社会安全政策のアプローチ』（慶應義塾大学出版会、2019）等多数。

テロリズムとは何か
――〈恐怖〉を読み解くリテラシー

2020年6月25日　初版第1刷発行

著　者――――小林良樹
発行者――――依田俊之
発行所――――慶應義塾大学出版会株式会社
〒108-8346　東京都港区三田2-19-30
ＴＥＬ〔編集部〕03-3451-0931
〔営業部〕03-3451-3584〈ご注文〉
〔　〃　〕03-3451-6926
ＦＡＸ〔営業部〕03-3451-3122
振替 00190-8-155497
http://www.keio-up.co.jp/
装　丁――――安藤久美子
組　版――――株式会社 STELLA
印刷・製本――中央精版印刷株式会社
カバー印刷――株式会社太平印刷社

©2020 Yoshiki Kobayashi
Printed in Japan ISBN978-4-7664-2680-9